경제 사이클의 비밀을 여는 황금의 열쇠

백만 원으로 재벌 되기
십년 사이

김진국 지음

지영북스

다시 재현되고 있는, 또 재현될 그 시절의 자본의 광풍! 누구나 온몸에 자본의 금테를 두를 수 있다!

장면 1

2008년 금융 위기 때 대중들에게 이른바 '경제 대통령'이라고 추앙받던 '미네르바'라는 분이 있었습니다. 대폭락이 오자 지금의 경제 위기가 더 심화할 거로 예측한 것이 적중했던 것이지요. 지푸라기라도 잡고 싶었던 대중은 그에 열광하고 한껏 치켜세웠습니다. 심지어 당시 여당 안에서 그를 정치인으로 영입하려는 움직임이 있을 정도였지요. 그러나 이후 그는 경제의 회복을 예견하지 못하고 계속 악화하기만 할 거라는 잘못된 예언으로 곧 사람들의 기억에서 잊히고 말았습니다.

만약 그분이 당시의 인기에 힘입어 제대로 된 준비로 대중을 유도했다면, 지금도 경제 흐름에 대한 최고의 전문가로 열광적인 대접을 받고 있을 것입니다. 이 책대로 시나리오가 전개된다면 당장은 물론이고 먼 훗날까지 이 책이 불후의 고전이 될 수도 있는 이유입니다.

장면 2

2001년 화요일 아침에 미국에서 '9.11 테러'의 비극이 일어났습니다. 당시 저는 매주 둘째 목요일의 옵션 만기일을 이틀 앞두고 고심 끝에 콜옵션과 풋옵션을 2:1 비율로, 그것도 만기일 직전 변동성이 심한 외가격을 피해서 더욱 안전한 내가격들로 매입해 놓은 상태였습니다. 이른바 장세가 불투명할 때 양쪽에 걸어둠으로써 안전장치도 해놓고, 또 둘 중 하나 큰 폭의 변화가 생긴다면 막대한 이익을 취할 가능성도 염두에 둔 양다리 작전인 '양 매수 전략'이었지요.

뉴욕 증권거래소가 전면 폐쇄되고, 국내 주식 시장도 하루 폐쇄된 상태에서 실로 수많은 감정이 교차함을 어쩔 수 없었습니다. 그 참혹한 실상에 한없이 고통스럽고 가슴 아파하면서도, 한편으로는 왜 하필 폭등해야 크게 수익이 나는 콜옵션을 많이 사 놓고 폭락해야 큰 수익이 나는 풋옵션을 적게 매입해 놓았는지, 또 과감하게 외가격을 사 놓지 않고 내가격들로만 구성해 놓았는지 하는 아쉬움이 간교하게 스멀스멀 기어나옴을 어쩔 수 없었습니다.

마침내 하루 쉬고 장이 열린 13일은 하필이면 옵션 투자가들에게는 하루 사이에 천당과 지옥을 경험한다는 만기일이었습니다. 폭락으로 시작하자, 시작가부터 200~300배를 올린 외가격들과 달리 저의 상품은 50배 정도로 시작했습니다. 저는 잠시의 갈등 후에 위험을 무릅쓰고 더 큰 수익을 얻기 위해 순간 내가격 상품을 외가격 상품으로 교체해 버렸습니다. 결국 다시 3배 정도 더 수익을 올려 총 150배 수익으로 끝났습니다. 외가격 중에는 그날 하루 1,000배 정도 올린 것들도 있었습니다.

지금도 그때를 생각하면 너무도 죄스러운 생각과 함께 자본 시장에 놓인 악마의 유혹을 되새겨보게 됩니다.

장면 3

2008년 세계 금융 위기로 미국 시장이 폭락한 첫날 저는 극도로 상심해 있었습니다. 전날 상승을 예견하고 콜옵션을 매수해 놓은 상태였기 때문입니다. 이전 날 매입가의 5분의 1 정도로 급락한 상태에서 시작가로 얼른 팔아버리고 곧바로 풋옵션의 맨 끝자리 외가격을 매입했습니다. 다행히 그것이 30배 정도 오른 상태였는데도 거기서 다시 열 배 정도가 더 올라, 전날보다는 300배 오른 상태로 끝났기에, 장이 끝나는 순간 저는 손실을 만회하고도 2배의 이익을 거둘 수 있었습니다.

그렇지만 그 후 일주일 내내 계속되었던 연속 폭락을 예견하지 못하는 바람에 연일 거대하게 누적되는 풋옵션의 상상할 수조차 없는 수익을 지켜봐야만 했습니다. 처음부터 연속 폭락을 예견하고 대응했더라면 일주일 사이 수만 배의 이익을 보았을 수도 있었습니다. 아니 그냥 동일한 풋옵션을 가지고만 있었더라도 수천 배는 기본이었습니다.

그때 저는 다짐했습니다. 세계 경제 시장 사이클에서 몇십 년 후 이 연속 급락의 흐름이 다시 올 것이고 그때는 절대 놓치지 않으리라 말이지요. 코로나 팬데믹 때 2008년보다는 못 하지만 상당한 폭락이 일주일이나 넘게 왔는데, 그때도 놓쳐 버렸지요. 아니 놓쳤다기보다 그때는 너무 위험한 옵션을 아예 하지 않은 지 오래였기 때문입니다. 준비가 전혀 되지 않은 상태에서 팬데믹이 휩쓸고 간 거지요.

그런데 이제 그것과는 비교조차 안 되는 폭락기가 서서히 보이지 않게 잉태되는 중입니다. 그게 언제일까요?

장면 4

2021년 4월 국내 가상화폐 투자자 계정 수는 무려 500만 개로 발표되었습니다. 한 사람이 두 개의 계정을 가진 이들이 일부 있다고 추정하더라도 무려 400만 명이 불꽃같이 뛰어든 셈입니다. '코인 열풍'은 올해 들어 더욱 거세져 1분기 3개월 동안에만 250만 계정이 새로 생겼을 정도입니다. 다시 6월을 넘어서며 600만을 돌파해 버렸습니다. 그중 2030이 무려 63%를 차지합니다.

다들 유튜브 생방송을 보며 24시간 내내 '코인 좀비'가 되어 안절부절못하는 삶을 살고 있습니다. 이럴 때 누군가가 아예 어쩌다가 한 번씩만 들여다보면서도 위험성이 아예 없다시피 한 편안하면서도 안전한 새로운 투자법을 개발했다면 그 책은 폭발적인 관심을 받을 것입니다.

앞으로 여기에서 펼쳐질 내용의 절반 이상이 그러한 비법 제시입니다. 바로 이 책이 가장 안락한 '코인 선비'가 되어 궁극에는 '코인 왕'을 넘어 '코인 황제'라는 가장 놀라운 수익률을 창출하는 획기적인 방식이라 자부합니다.

목차

제4장
급기야 도래한 폭락기, 악마의 칼날을 부여잡고 역으로 내치다!

제5장
다시 피어나는 경제와 자본의 꽃! 회복기의 투자 방법과 2031년 전후 반드시 해야 할 것들!

1장

모든 걸 좌우할
향후 십 년
자본 시장 흐름의
특급 비밀

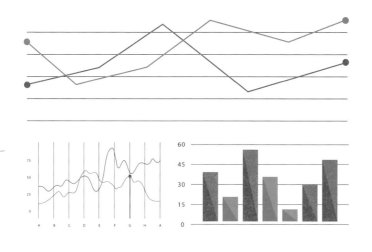

2016 2017 2018 2019 2020 2021

15
20

2,45
9,24
3,25
6,56
79,35
19,11
28,68
68,88
31,20
59,05
67,70
140,50
5,96
85,40
58,70

01

세계 경제의 사이클을 정확히 예측하면 자본의 거대 흐름이 보인다

세계 경제는 일정한 질서하에 운용됩니다. 이삼십 년 전까지만 해도 카오스 이론으로 치부되던 예측이 불가했던 일기예보마저, 지금은 거의 정확하게 맞춰가는 시대입니다. 이미 '보이지 않는 손'은 일찌감치 인류의 머리 위에 앞으로 펼쳐질 웅대한 경제의 흐름을 짐 지워놓은 채 내밀한 미소를 짓고 있지요. 만약 당신이 그 특급 비밀의 황금 열쇠고리들을 연속적으로 한 무더기 들고 있다면, 그리고 그것들을 매 시기에 적절하게 하나씩 들고 열어나간다면, 황금의 신은 당신에게 상상도 하지 못했던 초거대 자본이라는 선물을 가득 안겨 줄 것입니다.

단언컨대, 경제 사이클을 정확히 예측하고 그때그때 최상의 대처를 해나간다면 우리는 이 피 말리는 자본의 벼랑 끝 승부에서 최후의 승자가 될 수 있습니다. 이 책의 목적은 향후 전개될 자본 시장의 대 격변기마다 당신이 가장 적절하게 대응함으로써 모든 승부의 절대 지존이 되게 함입니다. 자본주의 시스템에 의해 진행되는 자본의 충실한 프로세스를 간파하고 그 흐름을 잘 읽어 미래까지 예측해 나갈 때마다 꿈꿔 보지 못했던 거대 자본을 축적하게 되는 것입니다.

코로나 사태는 빈부의 격차를 더 심화시켰습니다. 그것은 경제적 약자들에게 특히 불리하게 작용해 가난한 분들의 평균 소득이 무려 17%나 적어졌다는 통계를 보일 정도로 심각합니다. 과연 저소득층과 청년들이 절규하듯 경제적 신분 상승의 사다리는 걷혀버린 것일까요.

이 책 제목을 〈백만 원으로 재벌 되기 십 년 사이〉라고 정하자, 주변에서 너무 황당하다며 차라리 '아파트 사기'나 '부자 되기' 정도가 어떠냐고 조언해 줬습니다. 그래서 농담 삼아 반문했지요. "재벌이 뭐 별거인가? 그들 중 남자들은 고추에, 또 여성들은 거기에 금테라도 두르고 나오나?"

그런데 곰곰 생각해 보니 그들은 분명 애초부터 온몸에 금테를 두르고 태어나는 것도 같습니다. 그렇지만 이 책은 그 문제에 대한 역발상에서 출발합니다. 아니 돌이켜 보면, 당신도 지금부터 서서히 자신의 온몸에 금테를 만들어갈 수 있다고 말이지요.

더욱이 앞으로 십 년이라는 짧은 기간에 급변해가는 세계 경제의 흐름을 정확히 예측하고 그 자본의 전쟁에서 매번 크게 승리해 나갔을 때 실로 상상조차 할 수 없는 절대 수익으로 인한 거대 자본 형성에 성공할 것입니다.

부동산으로 돌아가 봅시다. 주변을 보면 30년 사이 평당 천 원짜리 땅이 1,000만 원 2,000만 원으로 급등한 곳이 많습니다. 만 원이던 땅이 몇백만 원이 된 곳은 쌔고 쌨습니다. 그러나 대한민국 땅에서 다시 그런 급등은 꿈도 꿀 수 없습니다. 아니 이제는 부동산으로 두서너 배 기대하기도 힘들게 되었습니다.

그런데 만약 당신이 인도나 인도네시아, 혹은 아프리카 국가 중 그나마 경제 상황이 나은 남아프리카 공화국에 가서 성장 가능성이 큰 지역의 땅을 산다면, 20~30년 뒤에 몇백 배, 몇천 배의 투자 수익을 볼 수도 있습니다.

문제는 우리가 그들 나라에 가 부동산을 살 수 없다는 데 있습니다. 일단 외국인이라 자격이 없고, 현지인을 끼고 구매하는 것도 몹시 위험합니다. 설령 해당 국가의 제도나 정부가 우리를 유혹하더라도 쿠데타 등의 여러 불안정성에 미덥지 않습니다.

우리의 주식 시장도 돌이켜 보면 이삼십 년 사이에 몇십, 몇백 배 상승한 종목들이 많습니다. 국내 주식 중 'SK텔레콤'은 2000년 초반 IT 열풍에 힘입어 무려 512만 원을 기록했습니다. 당시 50주만 팔아도 30평 강남 아파트를 살 수 있었습니다. 바로 가까이 두고서도 그런 자본과 경기의 흐름을 보지 못했기에, 곳곳에 즐비하게 깔린 절호의 기회들을 깡그리 놓쳤던 것이지요. 그렇다면 안타깝게도 다시 돌아가지 못한 채 이대로 끝난 걸까요?

그런데 곰곰 생각해 보니, 바로 우리 곁에 그 수많은 기회와 유사한, 아니 어떤 것은 비할 수 없이 속도도 빠르고 진폭도 훨씬 가파른 절호의 기회들이 즐비함에 새로운 희망이 샘솟습니다.

과연 그게 무엇일까요? 그것은 바로 경제 상승기에 절대 놓쳐서는 안 되는 중국 주식과 가상화폐 시장입니다. 또한 경제 폭락기에 숨 막히게 광폭하는 파생상품 시장입니다.

이제부터 이 책은 바로 그 세 가지 측면에서 여러분에게 전혀 새로운 '소액으로 거대 자본의 흐름 위에 가장 적절하게 올라타는 기법'을 완벽하게 제시해 드릴 것입니다.

02

아무도 모르는 향후 십 년간 세계 시장 흐름의 비밀, 바로 이렇게 움직인다!

다시 강조하지만, 세계 자본 시장의 흐름을 정확하게 예측하는 것이 절대 성공의 지름길입니다. 그렇다면 그에 따라 적절하게 대응해줄 때 당신의 계좌는 기하급수적으로 불어나게 되는 것입니다. 이제부터 우리가 해야 할 가장 중요한 과제는 최상의 예측과 함께 최고의 대응기법에 대한 학습입니다.

경제는 살아 있는 거대한 생태계입니다. 모든 자본의 흐름은 언뜻 카오스의 혼돈 같으면서도 사실은 아주 정교한 코스모스의 질서 아래 움직이는 것이지요. 엄청난 자본이 얽혀 있는 주식 시장은 포식 공룡들이 난립한 쥐라기 시대의 광활한 공원입니다. 이제는 주식 시장보다 더 많은 자본이 모여 매시간 급변하는 가상화폐 시장은 태양을 향해 죽음도 불사하며 쉬지 않고 비상해가는 이카로스처럼, 언제 어떻게 될지 모르는 두려움 없는 좀비들의 무자비한 전쟁터입니다. 역시 그에 못잖은 거대 자본으로 중무장한 채 빛의 속도를 초월할 정도의 쾌속으로 시시각각 급변하는 파생상품 시장은 미래에나 우리가 구경할 수 있을 우주 생명체들이 별들 사이에서 벌이는 대우주 전쟁인 셈입니다. 그렇다면 우리 앞에 놓인 이 세 개의 거대 황금 시장이 어떻게 전개될까요.

앞으로 세계 시장은 다음과 같은 세 개의 시나리오 중 하나일 것입니다. 이제부터 제시하는 세 시나리오 중 가장 가능성이 큰 것은 바로 첫째 시나리오입니다. 이 책은 그 첫째 시나리오에 대한 대응 방안을 주로 기술한 것입니다. 그렇다고 걱정하실 필요 없습니다. 설령 나머지 시나리오대로 흘러가더라도 여기서 다루는 초특급 비밀들은 모든 시나리오에 있는 처음 5년간의 특급호황에 따른 것이기 때문입니다. 결국 어떤 식으로 전개되든 가장 최적의 대응 방법을 배우는 것이지요.

03

제1 시나리오=100년 주기 이론과
20년 주기 이론의 혼합.
2028~2029년의 대붕괴!

인류의 경제사는 호황과 불황의 연속 순환과정입니다. 호황으로 인해 과부하가 걸린 잉여 시장은 결국 불황을 피할 수 없지요. 다행히 긴 호황기에 비해 불황의 시기는 상대적으로 짧은 편입니다. 그러나 불황의 참혹함은 1929년 '세계 대공황' 때 수많은 죽음에서 보듯이 이루 말할 수 없는 지경입니다.

2029년은 그 공포의 그림자가 온 세계를 뒤덮었던 '대공황' 이후 딱 백 년째 되는 해입니다. 매스컴들은 그 암울했던 시기를 특집으로 재조명해 떠들어댈 것이고, 만약 그때까지 초호황의 시기가 이어진다면 반대급부로 너무나 큰 우려의 목소리들이 매일 난무할 것입니다. 팽배해 있는 자신감과 안정감과 풍요의 물결에 찬물을 끼얹는 셈이지요.

그런데 그사이 세계 경제 주기는 훨씬 짧아지는 양상을 보이고 있습니다. 먼저 우리나라의 경우를 살펴봅시다. 우리에게 전례 없는 불황이 온 것은 1998년 '한국 IMF 외환 위기'입니다. 당시 은행업종을 제외하고 주가가 십 분의 일, 이십 분의 일로 폭락하던 충격은 잊을 수가 없습니다. 많은 상장 기업이 도산하고, 서민들도 폭락한 집값과 실직과 감봉으로 인해 엄청난 피해를 보았습니다.

2년여에 걸친 각고의 사투 끝에 다시 고성장으로 잘 나가던 한국 경제는 그만 2008년 덮친 이른바 '2008 세계 금융 위기'로 또 한 번 직격탄을 맞습니다. 사실 2008년 공황은 바로 일 년 전인 2007년 4월, 미국 2위 서브프라임 모기지 대출회사인 '뉴센츄리 파이낸셜'이 파산신청을 하면서 촉발된 이른바 '모기지 사태'입니다. 일 년 전부터 곪아 터져가던 자본 시장의 흐름이 결국 2008년에 이르러 세계적 투자은행인 '리먼브러더스'를 파산시키면서 노골적으로 전면에 부각 되었던 것입니다. 그런데 사실 우리가 놓치고 있는 가장 결정적인 요인은, 호시탐탐 그런 자본 시장의 균열을 노리고 있던 파생상품에서의 소위 '투기적 헤지 세력의 준동'입니다.

　　저는 2008년 위기의 주범은 자본 시장의 악마와도 같은 파생상품에서의 '헤지 세력', 주식으로 말하면 공매도 세력 때문이라 단언합니다. 균열을 호시탐탐 노리다가 득달같이 빈틈을 달려들어 순식간에 뜯어먹는 하이에나와도 같은 시장 교란의 결과지요. 1998년의 금융 위기는 우리와 같이 외환 시장이 취약했던 몇몇 나라만의 이야기일 뿐, 미국 중심의 세계 경제는 변함없이 튼튼했습니다. 결국 국내적 특수 요인으로 공황의 늪에 빠졌던 우리는 불과 10년 만에 닥친 세계적 쓰나미에 다시 주저앉고 말았던 것입니다.

　　저는 그로부터 다시 10년 뒤인 2018년 즈음에 우리는 물론 세계 경제 불황이 발생하는지 유심히 지켜보았습니다. 다행히 미국 중심의 글로벌 경제가 무난했으므로 우리 역시 안전하게 지나갈 수 있었습니다. 거기서 내린 결론은 역시 1998년의 위기는 우리만의 특수성으로 인한 우발적인 사태일 뿐, 앞으로의 경제 흐름은 세계와 함께 보조를 맞춰 가리라는 것이었습니다.

그렇다면 근래 들어 세계 경제의 주기는 어느 정도가 될까요. 1987년에 미국 주식 시장에서 '블랙 먼데이'의 충격이 일어났습니다. 그리고 적지 않은 동안 세계 시장이 답보 상태에 머물러야 했지요. 세계 주식 시장에서 50%를 차지하던 미국 주식 시장의 시가총액은 그 후 급락해 2년 후인 1989년에는 29.7%를 기록합니다. 그 이후 장기간에 걸쳐 45% 정도로 정상치를 회복하지만요.

그로부터 20년 후인 2007~2008년에 '모기지 사태'로 위기가 찾아왔죠. 혹시나 주목했던 2018년은 안정적이었습니다. 결국 제가 내린 결론은 시대가 점점 '세계 경제 20년 주기' 이론으로 기울어간다는 것이었습니다. 이제부터는 2028년 전후해 경제 공황이 오는가에만 집중하고 있던 차였습니다.

그랬는데 작년 2020년이 되어 세계 경제에 뜻밖에도 시꺼먼 그림자가 순식간에 드리워졌습니다. '코로나 19'라는 전혀 예상치 못했던 돌발 변수가 세계를 집어삼킨 것입니다. '20년 경제 주기 이론'을 거의 굳혀가던 저는 이 뜻하지 않은 사태에 각국 경제가 어떻게 대응하는지 촉각을 곤두세웠습니다. 과연 도도한 흐름이 코로나로 인해 무너지고 새로운 주기를 만들어갈까요?

그렇지만 역시 세계 경제는 꼿꼿했습니다. 팬데믹이라는, 근래 들어 인류가 경험해 보지 못했던 강제 봉쇄와 단절의 상황에서 일시적으로 전체 경제가 주춤했을 뿐 어느 나라이든 보란 듯 급속도로 회복해 나갔습니다. 다만 너무나 직접적인 피해가 컸던 일부 업종만 제외하고 말이지요. 대부분 분야에서 세계 경제는 다시 상승궤도라는 원래의 흐름에 올라타 있습니다. 금년 2021년엔 아직도 코로나가 심각한 와중에서도 오히려 경이로운 경제성장률을 이뤄내고 있을 정도입니다.

코로나가 가장 치명적이던 2020년에 가장 먼저 타격을 입었던 중국 증시는 기껏 15% 정도 하락하는 척하다가 언제 그랬냐는 듯 직전 고점을 곧바로 회복한 후, 이어 벌어지는 미국과 세계 증시의 폭락에 무관하게 잘 버텼습니다. 안타깝게도 사망자가 속출하는 고립된 생활 속에서 미국 증시는 무려 39% 하락했다가 이내 회복한 후, 심지어 연일 사상 최고치를 경신하는 기적을 연출해 나갔습니다. 우리나라도 따라 놀라서 무려 36%의 폭락을 경험했습니다. 하지만 그것도 잠시일 뿐 우리도 이내 전고점을 넘어 사상 최고치를 경신해 가는 중입니다.

2020년 코로나 아래서도 세계주요국의 아파트값은 20~30% 폭등해 버렸습니다. 한국이 오히려 16~17%에 불과할 정도로 평균치에 못 미쳤던 것이지요. 아파트뿐 아니라 전체 집값 상승률은 요 이삼 년 새 세계 어디고 가히 살인적입니다. 경제 전문지 〈블룸버그〉에 따르면 2020년 우리나라 전체 집값 상승률은 세계 29위였을 뿐입니다. 2019년엔 35위였고요.

OECD는 2021년도 올 1분기 석 달 동안에만 전체 회원국들의 주택 가격이 9.4% 폭등해 30년 만에 최대 상승을 기록했다고 발표했습니다. 매스컴들이 사상 최고치로 올랐다고 까내리는 우리나라의 경우는 6.7% 상승으로, 막대한 상승 폭이긴 하나, 오히려 평균치에 한참 못 미치는 수준일 뿐입니다.

2분기 들어서는 더 심상치 않은 상황입니다. 코로나 와중에도 미친 듯 폭등하기만 하던 미국 집값은 급기야 올해 4월 한 달 동안에만 무려 14.6% 폭등해 34년 만에 최고치를 경신했습니다. 전국 평균이 이 정도면 요지의 주택은 불과 1~2년 만에 두서너 배나 뛴 셈입니다. 가히 살인적이지요. 심지어 귀신이 나온다고 오랫동안 흉가로 있던 곳도 아주 비싼 가격에 팔려나갈 정도입니다.

이 모든 현상은 정부가 무능해서가 아니라 그만큼 갈 곳 없는 세계 자본의 유동성이 폭증했기 때문입니다. 더 나아가 세계 경제는 일시적 돌발변수에 좌우되지 않은 채 원래 가려던 길을 찾아 성큼성큼 전진하는 중입니다.

아니 작년의 마이너스 성장률을 2배, 3배로 만회하려는 듯한 예측을 모든 경제 기관들이 쏟아내고 있습니다. OECD는 금년도 세계 경제 성장률을 4.2%에서 5.6%로 상향했습니다. OECD는 대한민국 성장률도 2.8%에서 3.3%로 상향했습니다. 'LG 경제연구원'과 'S&P'는 한 발 더 나가 4%라고 예측했습니다. 심지어 IMF는 4월에 3.6%로 예측했던 우리나라의 성장률을 7월에는 4.3%로 무려 0.7%나 상향했습니다.

더욱이 중국의 1분기 성장률이 18.3%라는 확정 발표는 경이로울 뿐입니다. 물론 작년도 영향이 반영되어 있긴 하더라도 예상을 훨씬 상회함은 확실합니다. 대만도 올해 7월 한 달 동안에만 수출이 작년 동월 대비 무려 35%나 폭증한 379억 달러를 기록해 사상 최대치를 경신해 버렸습니다.

이러한 사실과 각종 경제지표는 제가 주장하는 '세계 경제 20년 주기설'로의 진입을 더욱 강화해 줍니다. 결국 2028년, 혹시 이르면 2027년, 늦어도 2029년의 대폭락을 앞두고, 세계 경제는 2020년의 일시적 마이너스 충격을 급격히 떨쳐 버린 채, 오히려 한층 강화된 2027~2028년까지 마지막 6~7년의 불꽃놀이 축제를 즐기는 중인 것입니다.

그 폭발의 기간을 잘 살린다면, 당신은 중국 대표주식만으로도 매우 안정적으로 몇십 배의 수익을 올릴 수 있습니다. 저의 가상화폐 기법을 적절하게 지키고 활용해 가면 거기에서만 무려 수백 배, 수천 배의 수익률을 거둘 수도 있습니다.

하지만 2028~2029년, 어쩌면 2027년, 아주 찰나의 순간에 들이닥칠 대폭락의 초기에는 불과 일주일 만에 종합지수가 반 토막이 나는 절체절명의 도가니에 빠져버리고 말 것입니다. 2020년의 일시적 충격은 팬데믹이라는 돌발사태로 인한 제한적인 것이었지만, 이 새로운 패닉은 전혀 다른 성격의 것입니다. 초기의 낙폭도 훨씬 크고, 그 후로도 장기간에 걸쳐 지속적으로 진행되며 모든 경제 구성원들에게 결정적인 경제 타격을 입힙니다.

그때가 되면 급등했던 상품의 순서대로 급락을 경험하게 됩니다. 가장 타격이 심한 쪽은 당연히 가상화폐입니다. 수억 원에 달해 있을 비트코인이 일주일 만에 몇백만 원으로 폭락합니다. 애초에 1원짜리 전후로 가상화폐 거래소에 상장되어 평균 수십만 원에 달하던 코인들이, 일주일 만에 다시 1원에서 수십 원으로의 회귀가 속출하는 절망적인 상황을 목격할 수도 있습니다. 며칠 새에 반 토막 난 각국의 종합지수는 다시 시간을 두고 서서히 하향해 버립니다. 세계 경제는 결국 삼 분의 일 토막이 날 수도 있고, 사 분의 일 토막이 날 수도 있습니다.

각종 경고에도 넘치는 자본의 유동성과 경기 호황에 힘입어 좀처럼 꺾이지 않던 부동산 시장마저 급랭합니다. 그토록 견고하기만 했던 아파트 역시 끝 모를 추락의 블랙홀 속에 빠져들 수 있습니다. 만약 저의 이론이 적중한다면 당신이 2027년 이전에 집을 팔았을 때, 2030~2031년에는 그 가격으로 똑같은 집을 두세 채 다시 살 수 있는 셈입니다. 그래서 저는 요즘 지인들에게 2026년까지는 최대한 버티다가 늦어도 2027년까지는 집을 다 팔라고 권하고 있습니다. 믿거나 말거나 말이지요. 모든 것은 당신의 복이니까요.

제가 이렇게 예측하는 결정적인 배경에는 가히 자본 시장의 괴물이라 할 수 있는 '파생상품 시장'이라는 교란 세력 때문이기도 합니다. 2008년의 경험에서 본 것처럼 헤지 세력은 절대 빈틈을 놓치지 않습니다.

　　그들은 2021년의 호황기에도, 또 그 이듬해서 다시 이듬해에도 매번 호시탐탐 기회만 엿볼 것입니다. 그러나 이미 누적되어 튼튼하게 쌓인 자본주의 시장 경제의 벽은 균열의 틈을 조금도 허용하지 않는 듯 완전해 보이기만 합니다. 그런데 바로 여기에 함정이 도사리고 있습니다. 급격한 호황이 거듭될수록 외견상 더욱 강해진 것처럼 보이지만 그것은 실상은 착시에 지나지 않습니다.

　　거대 자본 시장의 생리상 절대 풍요를 오래도록 만끽하며 나태해진 황금의 여신의 반대급부에서 지옥의 신은 파멸이라는 혹독한 칼날을 계속 갈고 있었던 것이지요. 견고해 보이기만 하던 자본의 축제에 모두가 도취해 있을 무렵, 지옥의 신은 이미 저승사자를 보낼 준비를 끝마치고 있었던 것입니다.

　　몇 년에 걸쳐 내리누르려 해도 순간순간만 주춤할 뿐 오히려 더 가열찬 기세로 솟구쳐 오르기만 하던 호황의 금자탑은, 마침내 그 높이가 너무 커져서 모두가 위기감을 느낄 어느 순간, 맹독으로 가득한 헤지 세력의 훌륭한 먹잇감으로 한순간에 전락해버리고 마는 것입니다.

　　절대 호황이 있으면 절대 불황이 있는 법입니다. 그리고 기왕의 번듯한 구조물을 부술 거라면 아예 단숨에 철저하게 짓밟아버려야만 다음의 재건축과 재창조가 훨씬 수월해지는 법이니까요. 그래야 다음 시기에 인류는 정신을 차리고 더욱 견고한 자본의 축성을 위해 나아가는 겁니다.

　　그렇게 악마의 잔혹한 칼춤이 난무하는 대폭락기에 정신을 똑바로 차리고 미리 준비하고 있다면, 당신은 상상조차 하지 못했던 수천 배, 수만 배의 수익을 단 일주 만에 얻을 수도 있습니다. 바로 이 책 4장에서 배울 '폭락기 파생상품의 특급 비밀' 편에서 제대로 확인하고 학습해나가시기 바랍니다.

만약 저의 예언대로 2028~2029년 사이에 세계공황이라는 폭락이 갑자기 시작된다면 다시 정상적으로 온전히 회복하기까지 도대체 얼마가 걸릴까요. 미국 다우와 나스닥 지수의 일 년짜리 차트, 즉 연봉을 보면 커다란 절대 음봉이 예쁜 양봉으로 전환하는 데 정확히 2년 반이 걸립니다.

물론 그사이 세계 경제의 적응력이 보다 향상되어 2년 정도로 단축될 수도 있겠지요. 어쨌든 당신은 수만, 수천 배 수익률을 단 며칠 새에 거둔 데 이어 점진적 하향에 적절히 대응해 가다가 다시 2030년쯤부터 기지개를 켤 새로운 도약의 20년 주기를 맞이하면 됩니다.

훨씬 저렴해진 아파트를 다시 사고, 몇 분의 일 토막 난 주식을 안정적으로 사들이기 시작하며, 몇백만 원으로 바겐세일하는 비트코인과 몇 원, 몇십 원으로 헐값이 되어버린 코인들을 모아가는 것입니다.

그렇듯 이 책을 읽고 10년의 순환을 거친 당신은 2031년 즈음에는, 그동안 거대 자본으로부터 후미진 끝자리에서 내팽개쳐진 채 철저히 소외당해 왔던 자본주의 사회에 대한 멋진 복수를 실현하고 한껏 우아해진 삶을 사는 자신을 발견하게 될 것입니다. 바로 그런 취지에서 저는 이 글의 제목을 '백만 원으로 아파트 사기'나 '부자 되기'가 아니라 '재벌 되기'라고 발칙하게 정해버렸던 것입니다. 만약 당신이 이 책대로 철저히 했는데도 십 년 후인 2031년에 재벌은커녕 기껏 빌딩 한 채만 사게 되었다면 용서해 주십시오.

이 책에서 얻은 특급 노하우를 바탕으로 2051년까지 다시 순환할 다음 세계 경제 사이클에 잘 대비해 여러분 중에 많은 이가 지금으로부터 두 번째 경제 주기가 끝나가는 2050년 즈음에는 진짜 재벌이 되면 되는 것입니다. 그사이 우리는 중국 주식 시장의 폭등에 따른 이익을 가장 많이 가져온 민족으로, 가상화폐 시장에서도 압도적인 최고의 수익률을 올린 민족으로, 파생상품 시장의 매서운 광풍에서 오히려 엄청난 역공을 펼쳐 집단적으로 대성공을 거둔 민족으로 치부될 수 있는 것입니다. 그렇게 된다면 저의 이 무모한 도전을 부디 용서해 주시기 바랍니다. 적어도 이 아름다운 나라의 자본을 불리고 지키는 데 어느 정도 이바지했을 테니 말이지요.

04

다른 두 가지 주기 이론에도 적용되는
투자 방법의 안정성

　전술한 대로 '첫 번째 시나리오'가 적중할 확률이 무려 70%입니다. 그렇게 된다면 우리는 너무도 훌륭하게, 또 완벽하게 모든 과정에 대한 학습을 마치고 최선의 대응을 하게 되는 것이지요. 그런 후에 당신은 자신의 소중한 온몸 이곳저곳에 하나씩 둘씩 금테를 만들어 갈 수 있습니다.

　그런데 이 첫 번 시나리오와 조금 다르게 진행될 수도 있습니다. '두 번째 시나리오'대로 흘러갈 확률이 25%라고 저는 생각합니다. 둘째 시나리오는 '코로나 19'라는 팬데믹이 하나의 중요한 분기점 역할을 해 그로부터 10년쯤 후인 2030~2032년경에 세계 대공황이 도래한다는 가설입니다.

　'코로나' 사태는 일찍이 현대 문명의 초특급 발전을 과신해오던 인류에게 상상조차 할 수 없었던 희귀한 현상입니다. 그것은 하찮게 치부해왔던 일개 박테리아균에 의해 위대한 인류가 전 세계적으로 한꺼번에 궤멸하다시피 한 너무도 치욕적인 폭거입니다. 최고의 문명 집단에 가해진 집단적 봉쇄와 죽음으로부터의 공포는 절대 씻을 수 없는 트라우마를 모두의 뇌리에 잔뜩 심어 놓고야 말았습니다. 그것은 인류가 아무리 진보를 향해 나아가도 언젠가는 가장 소홀히 여기던 무리에 의해 한순간에 몰락할 수도 있다는 '집단 무의식의 형성'이라 해도 과언이 아닐 정도입니다.

백신에 의한 집단 면역 형성이 어느 정도 성공한다면 선진국을 중심으로 한 고통의 기간은 2020~2022년 정도가 될 것이지만 후진국들은 그 기간이 일 년 정도 더 길어져 2023년에서야 어느 정도 진정기로 접어들 것입니다. 물론 연속되는 '변이'에 의해 코로나와 공존하는 기간이 좀 더 길어질 수도 있습니다. 설령 독감처럼 연례행사가 된다 해도 지혜로운 인류는 그것을 다스리고 병존해 가는 방법을 터득해갈 것입니다. 결국 코로나의 전성 시기는 2020~2022년 정도가 될 전망입니다.

이 수업에서 우리의 관심은 그것이 세계 경제 사이클에 어떤 영향을 줄 것인가에 있습니다. 첫 번째 시나리오에서는 '코로나 사태'가 일시적 변칙적 현상이었을 뿐, 세계 경제는 원래 가려던 대로 어김없이 2028년 전후해 대조정을 받게 된다는 것이었지요.

두 번째 시나리오는 그래도 이 중차대한 사태가 세계 경제 흐름에 어느 정도 영향을 끼쳐 20년 주기에 다소 변화를 가져온다는 가설입니다. 다시 말해 2020년에 있었던 상당폭의 낙폭과 조정폭이 일시적이나마 경기 과열을 진정시키는 효과가 있어 2~4년 정도 폭락 사이클을 연장해준다는 것입니다. 그동안 쌓인 '버블(거품)'을 어느 정도 제거해주는 역할을 인정해주는 셈입니다. 2028년 전후에 올 대폭락이 2030~2032년에 올 수도 있다는 것이지요.

그렇다면 도대체 왜 '코로나 사태'가 벌어진 2020년을 기준으로 20년 후인 2040년을 폭락기로 지목하지 않은 것일까요. 가장 중요한 요인은 그렇게 보기에는 2021년 금년도의 세계 경제 성장률이 너무 가파르다는 것입니다. 통상적으로 하나의 경기 사이클이 하락에서 상승으로 변화하는 터닝포인트 직후 회복의 양상은 완만한 상승 곡선을 보입니다.

그런데 금년도 '세계 경제 5.6%'와 '대한민국 경제 4%'라는 놀라운 상승률은 누적되어 오던 가속화의 동력이 뭉쳐 폭발하는 양상이지 결코 변곡점에서의 양상은 절대 아닌 셈입니다. 지금으로부터 20년 동안 세계 경제가 지속적으로 이렇게 폭발하기란, 그 피로도가 이루 말할 수 없이 엄청난 것이어서, 감히 상상하기조차 힘들 지경이란 말이지요.

코로나 직후 보이는 가파른 상승 곡선도, 적절한 시점부터 합리적인 폭으로 나타날 가능성이 큽니다. 그래도 지금의 기세라면 코로나 이전보다는 더 큰 상승세를 상당 기간 보일 듯합니다.

다만 여기서 말하고자 하는 핵심은 둘째 시나리오가 첫째 시나리오와 어떻게 다른가의 차이점입니다. 그것은 코로나 직후 세계 경제에 발생했던 상당폭 조정의 작용이 어느 정도 완충 역할을 해서 대폭락 시작 시기를 2~4년 늦출 수 있다는 가능성입니다. 쉽게 말하면 '코로나로 잃어버린 시간'을 찾아 연장해 줌으로써 원래 인류가 누릴 수 있었던 이번 활황기의 조각을 맞춰준다는 의미가 있는 것입니다.

결국 외형상으로는 이번 주기가 22~24년이 될 수 있지만, 사실은 코로나 시기를 빼면 원래대로 20년 주기가 되는 셈이지요. 팬데믹으로 인한 2~4년의 후퇴기 겸 공백기를 감안해 2030~2032년에 대공황이 발생한다는 논리입니다. 외형상의 '22~24년'이 아니라, 이 둘째 시나리오 역시 '코로나 공백기'를 빼면 '20년 주기 이론'과 부합하거나, 일종의 변형일뿐 같은 맥락에 놓인 주장이 되는 셈입니다.

고로 큰 틀에서 보아 첫째 시나리오와 둘째 시나리오는 같은 것이라 해도 무방합니다. 문제는 이럴 경우, 우리의 투자 전략에 다소의 혼란이 야기된다는 점입니다. 2028년 즈음의 폭락을 예견하고 부동산, 특히 집을 매각한 경우는 내 집 마련 시기가 이삼 년 늦춰지는 셈입니다. 주식이나 코인을 일정에 맞춰 매각한 이들에게도 이삼 년의 투자 공백기가 생겨 버립니다. 그렇지만 그런 정도의 약간의 '기회비용 상실'은 별거 아니기에 위안이 되긴 합니다. 만약 당신이 제대로 대비하지 않고 있다가 곧이어 닥칠 대공황으로 인한 '전방위적 몰살 비용'에 비하면 말이지요. 아니 그 폭락기에 소액으로 벌어들일 그 엄청난 투자 수익에 비하면 말입니다.

이제 마지막 '3번째 시나리오'만 남았습니다. 그것은 도대체 무엇이며 왜 확률을 5%로 낮게 보았을까요?

셋째 시나리오는 앞에 언급한 내용 중에 있습니다. 그것은 '코로나19'가 새로운 분기점이 되어 그로부터 20년쯤 후인 2040~2042년경에 대공황이 도래한다는 가설입니다.

이것은 코로나 팬데믹으로 인한 경제 폭락기가 아무리 기간이나 하락 폭이 다른 '대폭락기'보다는 짧고 작았더라도 어쨌건 하나의 온전한 사이클의 변곡점으로 자리한다는 주장입니다. 결국 그 이후 새로운 경제 상승기로의 진입이 이미 시작되어, 인류는 길게 안정적으로 번영을 구가하다가, 앞으로 20년 정도 후에나 위기가 도래하는 셈입니다.

사실 '코로나 시기'는 '역사의 전환점'으로는 하나의 훌륭한 핑곗거리가 될 수 있을 정도로 세계사에 요란한 사태임은 분명합니다. 이를테면 '비대면 경제로의 전환의 시대'라든가 '마스크의 시대', '백신의 시대'라는 표현들 따위가 그런 것들입니다.

그런데 경제 흐름이나 특히 '경제 주기'와 관련해서 이 시기 전후해 제가 몹시 찜찜하게 보았던 경제 징후가 하나 있긴 합니다. 그것은 경제가 급상승으로 전환할 때 항상 공식적으로 어김없이 나타나는 '해운지수'의 급상승입니다.

2019년 후반기, 아직 코로나가 도래하기도 전에, '벌크해운지수'가 오랜만에 상당폭 상승해 해운업계가 기대감에 들떠 있었습니다. 어쩌면 장기 침체해 있던 해운업과 조선업이 확실하게 유턴하면서 오랜 불황에서 벗어나리라는 큰 기대감 같은 것이었지요. 확실히 계속 뻗어 나가던 세계 경제와는 달리 해운업과 조선업은 유가 침체와 더불어 세계 경제에 커다란 부담을 주고 있던 터였습니다.

곧이어 '코로나 19'가 찾아와 세계 주식 시장이 급락하며 인류는 다시금 공포감에 떨어야 했죠. 그렇지만 세계 경제는 이내 그 하락폭을 곧바로 만회함은 물론, 언제 그랬냐는 듯 빠르게 새로운 고점을 향해 나아갔습니다.

물론 이 사실은 전술한 대로 '코로나 19'라는 팬데믹이 일시적일 뿐이고, 세계 경제는 원래 가려던 길로 들어섰다는 첫 번 시나리오를 뒷받침해줄 가능성이 큽니다. 그런데 여기서 몹시 찜찜했던 징후가 바로 이것입니다. '벌크 해운 지수'가 그 직전인 2019년 후반기부터 큰 상승으로 대전환을 이미 시작했다는 사실입니다.

통상적으로 세계 경제의 큰 회복기에는 장기간 침체해 있던 '해운지수'가 커다란 상승 곡선으로 대전환합니다. 바로 경제 회복기에 늘 있는 상투적인 전환 신호이지요. 그리고서 해운업과 철강업이 먼저 호황을 누리고 뒤이어 조선업이 크게 살아납니다.

그런데 공교롭게도 코로나 전후해 이 공식을 그대로 답습하고 있었던 것입니다. 작년부터 급상승한 운임과 공급부족으로 대호황을 누린 해운회사 'HMM'은 금년 1분기 석 달 동안에만 무려 1조 원 순이익을 올리는 기염을 토했습니다. 2020년 3월 23일 2,120원이던 주가는 불과 1년 만에 무려 20배 이상이나 오르는 기염을 토했습니다. 철강주들도 네댓 배씩 폭등했습니다. 곧이어 십여 년 장기 불황에 허덕이던 조선업이 그 바톤을 이어받으려 꿈틀거리는 중입니다.

이러한 징후들로 미루어 이번의 상승이 첫 번째나 두 번째 시나리오를 넘어 본격적인 경기 대상승을 시작했다는 새로운 증거로 받아들일 수도 있다는 것입니다. 아니 최소한 코로나와 관계없이 원래대로 계속 상승하고자 하는 강한 '상승 욕망'과 코로나를 핑곗거리 삼아 상당폭 조정을 받게 하고자 하는 '하락 욕망', 곧 '조정 욕망'의 충돌 지점이 생긴 것만은 분명해 보입니다. 또한 전체적으로는 그동안의 상승에 대한 반작용으로서의 '조정 욕망'과 부분적으로 침체해 있던 산업을 중심으로 한 강한 '상승 욕망' 사이에 코로나가 일정한 역할을 한 것만은 분명한 것입니다.

셋째 시나리오가 가능하다는 또 하나의 이유는 인류 스스로의 능력과 자세에 대한 기대감입니다. 인류는 어떤 경우든 항상 호락호락하지 않게 스스로 진보에 대한 능력과 방향성을 갖고 움직여 왔던 것입니다. 그런 긍정적인 기운이 '코로나'라는 자기반성과 극복의 과정을 거치며 보다 단단해진 자신감으로 꽃을 피워, 결국 '앞으로 또 20년'이라는 장기간의 진보와 호황을 이뤄낸다는 가설이지요. 이 셋째 시나리오가 실현된다면 인류에게는 더없이 좋습니다. 앞으로 오랜 기간 그간의 고통에서 벗어나 안락하게 집단적 풍요를 구가할 수 있는 거니까요.

다만 여기서 우리에게 문제가 되는 것은 첫째나 둘째 시나리오에 집중적으로 맞춰 준비해 왔던 우리의 '대비'입니다. 그렇지만 저는 이 셋째 시나리오의 실현 가능성을 단 5%라고 희박하게 보고 있습니다.

현재 나타나고 있는 성장률 급상승의 현상이 일반적인 경기 변곡점에서 보이는 완만한 상승 곡선과는 워낙 다른 특이 현상임은 이미 앞에서 지적한 바 있습니다. 하지만 이것만으로 3번째 시나리오의 가능성이 희박하다고 단정할 수는 없습니다. 코로나라는 특이하고도 갑작스러운 경기 위축에 눌려 있다가 한순간에 맞이하는 새로운 경제 주기로의 대전환이기에 그 시작점부터 웅대할 수도 있기 때문입니다.

그렇다면 다른 근거들이 필요합니다. 셋째 시나리오가 희박한 가장 중요한 이유는 역시 2008년의 경우처럼 방대해진 파생상품 시장의 절대적인 위력 때문입니다. 아니 근래의 파생상품 시장은 그 당시에 비해 비교조차 할 수 없을 정도로 초 방대해졌습니다.

심지어 '가상화폐 거래소'들에서 거래되는 '선물거래'들을 언뜻 보기라도 할라치면 그 순간 어지러움에 현기증이 심하게 일어날 정도입니다. 단적인 한 예로 가상화폐 파생상품 중 가장 대금이 큰 '비트코인 선물'의 경우 하루 평균 거래량은 약 4천 건으로 누적 거래대금만 무려 1천억 달러를 훨씬 넘고 있을 정도입니다. 가장 최첨단 금융 상품인 가상화폐 시장마저 벌써 파생상품 시장의 최고의 먹잇감으로 전락한 지 오래라 해도 과언이 아닐 지경입니다.

거기에다 주식 시장, 석유 시장, 외환 시장, 곡물 시장, 금 시장 등등에서 나날이 불어가는 파생상품들의 위력을 생각하면 한시도 마음이 놓이지 않습니다. 이미 우리가 모르는 사이에 음흉한 '헤지 세력'은 모든 공간과 시간에 침투해 있는 것입니다. 거대한 자본과 위력으로 거의 매번 막대한 수익을 올리면서 말이지요.

과연 그들이 이제부터 다시 20년이라는 방만한 시간을 우리에게 선물해줄까요? 천만의 말입니다. 지금의 경제 상승 폭이 커갈수록 '보이지 않는 악마의 손'은 이미 정교한 메커니즘으로 작용하고 있는 셈입니다.

그들이 결정타로 노리는 것은 경제 구성원들 모두가 동시에 엄청난

'이익 실현 욕구'를 느끼는 순간입니다. 장기간의 누적된 수익이 너무 커져 더 이상의 이익을 취하기가 더없이 부담스러워지는 찰나가 절호의 기회가 되는 거지요. 더 이상 '올려서 이익을 취하기'보다 '급락시키기가 훨씬 수월하고 그때 엄청난 이익이 눈에 훤히 보이는 순간'이 대반격의 디데이가 된단 말입니다.

바로 이 순간, 그토록 견고하게만 여겨졌던 자본주의 경제는 사실은 정반대로 너무도 취약해져 있는 셈입니다. 대폭락이 시작된 첫날 대중은 말할 수 없는 위기감을 한편 느끼면서도 그동안 착실히 쌓아온 막대한 수익에 대한 보전 심리 사이에서 갈등합니다. 지난 호황기에도 연례행사로 한 번씩 그랬던 것처럼, 이 대폭락이 잠시 지나가는 소나기겠지 하며 말이지요. 한편으로는 그때보다 폭도 훨씬 크고 분위기도 심상치 않음에 당황하면서 말입니다.

곧바로 두 번째 대폭락이 닥치면 그때부터 우왕좌왕하기 시작합니다. 너무나 혼란스러워진 상태에서 멍하니 바라보기만 할 뿐 적절한 대응 방법을 찾지 못하긴 마찬가지입니다. 다만 극도로 불안해진 심리 한편에 남아 있는 '잃어버린 수익에의 복구 심리' 때문에 망설이면서 말이지요. '더 이상은 설마……'하는 마음에 결단을 내리지 못합니다.

그러다가 다시 다음날도 또 다음날도 폭락이 연이어지면 그제야 말할 수 없는 공포감으로 집단 패닉 상태가 되는 것입니다. 이제는 묻지도 따지지도 않고 이미 발생한 엄청난 손해를 감수하면서까지 모두 다 팔아제낍니다. 물론 대공황이 온다면 이때라도 팔아버리는 것이 그나마 나은 편이긴 합니다.

바로 이러한 대중의 '집단심리'를 악용하는 '헤지 세력의 집단적 준동'을 선량한 대중들은 도저히 당해낼 재간이 없습니다. 바로 이런 훌륭한 사냥터를 그들이 무려 지금부터 20년씩이나 다시 그대로 놔둘 리가 없는 거지요. 이미 2008년보다 놀라운 기세로 초 방대해진 파생상품 시장은 그 정도 오랜 평온을 용납하지 않을 것입니다.

셋째 시나리오가 희박한 또 하나의 중요한 이유는 지금부터 또다시 20년간이나 광활한 세계 경제 시장이나 복잡한 국제 경제 질서가 아무 사건 사고 없이 무사히 지나갈 것만 같지는 않기 때문입니다.

세계 경제가 최첨단으로 진보해갈수록 수많은 분야에서 비대해진 이권을 두고 온갖 대립과 분쟁이 생길 것은 자명합니다. 한편으로는 변화하는 시대에 걸맞게 모든 구조와 틈새를 투명하게 하려 노력해 나가겠지만, 다른 한편으로는 그 틈새에서 어떻게든 빈틈과 결점을 찾아내 부당한 방법으로라도 이익을 극대화하려는 편법과 권모술수가 난무할 것입니다. 이런 선순환과 악순환의 과정에서 2008년의 '모기지 사태'와 같은, 아니 그보다 훨씬 심각한 문제가 생겨 이내 '헤지 세력'에 절호의 빌미를 제공할 가능성이 세계 경제가 최고점에 다다른 2028년 전후해서는 항상 가능한 것입니다.

국제 관계에서도 국가 간 첨예한 대립과 견제, 분쟁은 언제나 골칫거리입니다. 특히 미국과 중국으로 대표되는 기존 서방 중심 경제와 신흥 아시아 중심 경제의 영역 다툼은 갈수록 첨예해질 전망입니다. 한편으로는 변화한 초현대에 걸맞게 평화와 공존을 모색해 나가겠지만, 그런 타협이 앞으로 20년씩이나 신사협정으로 이어질 것 같지는 않음이 엄연한 현실입니다.

미국과 중국의 GDP 규모가 역전되는 시기는 하필이면 2028년경입니다. 중국은 세계 경제 최정상 국가가 되었다고 연일 기염을 토할 것이고, 미국은 호시탐탐 그런 중국을 견제하기 위한 모든 수단과 방법을 강구할 것입니다. 특히 이 시기 전후해서는 몹시 위험한 징후가 양쪽 모두에게서 나타날 가능성이 농후합니다.

트럼프가 보여준 중국에 대한 견제 조치들과 그로 인한 갈등들을 우리는 기억합니다. 바이든 정부는 그래도 좀 나아 보이긴 하나 큰 기조에서는 별반 다르지 않아 보입니다. 2028년 즈음해선 이러한 견제 시도가 더욱 거세질 수도 있습니다. 그래서 미국의 차기 대통령이 누가 될지 궁금해지는 것입니다.

그때가 되면 중국이라고 그냥 당하고만 있지만 않을 것입니다. 아니 오히려 미국보다 더 큰 유혹을 느낄 수도 있습니다. 새로운 '통화기축국'으로서의 지위 확보를 위해 '2차 대전' 당시 일본의 '진주만 공습'에 비견될 '경제 대공습'을 불시에 단행할 수도 있는 것입니다. 그렇게 '3차 세계 대전'은 그 즈음해서 '경제 대전'으로 일어나 버릴 수도 있는 거지요.

설령 그렇게까지는 아니더라도 이런저런 이유로 미국 중심 세계 경제에 균열의 신호가 발생하면 바로 그 순간이 '헤지 세력'의 가장 훌륭한 사냥터로 전락해버리고 마는 순간이 되는 것입니다. 특히 뉴욕 시장에서 자본이탈 조짐이 보이고 미국 증권시장의 세계 시장 비중 축소 징후가 보이면 바로 그 찰나 모든 것은 끝나버리고 맙니다.

지금부터 20년 호황이라는 셋째 시나리오가 힘들어 보이는 또 하나의 근거는 '경제 구성원의 역동성'에 대한 문제 제기입니다. 지금 주요국의 경제는 초장수 시대를 맞아 급속도로 노후화되어 가는 심각한 문제에 직면해 있습니다. 엎친 데 덮친 격으로 매년 가팔라지는 저출산율은 경악스러울 정도입니다. 시간이 갈수록 노년층도 집단적으로 생산에 내몰릴 수도 있고, 아니라면 소수의 청장년층이 노년층을 사회적으로 부양하며 유지해가야 하는 위험한 구조가 갈수록 심화하는 거지요.

심지어 비교적 신흥 강국에 속하는 중국마저도 최근 들어 저출산과 노인 인구의 급증으로 비상등이 켜져 버렸습니다. 그런 상황 속에 14억을 넘어섰다는 총인구수 발표와 특히 젊은 층 인구수 발표는 신뢰할 수 없다는 주장마저 나올 정도입니다.

이런 상황에서 앞으로 또 무려 20년간이나 장기 호황을 구가한다는 것은 어려워 보입니다. 일단 중간에 한 번 흐름을 끊은 뒤, 새로 시작되는 주기에서는 초장수 시대에 걸맞은 새로운 패러다임으로 변화를 주어, 보다 안정적으로 이끌어갈 가능성이 커 보입니다.

이렇게 세 가지 시나리오를 살펴봤습니다. 정리하자면 첫째 시나리오의 연장선상에 둘째 시나리오가 있고, 둘을 합한 가능성은 무려 95%나 됩니다. 셋째 시나리오도 배제할 수는 없으나 그 발생 확률은 5% 정도에 불과합니다.

지금부터 제시하는 최선의 대응 방법은 전적으로 첫째 시나리오에 가장 최적화된 것이지만, 둘째도 폭락기에 한해 불과 2~3년 정도 차이가 있을 뿐입니다. 셋째 시나리오도 호황과 불황에 따른 상승과 하락 사이클의 큰 틀은 같다고 봐야 합니다. 다만 폭락기의 도래 시기가 많이 늦춰질 뿐이지요.

그렇지만 걱정할 것이 전혀 없습니다. 사실 따지고 보면 이 책 2장과 3장은 2026년까지의 안정적인 투자 기법으로 설령 어떤 시나리오가 온다 해도 어느 경우에나 전적으로 통용되기 때문입니다.

5장도 2028~2029년 사이에 오지 않는다면 더 준비하고 기다리다가 조짐이 보일 때, 또 폭락이 시작되었을 때 배운 대로 실행에 옮기면 되는 거니까요. 결국 이 탁월한 노하우들은 어느 경우든 다 적용할 수 있는 비책들입니다. 또한 더 나아가 다음에 시작될 '새로운 경제 주기'에도 훌륭한 선행 학습자료와 절대 비기로 여러분의 소중한 자산이 되는 것입니다.

2장

향후 5년간
중국 대표주식에의
장기투자 비책

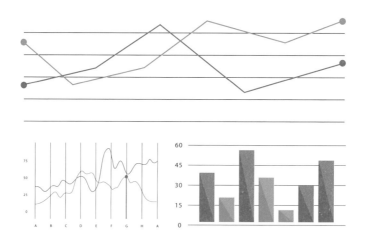

2016 2017 2018 2019 2020 2021

15

20

	2,45
	9,24
0,05	3,25
79,35	6,5
	19,11
0,50	28,68
68,88	31,20
59,05	67,70
140,50	2,8
1,11	5,96
3,07	85,40
0,63	58,70
0,09	36,94
3,97	23,48

01

두려움 없는
가장 안전하고 확실한 투자

이 책의 집필 계획을 밝혔을 때, 주변에서는 우려가 컸습니다. 그러다가 욕을 먹지 않겠느냐는 것이지요. 그렇지만 저는 그럴 일이 '1도 없다'(전혀 없다)라고 단언했습니다. 오히려 내 방식대로 따른 모든 이에게 늘 절대 칭송을 받게 될 거라면서 말이지요. 제가 그리 단정한 결정적인 근거는 바로 이 2장 덕분입니다.

적어도 여러분이 중국 대표주식을 이 방식대로 했을 때, 5년 뒤에는 열 배에서 수십 배의 평균 수익이 예상됩니다. 이미 저의 유튜브 방송 시청자들은 서서히 안정적인 수익을 내는 중입니다. 철강의 대표 주인 '중경철강'은 벌써 추천한 지 한 달 새 100% 이상 수익이 났고, '이노벤트바이오'도 추천 이후 100% 올랐다가 현재 80% 정도 오른 상태입니다. 중국의 '아모레 화장품' 격인 '상해가화(상하이자화)'도 50% 수익이 났습니다. 다른 업종 대표주 상당수도 미미하게 오른 종합지수에 비해 대표주라는 이유로 5~20% 정도 상승했습니다.

그러나 이 정도는 아직 걸음마조차 하지 않은 상태입니다. 아니 걸음마는커녕 엄마 뱃속에서 태동조차 시작하지 못한 상태라 보시면 됩니다. 그래도 여러분의 결단이 늦어질수록 예상 수익률은 낮아질 것입니다. 설령 지금부터 2년이나 3년 뒤에 뒤늦게 만나는 이들에게도 저는 지금이라도 늦지 않았으니 중국 주식을 사라고 똑같이 권유할 테니까요. 다만 그때쯤 염려되는 것은 사이사이 급등 뒤의 조정기가 상당 기간 있을 텐데 운 나쁘게 조정기에 산 이들이 겪을 진통과 불만입니다. 조금 더 기다리면 적어도 2026년까지는 상당한 이익을 볼 텐데 말이지요.

당신의 이번 투자금의 70%를, 이제부터 말하는 대표 종목에 투자하십시오. 총액이 백만 원이라면 70만 원을, 1,000만 원이라면 700만 원을 투자하는 것입니다. 나머지 30%는 가상화폐로 가면 됩니다.

당신의 투자가 대한민국 주식에 대부분 있다면, 각 종목을 30%씩 매도한 후, 그것을 중국 대표주식들에 고르게 분산 투자하시기를 권유합니다. 만약 미국 주식에 상당액이 있다면 50%를 팔아 중국 대표주식들로 옮겨 오시면 간단합니다. 아니 환율 변동과 안정성, 수익률, 거기에다 은행 금리의 몇 배 되는 배당금 등을 고려한다면 이중 삼중으로 점차 미국보다 중국 주식들이 비교할 수 없이 유망할 것입니다.

그러면 왜 하필 이 시기에 '중국 주식'일까요? 그것은 중국 경제의 놀라운 확장성에 비해서 너무 오랫동안 침체 내지 정체해 있었던 까닭입니다. 저는 '중국 주식' 하면 등려군의 노래로도 유명한 영화 '첨밀밀'의 한 장면이 떠오릅니다. 이 영화는 중국 상해에서 돈을 벌기 위해 홍콩에 온 이요(장만옥 분)와 소군(여명 분)의 10년에 걸친 운명적 만남과 이별 스토리입니다. 돈을 벌어 꼭 내 집을 사겠다는 소망으로 이요는 악착같이 벌어 모은 돈을 주식에 투자하지요. 하지만 실패로 끝나고 빚만 잔뜩 지게 됩니다.

영화 중 가장 인상 깊었던 장면 중 하나는 현금인출기에 찍힌 '외환

통장' 금액이 무려 3배로 불어나 있자 활짝 웃는 이요와 그 뒤에 붙어 지켜보는 소군의 장면입니다. 다시 몇 달 후 반대로 몇십분의 일로 줄어 거의 깡통이 된 통장을 보며 낙심하는 두 사람의 모습입니다. 결국 이요는 '주식투자'와 '외환투자'에 실패해 가진 돈을 다 날리게 되지요.

그 장면이 오래도록 뇌리에 박혀 자주 떠오르는 것은 어쩌면 저 자신을 포함해 우리 모두에게 내재한 '자본에의 욕망과 좌절'의 심리를 잘 형상화했기 때문일 것입니다. 중국의 주식에는 그렇듯 중국인들의 소망과 꿈이 담겨 있는 셈이지요.

이 영화가 국내에 소개되던 시기는 1장에서 20년 주기설의 근거로 언급했던 1987~1988년의 '블랙 먼데이' 파동 시기입니다. 그로부터 20년 후인 2007~2008년에 중국과 홍콩 사람들은 다시 한번, 아니 그보다 더한 충격과 공포에 떨게 됩니다.

1987년 '블랙 먼데이' 이후 2005년 6월 998포인트까지 떨어졌던 '상해종합지수'는 급등하기 시작해 2007년 10월 6,124포인트라는 사상 최고치를 기록하게 됩니다. (차트 1) 이때의 수직 상승 기간 중국에서는 실제 논 팔고 밭 팔고 집과 소까지 판 대중 인민들이 급상승 곡선의 수직 불구덩이에 뛰어들었던 겁니다.

그러나 곧바로 지나친 과열에 대한 경계 매물에다 이어 닥친 '모기지 사태' 여파로 불과 1년 만에 1,664포인트까지 폭락하게 됩니다. (차트 2) 2년 4개월에 걸쳐 6배 이상 급등했던 종합지수가 딱 1년 만에 거의 제자리까지 떨어진 셈이지요.

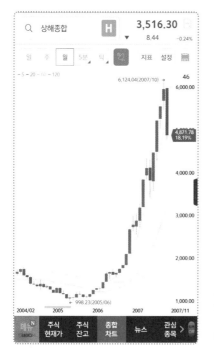

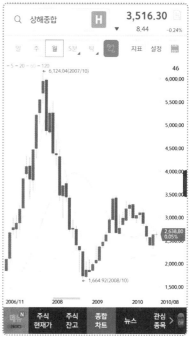

<차트 1- 2005년 6월 998포인트에서 2007년 10월 6,124포인트로 연속 급등해 사상 최고치를 기록한 상해 종합지수>

<차트 2- 6,124에서 1년 만에 1,664포인트로 연속 급락한 상해 종합지수>

    연일 국제 뉴스를 장식할 정도로 요란했던 이 파동은 중국 현지에서는 훨씬 심각한 것이어서 아직도 그들에게는 이때의 엄청난 상처가 좀처럼 씻기 어려운 자본주의적 경제의 트라우마가 되었던 겁니다. 그런 커다란 상처는 아직도 중국 주식 시장이 제대로 대접받지 못하는 중요 요인 중 하나이기도 합니다.

    그렇지만 지금의 중국은 그때와는 달라도 너무 달라져 있습니다. 우선 항상 '부자 되기'를 갈망하는 중국인의 집단적 생리상 큰돈을 벌기 위한 투자 수단으로서 다시금 받아들여지기 시작하는 분위기입니다. 그런 저변에는 그동안의 트라우마를 떨쳐 버리고 세계 흐름에 발맞춰 실질적인 대안으로서 자리 잡았으면 하는 기대 심리도 들어 있습니다.

그러나 이런 심리적 분석은 객관성과 합리성이 결여된 것입니다. 물론 경제는 극단적 위기 때나 절대적 활황 때에는 심리적 요인에 결정적으로 영향받기도 합니다. 그렇지만 평상시는 그보다는 실질적인 지표와 경제 성적에 의해 더 확실하게 움직이는 것입니다. 그것은 경제가 정직함을 좋아하고 명쾌함을 추구하기 때문입니다.

제가 중국 주식을 사라고 권유하는 것은, 다시 말해 이제부터의 모든 주장은 그런 심리적이거나 너저분한 감정적 이유 때문이 아닙니다. 그것은 단언컨대 객관적 사실적으로 드러나는 모든 경제지표와 달라진 경제환경 때문입니다.

중국 경제의 경이로운 확장성에 비춰, 현재 중국 주가가 보이는 정체성은 정말 신기할 정도입니다. 그런데 이 사실은 한편으로는 만약 적절한 시기가 온다면 무한 팽창을 보일 수 있다는 최고의 방증일 수 있습니다.

2007년 6,124포인트로 최고점을 찍었던 '상해주가지수'는 2021년 7월 27일 현재 3,381포인트에 불과합니다. 중국보다 비교할 수 없이 열악한 경제 상황에 놓인 주요국들이 연일 사상 최고치를 거침없이 경신해 나가는데 정작 최고의 활황을 구가하는 자신은 무려 14년 전의 절반 가까운 수치에 머물러 있는 것입니다.

2021년 1월의 중국 외환보유고는 무려 3조 2,107억 달러로 압도적 세계 1위입니다. 4,431억 달러로 세계 9위인 대한민국보다도 8배 많은 규모입니다. 총자산에서 부채를 뺀 순자산도 무려 2조 달러로 안정적인 부자 나라입니다. 그런 거대 자본을 무기로 최근 중국인들은 엄청난 해외 투자와 무지막지한 부동산 매입을 일삼고 있습니다. 최근 몇 년간 세계 부동산 급상승의 주범이 '싹쓸이 부동산 쇼핑'으로 유명해진 중국인들이라는 것은 잘 알려진 사실입니다.

경제성장률을 보노라면 입이 쩍 벌어집니다. 2019년은 무려 6.1%였습니다. 작년 코로나의 와중에도 홀로 플러스 2.3%를 기록해 압도적으로 1위를 차지했습니다. 특히 작년 4분기는 6.5% 성장으로 올해부터의 대폭발을 예고했지요.

급기야 올 1분기 18.3%라는 성장률 확정치는 믿기지 않을 정도입니다. 2분기 확정치도 무려 7.9%입니다. IMF는 금년도 예측치를 8.2%로 보았으나, 로이터 통신은 예측치가 8.4%로 올랐다가 다시 8.9%로 상향되었다고 전했습니다. 이 추세라면 금년도 실제 확정치는 10% 이상으로 나올 수도 있습니다. 이 수치가 작년의 성장률을 기준으로 한 것이라 할지라도 입이 쩍 벌어지는 수치임은 확실합니다.

당분간 매년 6% 이상이라는 경이적인 성장률이 가능할 것이라고 대부분 예측합니다. 막상 14억 인구가 해마다 그만큼의 소득 상승을 획득한다는 사실은 경제 규모나 영역의 확장이라는 점에서 무지막지할 정도의 경이로움을 줍니다. 미국을 필두로 서방 세계가 중국에 두려움을 느껴 항상 견제하는 이유이기도 합니다.

그렇다면 그런 막대한 성장 아래 어느 국가보다도 두서너 배 급등해 있어야 할 종합지수는 왜 그토록 오랜 기간 답보 상태에 머물러 있는 걸까요. '블랙 먼데이' 시기와 '모기지 사태' 시기 전후해 중국 인민들이 치유하기 힘들 정도로 압살당함에서 오는 심리적 요인은 이미 살펴봤습니다.

더 실질적인 이유로는 그간 중국의 주식 시장이 방만하게 운영돼왔음을 들 수 있습니다. 투자자들에게 신뢰를 주고 실제 수익을 주기보다 당장 국제 경쟁에 급급해 무리한 증자나 비효율적 경영 등으로 쓸데없이 덩치만 키워 놓았던 거지요. 개별 종목들의 시가총액과 주식 규모도 필요 이상 수준이었습니다. 한마디로 말해 방대해진 몸집을 감당하며 잘 추슬러 올리기에 역부족이었던 셈입니다.

그렇지만 이제 전혀 달라졌습니다. 점차 시장이 요구하는 투명성도 확보하고, 더 이상의 무리한 몸집 불리기를 할 필요가 없어졌습니다. 이제 무엇보다 중요한 것은 슬기롭게 경영하고 정당하게 수익을 창출해가는 것이 주가를 관리해 자산 총액을 늘리는 지름길임을 각 기업이 깨달았다는 사실입니다. 국제 경쟁에서 살아남기 위해 자본을 조달하려 편법을 동원할 이유가 없어진 대신, 급성장의 단단한 발판 위에서 정당하게 주가 상승을 통한 자본 규모 확충이라는 고차원적 경제로의 전환점에 막 진입한 것입니다.

뭐니뭐니해도 가장 결정적인 요인은 경제 규모와 함께, 각 기업의 수익과 비전이 모두 해가 다르게 급상승한다는 사실입니다. 중국 경제의 해마나 막강하게 누적되는 수익률과 성장률, 거기에다 앞으로 예상되는 경이로운 확장성은 이제는 현재의 주식 시장을 최대한 압착해 더 이상 일말의 틈새도 없을 만큼 만들어버린 거지요. 앞으로는 오직 위쪽 방향을 향해 거의 수직으로 끌어 올려질 수밖에 없을 만큼 튼튼한 경제 구조로 바뀌어 버린 것입니다.

사실 종목별 시가총액을 우리나라와 비교해 보면, 어느 정도 커져 있는 듯도 보입니다. 하지만 다른 한편으로 시장 참여 총인구, 실적, 상승률 등과 대비해 보면, 이제는 적절하다 못해 지나치게 과소평가 되어 있음이 분명합니다. 앞으로는 나날이 가해지는 상승 압력과 뜨거운 열을 견디지 못해 단계적으로 상승하다가 종국에는 급등할 일만 남아 보입니다. 더 이상 정체할 요인이 완벽할 정도로 제거되는 중이지요.

중국 주식 시장 침체의 또 다른 요인으로 그동안 외국 자본이 차지하는 비중이 지나치게 미흡했던 탓도 있습니다. 실제 주요국 증시에서 외국 자본이 차지하는 비율은 평균 30% 정도입니다. 하지만 중국 주식 시장에서의 외국 자본 비율은 5%에 지나지 않습니다. 이는 미국 중심 서방 경제가 일종의 카르텔로 의도적으로 외면해온 점이 가장 큰 이유입니다.

실제 얼마 전 영국에 사는 저의 열혈 독자 한 분이 제 추천으로 중국 주식을 사려다가 상해 시장에서는 살 수가 없어 홍콩 시장 쪽 상품 위주로 구매했다고 하소연한 적이 있습니다. 영국의 수많은 증권사나 간이 거래소들이 집단적으로 상해 상품을 외면해 놓았더라는 겁니다. 결국 자신이 처한 특수 상황 탓에 우여곡절 끝에 한국의 증권사 앱을 설치해 거래할 수 있게 되었다고 기뻐했습니다.

그러나 이런 비정상적인 요인들이 결국 중국 주식의 급등을 막는 데는 한계가 있음이 자명합니다. 자본과 투자의 흐름은 반드시 돈이 되는 곳을 따라 흐르게 되어 있습니다. 설령 그럼에도 불구하고 그런 장애 요인이 제거되지 않는다면, 또 다른 투자 요인들이 그 자리를 대신 차지해 버리는 것이 자본의 당연한 흐름이요 생리입니다.

그 반대급부로 중국인들 스스로의 자각과 상승을 향한 추진 동력도 더욱 세차게 가열되어 나갈 것이고요. 그 외의 수많은 급등 요인들이 점차 힘을 모아 강력히 이끌어나가게 되는 것입니다.

막상 투자를 권유했을 때 대부분에게서 들었던 공통적 반응은 '중국 경제에 대한 막연한 의구심'이었습니다. '중국에 투자하기가 불안하다'라는 것이지요. 나아가 '왜 이 시기에 하필 중국이지' 하는 대답도 많았습니다.

그럴 때마다 저는 단호히 잘라 말했습니다.

"대한민국에서 가장 안전하다고 여겨지는 자산이 무엇이죠? 아마도 '강남 아파트'이겠지요. 정치인들마저 끝까지 팔지 않고 버티는 '강남 아파트' 말입니다. 그런데 잘 따져 보면, 중국 주식 시장이 그 안전한 강남 아파트보다 앞으로 5년간은 무려 열 배나 더 안전하다고 자신합니다. 중국 경제가 그렇게 만만해 보이십니까?"

물론 이런 단정은 극히 유치하다 못해 적절치 않은 대답입니다. 그렇지만 저는 지금도 이 대답이 정답일 수 있다고 생각합니다. 그만큼 여러분이 막연한 불안감을 느낄 필요가 전혀 없다는 걸 강조하기 위함일 뿐이지만요.

물론 세계 경제 대폭락이 오면 중국도 글로벌 경제 구조의 일원으로 연쇄 폭락을 절대 피할 수 없습니다. 하지만 이번에는 어쩌면 코로나 때 그랬던 것처럼 가장 낙폭도 적고, 회복 시기도 가장 빠를 수 있습니다.

다만 여기서 강조하고자 하는 것은 중국 주식에 투자하는 것은 앞으로 5년 동안은 절대 안전하다는 사실입니다. 이제부터는 미국 주식에 투자하는 것보다 오히려 더 안전하다고 저는 단정합니다.

중국 주식이 각광받을 또 하나의 메리트는 바로 높은 배당수익입니다. 특히 업종 대표 주들은 중국의 높은 성장률을 등에 업고 매년 무려 3~10%의 고배당을 실시합니다. 일 년에 1~2차례, 많게는 4번에 나눠 들어오는 배당수익은 투자자들을 흐뭇하게 만들어주는 거지요. 그것도 은행 이자의 몇 배로 말입니다!

외국인 투자자들의 중국 상품에 대한 급격한 자세 전환이 먼저 일어난 것은 '중국 국채' 분야입니다. 중국의 상대적으로 높은 절대 금리 수준과 지속적인 경기 급등세, 여기에다 위안화 강세까지 겹친 탓에 '중국 국채에 투자하는 외국인 투자자들이 급격히 늘고 있습니다. 특히 올해 4월에 이어 5월에도 두 달 연속으로 외국인의 중국 국채 보유잔고가 역대 최고치를 경신하고 있다고 외신은 전하고 있습니다.

일본 경제 매체인 〈니혼게이자이〉 신문은 5월 외국인 투자자 보유 중국 국채 잔고가 366조 4,000억 원으로 1년 전 대비 무려 46%나 증가했다고 보도했습니다. 또 전체 중국 국채 중 외국인 보유 비중이 10%를 넘어섰다고 전했습니다. 이는 불과 3년도 안 되어 2배 이상 급증한 것으로, 앞으로 이 같은 추세는 더 가속화할 것으로 전망했습니다. 그런데 이런 현상이 앞으로는 중국 주식 시장에서도 나타날 것이라는 게 저의 견해입니다.

자, 한 번 많지 않은 금액을 중국 주식에 투자해 보십시오. 그리고서 자신은 주식에 투자한 게 아니라 가장 믿음직한 땅에 투자한 거라 여기십시오. 가끔만 흐뭇하게 들여다보십시오. 그러다가 딱 5년 뒤인 2026년 말에 뒤도 보지 말고 다 정리하시면 됩니다. 이보다 더 신경이 안 쓰여 편하고 고수익이 확실한 투자가 어디 있겠습니까!

02

'중국 개미'와 '중국 큰손'들의 대반란
- 중국이 미국을 밀어내고 '자본굴기', '주식굴기'를 시작한다

미국 역대 행정부의 대중국 견제와 견제 정도를 넘어선 제한 정책은 유명합니다. 바이든 정부는 트럼프 정부보다 훨씬 더 글로벌하면서 세계 평화를 위해 책임감 있게 헌신하려는 자세와 정책으로 국제 사회의 환영을 받고 있습니다.

그런데도 바이든 정부는 유독 대중국 정책에서만은 오히려 이전 정부들보다 더 폐쇄적이고 제한적인 듯한 인상을 줍니다. 보다 민주적인 정부에서 도대체 왜 그럴까요? 언뜻 외견상으로는 그들이 내세우는 것처럼 홍콩과 신장 위구르족에 대한 인권 탄압 문제 때문인 듯 보이지만 사실 그 이면에는 중국에 대한 경계심이 더 크게 자리 잡고 있습니다.

중국의 '일대일로'는 '신 실크로드 전략 구상'으로 중국이 내륙과 해상을 통해 세계 경제 무역을 주도한다는 세계 제패의 구호입니다. 2013년 시진핑 주석의 제창으로 2014년부터 이미 시작해 2049년까지 35년간 진행하는 초대형 프로젝트입니다. 현재 이탈리아까지 포함해 약 100여 개 국가가 참여해 중국에 자본을 빌리고, 중국의 노동력과 중국의 기술은 물론, 심지어 중국의 자원까지 이용해 자국의 부흥을 도모하는 실정입니다.

급기야 금년 6월 영국에서 열린 'G7 정상회의'에서 정상들은 가난한 나라들에 인프라 건설을 지원하기 위한 계획을 시작하기로 했다고 밝혔습니다. 그러자 미국 백악관은 이 프로젝트가 '중국의 일대일로와는 반대로 가치를 따르고, 기준이 높으며, 투명한 파트너십을 제공한다.'라고 발표해 노골적으로 중국 견제의 의도를 드러냈습니다.

작년 2020년 코로나 와중에서도 중국의 경제성장률은 플러스 2.3%로, 마이너스 3.5%를 기록한 미국과 대조적인 실적을 보였습니다. 중국의 2020년 GDP(국내총생산)는 14조 7,000억 달러로 미국 20조 9,000억 달러의 70.3%를 기록했습니다.

중국이 전 세계 GDP에서 차지하는 비중은 1980년 불과 2%이던 것이, 2000년에는 7%로, 2020년에는 무려 18%로 가히 경이로운 수준으로 팽창하는 중입니다. 이에 반해 미국의 비중은 점차 하향 추세입니다.

지금 추세라면 중국의 GDP가 늦어도 2030년에는 미국을 추월할 것이라는 게 모든 국제 경제 기관의 공통 예측이었습니다. 그 예측들은 올해 초에 다시 바뀌어 그 시기를 2028년으로 단축해 버렸습니다.

그렇지만 중국 쪽에서 내놓는 예상치들은 훨씬 도발적입니다. 중국 대표적인 경제 매체 〈진스 데이터〉는 '2025년이면 중국이 미국을 제치고 마침내 세계 1위 경제 대국이 될 것'이라며 한발 더 나아가 '위안화 가치가 상승하면 2023년 추월도 가능하다'라고 도발합니다. 실제로 트럼프는 재직 시 사상 최고의 '위안화 평가절하'를 단행해 중국의 강한 반발을 산 바 있습니다. 코로나가 완화되면 미중의 '자본 시장 패권 전쟁'은 한층 가속화 할 전망입니다.

바로 이 지점에서 우리가 특히 눈여겨볼 것은 오랜 기간 지속되어 오다가 최근 들어 더 가열차게 벌어지고 있는 미중간의 통화 전쟁입니다.

미국은 중국을 '환율조작국'으로 몰아 억제하려 하지만, 중국은 새로운 '통화기축국'으로서의 지위를 확보하고 더욱 공고화해 나가려 합니다.

'통화기축국'을 향한 부단한 노력의 결과 중국은 놀랍게도 상해 지하철역의 음료자판기마저 '디지털 위안화 결제 서비스'를 이미 제공하고 있을 정도입니다. 자신의 스마트폰으로 자판기를 스캔하면 되는 거지요. 이런 장면은 중국이 야심 차게 추진하는 '세계 자본 시장의 디지털 위안화 시대' 도래를 향한 열망을 보여주는 것입니다.

전문가들은 중국이 얼마 남지 않은 '2022년 2월 베이징 동계올림픽'에서 세계인을 대상으로 한 '디지털 위안화 시대' 개막 준비를 마쳤다고 진단합니다. 이 사실은 '미국 달러화 중심 국제 자본 시장 질서'에 중요한 변화를 가져올 수도 있습니다.

3차 세계대전이 온다면 그것은 '자본 전쟁', '통화 전쟁'의 가능성이 농후합니다. 아니 그래도 아직은 미국 중심 경제 질서의 축이 너무도 완강해서 중국 입장에서도 결코 쉽지 않은 아성이긴 합니다. 3차 대전까지는 아니래도 위안화가 막강하게 부상한 후 중국이 막대한 외환보유고를 무기로 미국과 본격적으로 경쟁하려 들 때가 온다면 그 파장은 예상보다 심각하게 전개될 수도 있습니다.

어쩌면 2027~2029년 사이 도래할 미국을 중심으로 한 세계 경제 대폭락의 단초가 여기서부터 비롯될지도 모릅니다. 그때가 되면 기존 경제 질서의 대붕괴로 인해 중국 자본 시장 역시 동시에 대폭락은 피할 수 없겠지만, 어쩌면 중국 시장이 낙폭이나 조정 기간이 가장 적을 수도 있습니다. 극단적으로 보아 중국이 그런 자신감 때문에 일부러 판을 깬 후 세계 경제 재건의 헤게모니를 쥐는 도박을 감행할 수도 있다는 거지요.

최소한 그로 인한 대붕괴 이후에 재건될 세계 자본 시장의 신질서는 미국보다 중국 쪽에 훨씬 더 유리해 보입니다. 이미 중국 관영매체는 '동 승서강(東昇西降)―동쪽은 뜨고 서쪽은 진다'고 떠들어대고, 시진핑 주석은 '지금 세계는 100년 만의 큰 변화를 겪고 있는데, 시(時)와 세(世)는 우리 쪽에 있다'라며 기염을 토합니다.

그런데 이쯤에서 우리가 실질적으로 관심이 가는 부분은 중국 경제 와 위안화의 강세가 대한민국 경제에 끼치는 영향과 함께 주식의 수익률 측면에서의 점검입니다. 저는 단언컨대 중국 경제의 위상이 높아가는 것 이 우리에게도 무익하지 않다고 주장합니다. 이미 중국과의 관계에서 대 한민국의 경제적 지위는 우리 생각보다도 높고 견고합니다. 중국 입장에 서도 세계 패권을 위해서는, 이미 자기들이 범접하기 어려운 수준으로 많 은 분야에서 아성을 구축해 놓고 지위를 점차 격상시켜 가는 대한민국과 의 협력 관계가 절실한 것이지요. 아시아, 특히 동아시아라는 동일 경제 권역의 측면에서 볼 때, 중국 경제의 격상은 대한민국 경제의 격상과 반 비례 관계가 절대 아니라 비례 관계, 동반 관계에 있음이 분명하다는 것 입니다.

위안화의 강세 문제도 동아시아권 경제의 동반 강세라는 측면에서 볼 때, 그리 걱정할 정도는 아닙니다. 우리는 이미 세계 경제에서의 독자 적 지위는 물론, 중국 시장이 감히 배척하지 못할 정도의 독자적인 영역 을 수많은 분야에서 획득해 놓았다고 자부합니다. 많은 분야에서 또 품 질이나 수급 측면 등에서 이미 대중국 우위를 상당 부분 획득해 놓은 상 태입니다. 이런 우월적 측면들은 살아 있는 생물과도 같은 경제 가치와 환율 가치에도 알게 모르게 반영되어 위안화 대비 원화 환율에 영향을 미치는 것이지요.

설령 국제적 큰 동요의 시기가 있어 잠시 혼란기가 온다 해도 짧은 시간에 원래의 정상치를 찾을 것입니다. 항상 금융 위기가 닥치면 달러화 대비 원화가 형편없는 약세를 보이던 것보다는 나은 현상을 기대할 수 있다는 겁니다.

우리가 알게 모르게, 국제 경제나 아시아라는 블록 경제의 측면에서 볼 때, 또 어느 산업 분야든 서로가 서로를 요소요소에서 원하고 의지하는 구조적인 면에서 볼 때, 이미 세계 경제나 블록 경제는 상호 배제가 힘든 상생의 길로 접어드는 중입니다. 더구나 중국이 아시아 중심의 신질서를 구축하고자 할 때 너무 서구 편향화된 일본보다, 대한민국을 간절히 필요로 함도 우리에겐 더할 나위 없는 이점입니다.

중국으로서는 수많은 분야에서 그들이 도저히 인정할 수밖에 없는 독자적이면서도 우월한 아성을 우리가 이미 구축해서 우리에게 상호 호혜의 손을 내밀 수밖에 없습니다. 결국 중국은 대한민국을 강력한 동반자로 인정하며 협력해 나갈 수밖에 없는 것이 냉엄한 현실입니다.

당신이 중국 주식에 투자했을 때, 위안화의 강세로 인한 변동성은 오히려 중국 주식의 매력을 더해주는 요인이기도 합니다. 위안화의 강세가 두드러지다면 특히 후강퉁 시장(상해 주식 거래소)에서 산 주식들이 더 유망하긴 합니다. 그런데 최근에는 홍콩달러도 위안화와 같이 강해지는 양상을 보이고 있습니다. 이런 사실은 미국 시장에 투자한 서학개미들이 달러 약세라는 환차손으로 인해 이익이 감소하는 것과 대비되어 큰 메리트가 될 것입니다. 중국 주식에 투자하면 위안화와 홍콩달러의 강세로 환차익까지 기대되는 것이니까요.

주식 시장의 초강세로 인한 절대 수익의 엄청난 증가에다가, 이를 튼튼하게 받쳐주는 위안화 강세는 중국 주식을 갈수록 매력 있게 만듭니다. 분명한 것은 서학개미들이 성장 폭 차이와 환율 변동 차이로 인해 미국보다 중국 시장이 훨씬 유리함을 깨닫고 이동할 때가 다가오고 있다는 사실입니다.

그러면 이쯤에서 중국 주식이 상승할 수밖에 없다는 새로운 근거를 제시해 보겠습니다. 이제부터의 주장은 앞으로 예상된다는 '미래에의 가설'이고, 중국 국가와 특히 대중을 근거로 한 것입니다. 논리학적 측면에서 처음에 제시했던 영화 '첨밀밀' 부분이 '감정에의 호소'였고, 다음부터가 '사실에의 호소'였다면, 이제부터의 논리는 '대중에의 호소'가 되는 셈입니다.

근래 중국 정부나 언론들이 자국민을 각성시키고 결집하기 위해 잘 사용하는 말이 '굴기(崛起)'입니다. '축구 굴기', '군사 굴기', '특허 굴기', '우주 굴기', '테크 굴기' 같이 워낙 여러 분야에 쓰여 이미 우리에게도 익숙한 구호이지요.

시진핑 주석의 제창으로 시작한 '축구 굴기' 후 월드컵에 출전하기도 했던 중국 축구는 거대 자본을 무기로 이미 동양 최고의 프로 축구 시장을 구축해 놓았습니다. '2030년 월드컵'은 통상 8년 전인 2022년에 결정됩니다. 중국은 내년 '베이징 올림픽' 개최의 여세를 몰아 '2030년 월드컵' 개최에 총력을 쏟는 중입니다.

2017년 일어난 중국의 '특허 굴기'는 2012년부터 내리 6년 연속 특허 출원 세계 1위를 유지해 왔다는 자부심에 근거하고 있습니다. 2016년 한 해에만 미국이 58만 건의 특허를 출원해 2위를 했음에 비해 133만 건을 기록해 미국의 2배가 넘는다고 기염을 토했던 거지요.

중국은 엄청난 국내 소비 시장 규모를 뒷배로, 생산 비율도 세계 시장의 16%를 차지해 미국 생산 시장의 24% 비율을 바짝 추격하고 있습니다. 이런 거대 생산과 소비 시장을 배경으로 최근 일어난 것이 '테크 굴기'와 '반도체 굴기'입니다. 반도체는 물론, 인공지능(AI), 자율주행차, 핀테크 등 데이터에 기반한 4차 산업혁명까지 미국을 추월하려 발 벗고 나섰습니다.

얼마 전인 5월 15일, 중국 최초의 화성 무인 탐사선 '톈원 1호'가 이른바 '공포의 9분'을 무사히 통과하자 중국 언론들은 우주 개척의 신기원을 만들었다고 열광했습니다. 미국과 '구소련'에 이어 세계 3번째라며 기염을 토했던 거지요. 중국은 최근 몇 년 사이 굵직한 프로젝트를 연달아 진행해 성공시키며 '우주 굴기'에 나서고 있습니다. 전문가들은 2045년에는 중국이 미국을 넘어 우주 진출 1등 국가가 되는 '우주몽'을 실현할 것으로 예측합니다.

이런 사례들을 근거로 제가 이 책에서 예견하는 것은 앞으로 이삼 년 내로 중국 매스컴을 통해 '주식 굴기', '자본 굴기'라는 말이 등장할 것이란 점입니다. 최근 중국은 가상화폐 시장의 전면적인 통제에 나서고 있습니다. 이 사실은 중국 주식 시장에는 호재이지 절대 악재가 아닙니다.

어차피 14억 인구를 기반으로 한 대중 경제는 전체 구성원의 자본 수익 욕망을 만족시키기 위한 거대 시장이 필요한데, 이제는 주식 시장이 그 유일한 통로가 되는 셈이니까요. 대중의 자본적 욕망을 직접 표현할 수 있는 매스 미디어에 비해서 중국 공산당 정부가 주식 시장을 조장하는 표현을 직접 사용하기는 힘들 것입니다. 결국 '주식 굴기'라는 표현의 짐은 매스컴들이 대신 지게 되겠지요. 언론들은 그럼으로써 대중을 통한 여론몰이를 해 흥행에도 성공을 거두는 것이니까요. 정부 입장에서도 궁극에 가서는 방관 정도를 넘어 동조하는 인상을 풍기게 될 것입니다. 왜냐하면 증권시장 지표로 나온 성적이 자기네 통치의 절대 성적표로 국내

외에 비칠 것이기 때문입니다.

그런데 그 이전에 꼭 짚어야 할 더 중요한 지점이 있습니다. 그것은 실제 시장 참여자들인 중국 인민들입니다. 그들은 자본 시장의 절대 주체이면서, 절대 다수자들입니다. 자신들이 누려야 할 최고의 자본수익이 외국에 비해 턱없이 모자람을 깨닫고 서서히 동요하는 것이지요. 그 동요는 점차 분노로 바뀌고, 궁극에 가서는 우리의 '동학개미' 운동이 그랬듯 '자강 운동'과 '자본 시장의 대중 혁명'이 일어나게 되는 것입니다.

결국 어쩌면 자국 내 언론의 제청에 앞서, 대중 스스로의 집단 자각을 근거로 동조화, 전체화된 '자강 운동'이 일어날 것입니다. 자신들의 경제 현실과 미래 가능성에 대한 인식과 자신감이, 자기반성을 넘어 '할 수 있다'는 강한 신념 아래 똘똘 뭉치게 될 것입니다.

저는 국내에서도 '동학 개미' 운동과 '서학 개미'들의 집단적 현상을 넘어, 감히 이 책을 계기로 '중학 개미'들의 전성시대가 열릴 거라 자신합니다. 더 나아가 국내의 이런 점진적 흐름과 구체적 전개가 중국에까지 영향을 미쳐 나가기를 희망합니다. 아니 감히 저의 이런 소망 이전에 그들 스스로의 자기 강화 인식과 노력이 서서히 전개되어갈 것입니다. 중국인들 스스로가 '중학 개미', '중학 큰손'이 되어 가는 거지요. '주식 굴기', '자본 굴기'를 목청껏 외치면서 말입니다.

중국인들은 점차 자본 시장에 강해질 것입니다. 처음에는 익숙하지 못해 어설프기만 했던 자본주의 시장 경제에 이제는 몹시 익숙해지면서 점차 세련되어지는 거지요. 그러면서 자신들의 전통적인 '부를 향한 욕망'을 새로운 시장 경제 질서에서의 '자본에의 욕망'과 강하게 결합시켜 마침내 세찬 '인민 전체의 흐름'으로 승화시켜 나갈 것입니다. 자신들이 바로 '세계는 물론 자국내 자본 시장의 주체'가 되는 셈이지요.

지금 '주식 굴기', '자본 굴기'는 누구보다 중국인들 자신에게 절실해 보입니다. 뛰어난 대외 성적표가 절실한 중국 정부에게도 물론이고요. 사회주의 정부이면서 자본주의 체제를 원용하고 있는 자기네 성공한 자본 개방과 자유화의 대외 과시를 위해서라도 말이지요. 운동이 일어나 주가가 급등해가면 언론들은 이를 대대적으로 보도해 나갈 것이고, 중국 정부는 이를 용인 내지 조장해 이끌어가며 활용할 것입니다.

03

중국 대표주식에
5년간 투자하라

    탤런트 전원주 님은 보고 있노라면 항상 우리의 마음을 푸근하게 하고 잔잔한 미소를 짓게 하는 묘한 정감이 넘치시는 분입니다. 특히 주식투자에 관해서는 일가견이 있으시죠. 전문 주식 책도 내고, 여러 프로에 출연해 자신의 투자 비결을 알려주기도 하면서요. 적은 돈으로 꾸준히 불려 나가 현재 30억 원에 달한다고 합니다.

    여러 얘기 중에 제가 특히 관심 있게 들었던 건 '하이닉스'에 대한 것입니다. 2000년대 초반 SK가 인수하기 이전부터 하이닉스를 사서 묵혀 두었다가 십여 년 만에 무려 열 배 가까운 수익을 올렸던 거지요. 처음 매수 직전 몸소 회사를 탐방도 해서 직원들의 열의와 성실성, 회사의 자세와 사업 계획 설명도 몸소 확인한 후 말이지요. 정말 우리 모두 감히 시도할 생각도 못 했던 찬찬한 성격과 열의의 승리라 수없이 찬사와 박수를 보내게 됩니다. 우리보다 몇 배 더 돈을 벌 자격이 충분하심은 확실해 보입니다.

    다만 결과론적으로 이런 아쉬움이 약간 남는 것은 어쩔 수 없습니다. '왜 그 당시 하필 이삼 등 주인 하이닉스였지? 만약 일등 주인 삼성전자였더라면 같은 기간 수익률도 훨씬 더 높았을 것이고, 굳이 체험 방문까지 하지 않아도 되었을 텐데……' 투자를 잘못했다는 게 아니라 우리보다는 백 배 잘하셨지만, 이왕에 진한 아쉬움이 남는다는 후평일 뿐입니다.

그렇습니다. 일등 주는 그 당시는 무거워 보이지만 시간이 누적되어 흐르고 나면 타의 추종을 불허할 정도로 높이 올라 있는 것입니다. 삼십 년 전 3만 원이던 삼성전자는 80배가량 오른 상태에서 액면 분할한 후 다시 분할 직후 가격의 60% 오르고 있습니다. 총 110배가 오른 셈입니다. 매년 한 차례씩 주는 배당금도 3% 정도로 은행 연이자의 2배에 이릅니다.

주가 하락 후 회복기에도 일등 주가 비할 수 없이 유리합니다. 펀드를 포함해 모든 기관과 큰손들이 집중적으로 '물려 있어(크게 손해 보고 있어)' 상대적으로 하락 폭도 작고 회복 속도가 빠르며 폭은 큰 법이니까요. 실제 수익 가치와 자본 가치가 어느 시기든 유망합니다.

저는 주변에서 '무엇을 사야 하나요?' 묻는 이들이 있으면 대부분의 경우 '삼성전자'를 어김없이 추천해주곤 했습니다. '4만 전자'일 때도 '5만 전자'일 때도 '6만 전자'일 때도 말이지요. 5년 뒤에는 지금 '7만 전자'의 서너 배 수준인 '20만 전자'나 심지어 '30만 전자'도 가능할 수 있지 않을까 생각합니다. 그래도 제가 중국 대표주식을 권유하는 것은 같은 기간 동안 평균 10배에서 20배는 가능할 수도 있기 때문입니다.

향후 5년은 세계 경제의 특급 호황기입니다. 그렇다면 중국의 종합지수는 어떤 흐름을 보일까요. 올해 하반기까지는 완만하게 상승하며 다져가다가 연말을 전후해 급상승으로 전환할 가능성이 큽니다. 활황기에는 통상 겨울 장에서 폭발하는 경우가 많습니다

그러다가 내년인 2022년 여름을 전후해 전고점인 6,124포인트를 돌

파할 듯합니다. 빠르면 봄이 될 수도 있고 늦으면 다다음 겨울이 끝나는 2023년 2월이 될 수도 있겠지요. 일단 전고점 부근에서는 상당 기간 몇 차례 등락을 거듭합니다. 어쩌면 이 시기가 전체적으로는 가장 지루한 장세가 될 수도 있고, 아니면 의외로 그 시기가 단축될 수도 있습니다. 주변 경제 여건상 더 오르고자 하는 욕망이 워낙 강할 테니까요.

그러다가 본격적인 급상승 구간으로 접어드는 거지요. 우리의 학습이 일차로 종료되는 2026년 말에는 1만 포인트 정도는 가볍게 가 있지 않을까 합니다. 지금 종합지수의 3배가량 되는 셈이지요. 그사이 여기서 추천하는 업종 대표주들은 5배에서 20배씩 올라 있을 겁니다. 개중에는 30배도 있을 거고요. 평균 열 배 정도는 무난하지 않을까요.

앞에서 살펴본 대로 2005년 6월에서 2007년 10월까지 중국 지수는 무려 6배 이상 폭등했습니다. 단 2년 4개월 만에 말이죠. 이번에도 그 활활장을 재현한다면 6배 정도 오른 2만 포인트가 불가능한 공상만은 아닐 수도 있습니다. 물론 그새 전체 덩치가 커져 무겁게 움직일 수도 있겠으나, 요즘 미국이나 대한민국의 주식 시장은 물론 특히 엄청나게 폭증해 가는 가상화폐 시장의 몸집 비대화를 보노라면 끄덕여지는 측면도 분명 존재합니다. 더욱이 중국은 가상화폐 시장이라는 자본 대중의 욕망 분출구가 아예 막혀있다시피 하니까요. 모든 인간 집단의 욕망은 비슷하고, 그중에도 유독 부자되기를 갈망하는 민족의 특성상 가능해 보입니다.

지수가 여섯 배가량 오른다면 이 종목들은 평균 30배도 가능합니다. 믿거나 말거나 모두 당신의 복이니까요. 설령 평균 5배라 해도 정말로 사 놓고 확실한 부동산에 투자한 것처럼 아주 마음 편하게 수익이 보장된다면 대한민국 자본가나 서민 누구든 당장에라도 달려들지 않을 이유가 없다고 저는 생각합니다. 그런 연유로 중국 업종별 대표주를 권해 드리는 것입니다. 무엇보다 가장 큰 메리트는 사 놓고 마음 졸여야 하는 우리 주식이나 미국 주식 같은 불안정성이 없지 않습니까.

자, 딱 오 년만 이제부터 말씀드리는 종목들에 골고루 분산 투자해 보십시오. 그리고는 눈도 끔쩍 마시고 잊고 계십시오. (다만 2026년 말 이전에 혹시 너무 과열되어 종합지수가 2만 포인트에 도달하면 그 순간 전체를 매도합니다.)

거듭 말하지만, 당신은 주식이 아니라 중국의 부동산을 산 것입니다.

04

중국 주식을
거래하는 방법

　중국 증권거래소의 양대 산맥은 '상해(상하이) 증권거래소'와 '홍콩 증권거래소'입니다. '선강퉁', '후강퉁'이란 말이 있는데, '홍콩 거래소=선강퉁', '상해 거래소=후강퉁'이라 받아들이면 간단합니다.

　'심천(선전) 증권거래소'가 있기는 하지만 우리 수업에서 주로 다루지는 않습니다. 미국의 나스닥이나 대한민국의 코스닥에 해당하는 심천 거래소에는 주요 벤처기업 및 신생기업들이 상장되어 있습니다. 이 종목들은 주로 성장 가치주들인지라 성장하면 대박이지만 실패하면 사라질 수도 있는 만큼 리스크 또한 매우 큽니다. 그런 까닭에 일반 대중을 위한 이 책에서는, 안정성의 결여로 인해서 소개하기에 적절치 않습니다.

　현재 상해 거래소는 시가총액 순위로 세계 4위이고, 홍콩 거래소가 세계 6위입니다. 심천 거래소도 무려 세계 8위로 15위인 한국 코스피 시장보다도 훨씬 큰 규모이긴 합니다. 이에 비하면 코스닥은 순위권에 보이지도 않을 정도니까요.

　중국의 정규장은 우리 시간으로 10시 반에 열려 오전장이 12시 반까지입니다. 점심시간 후 오후 2시에 다시 열려 4시에 폐장합니다.

　여러분의 거래 증권사 어디든 해외주식 파트를 클릭해 상해 거래소나 홍콩 거래소에서 사면 됩니다. 각 종목은 이 중 한 곳에 상장되어 있습니다. '중국 국제 항공' 주식처럼 양쪽에 다 상장된 종목도 있는데, 당신의 증권사는 그중 한쪽만 거래하게 되어 있으므로 그대로 하면 됩니다.

상해 거래소에 상장된 종목을 사려면 위안화(CNY)로 환전해야 합니다. 심천 거래소도 마찬가지입니다. 여러분의 앱에서 찾아보면 스스로 환전하는 기능이 있습니다. 이때 환전해 매수하고 남은 금액이 많으면 다시 원화로 재환전할 때 또 수수료가 들어가므로 비교적 필요한 만큼만 정교하게 해야 합니다. 현재 위안화 환율은 172원 정도입니다.

홍콩 거래소의 종목은 홍콩달러(HKD)로 환전해 구매하는 방법과 그냥 현재의 원화 상태 그대로 구매하는 방법 두 가지가 있습니다. 현재 홍콩달러의 환율은 144원 정도입니다. 환전하지 않고 그냥 원화로 바로 사면 매입가의 5% 정도가 보증금으로 잡힙니다. 체결 다음 날 이 보증금은 다시 통장에 들어오는 거지요.

중국 주식 구매 시 우리와 다른 아주 특이한 것은 '최소 주문 단위'가 있다는 사실입니다. 어떤 종목이든 100주나 500주, 2,000주 등의 묶음으로만 살 수 있습니다. 다행히 한 주당 가격이 우리보다는 훨씬 싼 편이긴 합니다. 그래도 묶음으로 살 수 있는 최소주문 금액이 많은 것들은 소액 투자자들이 사기 어렵습니다. 이에 반해 매도 시에는 묶음의 제한이 없어 대부분 1주씩 팔 수 있는 것도 특이합니다.

상하한가 폭은 10%입니다. 우리가 지금 30%인데 비하면 작은 폭이지요. 그렇지만 돌이켜 보면 우리나라 대표 주들이 몇 년 사이 열 배, 스무 배씩 오르던 시기에는 우리도 10%에 지나지 않았습니다. 오히려 상하한가 폭이 작던 시절이 업종 대표주들에게는 아이러니하게 장기간 급등에 유리했던 셈입니다.

한때 우리가 미국이나 일본의 양상을 유사하게 후행한 적이 있었습니다. 중국의 대표주식들도 우리의 일이십 년 전, 장기간에 걸친 급등의 양상을 재현한다는 게 저의 주장입니다.

05

소액 투자자를 위한
대표주식

    당신의 투자액이 1,000만 원이라면 그중 700만 원을 중국 대표주식들에 분산 투자하라고 했습니다. 이 경우 그다지 비싸지 않은 위주로 열 종목 가까이 근사하게 배분할 수 있습니다.

    문제는 총 100만 원이라 70만 원을 갖고 쪼개야 할 때 발생합니다. '최소 주문 단위'가 종목별로 100주, 500주, 2,000주씩 제각각이기 때문입니다. 그래도 최대한 여러 종목으로 나눠야 합니다.

    그렇다면 소액 투자자를 위한 종목으로 어떤 것이 적절할까요. 현재 중국에서 안정성이 가장 큰 각 전통 업종의 일등 주들만 제시해 보겠습니다.

    '중경철강'은 중국 대표 철강회사입니다. 최근 철강의 호황을 타고 많이 올랐지만, 아직도 너무나 창창합니다. 역시 5년간 묻어두세요. 현재 상해 거래소에서 2.5위안 정도입니다. 기본 단위가 100주, 한화로 4만 원가량입니다. 200주 정도 사도 8만 원으로 포트폴리오 구성에 유리합니다.

    '페트로차이나(중국석유)'는 중국 최대 석유와 가스 생산 및 유통 회사입니다. 석유는 물론 천연가스 탐사 개발 및 정련과 특히 석유화학제품 관련 사업 확대 등으로 앞으로 오십 년 정도는 보장되어 있다 할 정도로 튼튼합니다. 그 전후해서는 사업 다각화 등으로 또 다른 발전을 모색해 가겠지만요. 2007년 한때 시가총액 1,001조로 세계 1위를 차지하며 거품 논쟁에 휘말린 적도 있으나 지금은 131조 정도로 중국 내 다른 초대형주에 비해 양호한 편입니다. 다른 대형주들처럼 오래 조정을 받고, 최근 상승 모색 중입니다. 순이익도 매년 양호합니다. 상해 거래소 소속이며 현재 4.6 위안으로 100주, 8만 원 정도면 구매 가능합니다.

'공상은행'은 중국 최고 은행입니다. 실적이 아주 좋아, 배당도 매년 2번씩 주식으로 많이 주는 편입니다. 5년간 10번 배당까지 받는 겁니다. 매년 배당만으로도 은행이자 3배 정도 수익이지요. 상해 거래소에서 4.6 위안 정도 합니다. 역시 100주가 기본 단위라 8만 원이면 됩니다.

'중국국제항공(차이나에어라인)'은 운송량과 자산 등 모든 면에서 중국 최대 항공사입니다. 최근 국제적 흐름과 특히 코로나로 저평가된 상태라 앞으로 더 주목됩니다. 양쪽에 다 상장되어 있어 현재 상해 거래소에서는 7위안, 홍콩 거래소에서는 5.1홍콩달러 정도입니다. 원화로 환산하면 거의 같은 가격이지요. 여러분이 거래하는 증권사는 둘 중 한쪽일 텐데 주로 상해 거래소 쪽이 많은 편입니다. 100주 단위라 13만 원 정도면 매입 가능합니다.

'마카린(미개룡) 가구'는 중국 최대 가구 회사로 조만간 이케아를 추월할 거라는 얘기가 나올 정도로 유망주입니다. 훨씬 못 미치는 다른 상장 가구회사들의 PER가 높은 데 비해서 PER가 8 정도에 불과해 높은 상승률이 기대됩니다. 소액 투자자들은 물론 누구에게든 추천하고 싶은 종목입니다. 시가총액도 현재 5조 4천억 원에 지나지 않아 중국 일반 대표 종목들이나 동종 종목들에 비해 저평가되어, 5년 뒤 몇십 배도 가능하다는 게 저의 판단입니다. 상해 거래소이고 현재 9.3 위안 정도로 16만 원이면 구매 가능합니다.

이렇게 총투자액이 100만 원으로 30만 원을 코인에 투자하고, 70만 원을 중국 주식에 투자하는 소액 투자자를 위해 업종 대표주 5종목을 추천해 보았습니다. 이를 토대로 포트폴리오의 예를 제시해 보겠습니다.

'중경철강' 200주 8만 원, '페트로차이나' 100주 8만 원, '공상은행' 100주 8만 원, '중국국제항공' 100주 13만 원, '마카린 가구' 100주 16만 원 해서 모두 56만 원가량 쓰입니다. 나머지 14만 원가량은 이 중에 더 끌리는 종목에 비중을 더 둘 수도 있고, 여러분이 찾아서 다른 종목을 발굴할 수도 있는 거지요.

혹은 두세 종목만 저 중에 구매하고 약간 더 비싼 유망 종목을 1~2개 섞어 구성할 수도 있겠지요. 그래도 반드시 유념할 것은 가능한 한 분산 투자의 원칙입니다. 최대한 여러 종목을 나눠 사려고 노력해야 합니다.

다만 아쉬운 점은 총액이 적다 보니 더 유망한 종목이나 특히 유력 바이오주나 핀테크주, 4차 산업 등 미래가치주들은 살 수 없다는 것입니다. 한 주당 값도 비싸지만 500주나 2,000주씩 사게 해놓은 것들이 많기 때문입니다.

또 한 가지 염려되는 것은 분명 각 종목의 '최소 주문 단위'는 저기

적시된 것이 원래 맞는데, 자기네 증권사 편의를 위해 더 큰 단위로 묶었을 수가 있다는 점입니다. 소액 투자자분들은 처음에 매수할 종목과 포트폴리오를 이렇게 구성한 후 거래하고자 하는 증권사에 전화를 걸어 저 '주문 단위'가 맞는지 확인한 후 계좌를 개설하는 것도 하나의 방법이 되겠습니다.

06

중간 규모 투자자를 위한
대표주식

    당신의 이 수업에 맞춘 투자 총액이 1,000만 원이라 그중 700만 원을 중국 주식에 투자했다면 중간 규모 투자자라 할 만합니다. 이 경우 모두 열 종목 정도에 분산 투자하는 것이 좋습니다. 이분들이 접근하기 쉬운 종목들을 추천해 보겠습니다.

    '상해자동차(상하이자동차)'는 중국의 '현대자동차' 격으로 중국 자동차 빅5 중 부동의 1위 기업입니다. 시가총액도 40조로 '현대자동차' 50조와 거의 맞먹는데, 이 규모는 중국 2위인 '동평자동차'의 무려 20배에 달할 정도로 격차가 큽니다. 특히 수익성도 좋아서 배당 규모가 매년 큰 편입니다. 전기차 시장에서도 후발주자인 'BYD'의 5배 규모로 유망합니다. 이런 호조건에도 장기긴 조정을 받아 이제 본격적인 상승이 기내됩니다. 현재 상해 거래소에서 19.9위안으로 주문 단위가 100주라 34만 원이면 살 수 있습니다.

    '청도하이얼(칭다오하이얼)'은 중국의 'LG전자' 격입니다. 우리 주변에서도 이것저것 흔히 볼 수 있을 정도의 국제기업이죠. 규모와 매출에서는 세계 모든 나라를 커버하는 부동의 1위입니다. 특히 냉장고와 세탁기의 점유율은 압도적이라 해외 실적이 급성장 중입니다. 현재 최고의 브랜드 가치를 무기로 스마트 가전의 선두 기업으로 전환하는 데 총력을 쏟고 있습니다. 상해 거래소에서 24.4위안에 100주, 한화로는 41만 원 정도에 살 수 있습니다.

'징동건강(JD 헬스 인터내셔널. JD HEALTH)'은 중국 최대 건강제품 및 의약품 판매 그룹입니다. 경쟁사인 '평안 건강(핑안 헬스케어)'이 고성장이 기대되는 유니콘 기업임에도 주력 부분인 원격의료 사업 등이 부진해 적자를 면치 못함에 비해서 '징동건강'은 주력인 의약품 및 건강제품 판매가 매년 급성장해 이용 고객 수, 매출에 가속이 붙고 있습니다. 시장점유율이 30%를 넘어서며 조만간 순이익으로 전환할 전망입니다. 홍콩 거래소에서 65홍콩달러로 50주가 기본 단위로 47만 원이 필요합니다.

'중안보험(쫑안보험)=ZhongAn Insurance'은 인터넷 보험 시장 1위 기업입니다. 중안 그룹은 세계 최고의 인슈어테크 그룹으로 글로벌 핀테크 혁신을 주도하는 중입니다. 보험 가입자만 현재 5억 3,000만 명에 달하고 총 보험 건수는 무려 80억 건에 달합니다. 2020년 코로나의 와중에서도 14.2% 성장하며 상장 후 처음으로 수익성을 달성했습니다. 특히 인터넷 보험사업은 2년 연속 순이익을 기록했습니다. 시가총액이 8조 8,000억으로 규모에 비해 몹시 적은 편이라 큰 폭 상승에 유리합니다. 홍콩 거래소에서 39홍콩달러로 100주 단위라 56만 원이 필요합니다.

'차이나텔레콤'은 '차이나모바일'과 함께 중국 양대 통신사입니다. 그런데 이 두 회사에다 '차이나유니콤'까지 중국 3대 통신사를 트럼프가 중국군과 연계된 기업이라는 이유로 투자 금지 명령을 내려 뉴욕 증권거래소에서 내쫓고 말았습니다. 바이든 정부마저 '결정 번복 요청'을 거부해 현재 홍콩 거래소에서만 거래 중입니다. 이 종목은 상해 거래소까지 확대 상장 계획을 발표해 주가 상승 가능성이 큽니다. 미국 시장 재진입 가능성도 있고요. 주가는 2.58 홍콩달러로 저렴한데 문제는 '최소 주문 단위'가 2,000주라 74만 원이 필요합니다.

'샤오미'는 중국판 '애플'이라 보시면 됩니다. 2018년 7월 뒤늦게 상장한 후 계속 하락만 하다가 특히 코로나 시기에 상당폭 상승했으나 아직도 앞날이 창창합니다. 주력인 스마트폰 외에도 사물인터넷 및 라이프스타일 제품 부문, 인공지능 등에서 뻗어 나가는 중인 특급 유망 종목입니다. 홍콩 거래소에서 현재 26.5 홍콩달러로 200주가 주문 단위이므로 76만 원이 필요합니다.

'상해가화(상하이자화)'는 중국의 '아모레' 격으로 대표 화장품 회사입니다. 실질적 최대 주주는 중국 최대 금융지주 회사인 '평안보험'입니다. 점진적으로 상승해 오던 실적이 최근 급상승해 기존 공장보다 5배 큰 공장이 올해부터 가동을 시작했습니다. 이 종목도 액면분할 이전에 300만 원을 여러 번 돌파해 삼성전자와 함께 '황제주'라 불렸던 아모레처럼 앞으로도 몇십 배 상승 가능성이 커 반드시 구매하라고 추천합니다. 상해 거래소에서 현재 51위안으로 100주씩 살 수 있어 90만 원이 필요합니다.

'항서제약(항서의약)'은 대표적인 제약, 바이오 회사로 최고의 인기 종목입니다. 다른 바이오주들처럼 급등 후, '약가 인하'와 '경영진 교체 파동' 등으로 연초에 비해 절반가량 큰 폭 조정을 받았습니다. 그렇지만 '중국 바이오'의 선두 기업임은 부인할 수 없습니다.

간암, 면역항암제 분야의 선두주자로서 '에이치엘비'와의 공동 연구 진행으로 우리에게도 친숙합니다. 특히 매년 20%가 넘는 배당률이라는 놀라운 배당은 투자자들을 늘 기쁘게 해줍니다. 100주 가지고 있으면 일 년에 무려 20주를 주는 거지요. 이 종목도 최고의 추천 상품으로 앞으로 도 십여 배에서 호재에 따라 수십 배까지 상승이 기대됩니다. 상해 거래 소에서 54.5위안으로 100주씩 거래해 94만 원이 필요합니다. 중간 규모 투자에 넣기 애매한 면이 있으나 그래도 다른 종목을 줄여서라도 꼭 포 트폴리오에 담으라고 권해 드립니다.

이렇게 모두 8개 종목을 추천했는데요. 앞의 5개를 합하면 총 13개 가 됩니다. 총액이 1,000만 원이라면 이 중 10개 정도를 취향에 맞게 선 별해 종목당 80~100만 원어치씩 생각하면 되겠지요. 그런데 100만 원 가까이 들어가는 종목들 수만큼 나머지 종목들을 60~70만 원 내외로 줄이면 되겠습니다. 아니면 종목 수를 줄여도 되겠고요.

개중에 혹 더욱 끌리는 종목이 있으면 200만 원어치 정도 사고 나머 지에서 차감하면 됩니다. 다만 열 개 가까운 종목이라는 분산 투자 원칙 은 절대 잊지 말기 바랍니다. 총액이 700만 원이라면 이런 포트폴리오 구 성 틀에서 조금씩 더 줄이면 되는 것입니다.

07

자본 여력이 있는 투자자를 위한
대표주식

그런데 사실 적지 않은 이들이 많은 금액을 주식에 쏟아붓고 있습니다. 모든 건 당신의 선택이고 자유지만 저는 이 수업에서 그리 많은 투자를 권유하고 싶지는 않습니다. 자신이 없어서가 절대 아니라 이 중국 주식 파트는 물론 다음에 이어지는 코인 부분, 특히 그다음의 폭락기 옵션 부분에서 적은 자본으로 엄청난 수익을 올려줄 수 있다고 감히 자부하기 때문입니다. 자신의 재산 여력에 비해 너무 많은 투자를 감행했을 경우, 일상의 평온에 좋지 않은 영향을 미칠 수도 있습니다. 또한 이번 사이클에서 학습한 것을 다음 '경기 사이클'에 여유 있게 더 효율적으로 응용해도 최고의 부를 축적하는 데는 무리가 없기 때문입니다.

현재 대한민국 주식을 꽤 갖고 있다면 총액의 30% 정도만을, 미국 주식이라면 총액의 50% 정도를 중국 주식 투자에 진용하라는 것도 같은 맥락입니다.

자본 여력이 있는 분들을 위한 대표 종목은 다음 세 가지만 소개하겠습니다.

'CATL(닝더스다이)'는 올해 상반기 대한민국과 미국을 제치고 세계 시장 매출 1위에 오른 전기차 배터리 전문 회사입니다. 우리나라 'LG 에너지솔루션'과 치열한 선두 경쟁을 벌이는 중입니다. 최근 자체 개발한 '1세대 나트륨 이온 배터리'를 선보이면 세계 시장을 선도해가고 있습니다.

시가총액이 최근의 급등세에 따라 200조에 달하긴 하지만, 앞으로 5년간은 창창해 보입니다. 첨단 상품 중심 거래소인 심천 거래소에서 490위안으로 100주 단위라 180만 원이 필요합니다.

'차이나모바일'은 앞에서 본 바와 같이 '차이나텔레콤'과 함께 양대 통신사입니다. 아니 중국의 SK텔레콤이라 할 만큼 가입자 9억 5,000만의 중국 최대, 아니 세계 최대 이동 통신사입니다. 이 중 2억 명이 5G 사용자일 만큼 첨단 통신 시장을 주도합니다. 시가총액도 149조로 30조인 차이나텔레콤보다 훨씬 큰 규모입니다.

다만 트럼프에 의해 축출되어 홍콩 거래소에서 거래되고 있는 점, 상해 거래소에 상장해 자본 규모와 저변을 크게 확충하려는 것까지는 차이나텔레콤과 같습니다. 순이익이 뛰어나 6% 이상의 고배당으로 인기가 높습니다. 현재 48홍콩달러로 500주가 최소 단위라 343만 원이 필요합니다.

'이노벤트바이오(신달바이오)'는 대표적 첨단 바이오 회사입니다. 암 등의 주요 질병 치료와 바이오시밀러 사업도 하는 CDMO(항체 바이오 위탁 생산 위탁 개발) 기업입니다. 매출이 2018년 17억 원, 2019년 1,841억 원, 2020년 6,756억 원으로 기하급수적으로 늘고 있습니다. 시가총액도 14조라 비슷한 규모의 바이오 주 중에는 몹시 적은 편입니다. 홍콩 거래소에서 67홍콩달러로 500주가 최소 단위라 477만 원이 있어야 구매 가능합니다.

자본 여력이 있는 이들은 이 세 종목에다 앞에서 말한 13종목을 합쳐, 또 뒤에서 언급한 유망 종목 중 자신의 기호에 맞게 10~20개 종목을 선정해 분산 투자하시면 됩니다. 모두 다 촉망되는 최고의 업종 대표 종목이지만 그래도 쪼개어 분산 투자하는 것이 유리하며 가끔 들여다보는 재미도 있어 지루하지 않습니다. 보노라면 며칠 연속 급등하는 종목, 그 종목이 조정 시 슬금슬금 올라 주는 무리, 갑작스럽게 튀어 오르는 종목들이 보는 즐거움을 주는 것이지요. 최상의 달걀은 더 많은 바구니에 나눠 담는 것이 더 즐겁습니다! 적은 종목에 집착해 더 큰 수익을 창출할 수 있다는 집착과 아집을 버리십시오.

　　위의 각 종목에 적시된 주가와 환산 가격은 여러분께서 이 책을 접한 시기의 주가와 환율 변화에 따라 달라집니다. 그걸 알면서도 하나하나 구체적으로 적시한 이유는 특히 이 글을 읽고 중국 주식을 사시고자 하는 분들의 이해를 도와 편의를 최대한 도모하고자 함입니다. 또 무엇보다 유망한 업종 대표주식들의 소개가 핵심 이유입니다.

　　설령 이 책을 본 당시의 주가가 제법 올라 있더라도 주저하지 말고 사시길 권유합니다. 다만 단기간 너무 올라 어느 정도 조정이 예상되어 다소 기다리다가 사고 싶은 일부 종목의 경우를 제외하곤 말이지요.

08

기타 유망 종목과 업종,
흐름의 전망, 전체적 투자 전략

2000년대 초반, '잠실 동부증권'에서 주식은 거들떠보지도 않은 채 위험한 '옵션 투자'에만 빠져 있다가 결국 다 털리고 분위기 전환 삼아 다른 증권사로 옮겨 가던 마지막 날, 친분이 있던 분들이 아쉬워하며 앞으로 어떤 업종이 부상할 것 같냐고 하나만 지적해 달라고 요청했습니다. 저는 주저 없이 초장수 시대로 진입할 것이기에, 또 인간의 건강과 장수에 대한 열망 때문에 '바이오산업'이 가장 유망할 거란 말을 남겼습니다.

그때만 해도 바이오 주식은 뜬구름 같았고, 심지어 황당하게 여겨지는 분위기였습니다. 그랬던 것이 정말 기적처럼 투자자들에게 최고로 각광받으며, 가장 뜨거운 업종으로 부상해 버린 것입니다.

최근 중국에서도 가장 'HOT 한' 분야를 들라면 역시 바이오와 전기차 분야입니다. 이미 세계화의 흐름 속에 동조화 현상이 지배하는 시대에 중국이라고 예외는 아니었던 거죠.

특히 바이오주 중에는 짧은 기간 몇 배나 그 이상의 수익을 낸 종목도 있을 정도입니다. 거기에다 중국 정부는 바이오산업을 군사력만큼이나 소중히 여겨 국방 강화 차원에서 전폭적으로 지원하고 있습니다. 이런 정부의 아낌없는 지원이 더해져 앞으로도 바이오 주식은 다른 업종보다 놀라운 수익률을 기록할 전망입니다.

앞에서 추천한 '항서제약(항서의약)', '이노벤트바이오(신달바이오)' 외에 유망한 종목으로는 '우시바이오로직스, 우시앱텍, 알리건강, 베이진, 자이랩, 중국생물제약, 자비바이오, 강태바이오, 옥삼바이오, BGI' 등을 들수 있습니다.

만약 당신이 바이오 섹터에 집중 투자하고 싶은 생각이 있다면, 앞에서 제시한 대표주 예닐곱 종목과 관심이 가는 바이오 예닐곱 종목을 균등하게 분할 투자하는 것도 좋은 투자법이 아닌가 합니다. 참고로 이 중일부는 '강태바이오, 옥삼바이오, BGI' 같이 '심천 거래소'에서 거래되는 것도 있어, 여러분의 증권 앱을 열어 확인하시면 됩니다. 그리고 이것저것 모든 정보를 취합해 기호에 맞게 취사선택하시면 되겠습니다.

이 외에도 '전기차 관련주, 핀테크 주, 5G 관련주, 소부장(소재, 부품, 장비) 유망주, 로봇·우주 공학 등 첨단 산업주' 등에서 자신의 판단과 취향에 맞는 종목을 골라 살 수도 있겠습니다. 다만 이때 유념할 것은 국내 주식을 할 때처럼 한두 종목에 이른바 '몰빵투자' 해서는 절대 안 된다는 것입니다. 이 수업의 목표는 '가장 안전한 범위 내에서의 최대 수익 창출'입니다.

일단 업종 대표주를 중점적으로 소개했던 이유도 바로 그것입니다. 오히려 지나고 보면, 심지어 그것이 '굴뚝 산업'이더라도, 업종 대표주가 평균 수익에서 더 유리하다고 판단됩니다. 안정성 측면에서는 말할 나위도 없고요. 그래도 굳이 도전하고 싶다면 전체 십여 개 포트폴리오 중에 반드시 두세 종목 정도로 국한하시기 바랍니다.

특히 이번 겨울은 중국 증시에 큰 분기점이 될 전망입니다. 점진적으로 우상향하다가 강세장에서 전통적으로 강한 겨울 장을 맞아, 무엇 보다 2월의 '2022 베이징 동계올림픽' 전후해 급등할 가능성이 큽니다. 마치 우리가 1988년 서울 올림픽을 계기로 많은 변화가 있었듯이 말이지요. 중국 정부와 인민들의 솟구치는 자신감이 겨울과 올림픽 동안 증권시장에 잘 반영되는 셈입니다.

실제 2008년 '베이징 하계 올림픽' 당시 4.1조 달러이던 중국 GDP 규모가 올림픽 후 매년 급성장해 2013년에는 9.1조 달러로 무려 2.3배나 폭증했습니다. 이번 동계올림픽에서도 다시 한번 그런 특급 성장과 일등 국가로의 도약이라는 '중국몽'을 꾸고 있습니다.

미국과 서방 주요국들의 보이콧 논쟁 속에서도 대회는 어느 정도 성공적으로 끝날 것이며, 코로나의 영향권 아래 있더라도 코로나 속에서 강행된 '도쿄 올림픽'보다 안전하게 치러질 것입니다. 그러므로 어떤 경우든 미리 걱정하실 필요는 없습니다.

이미 미국을 비롯한 서방의 강한 견제가 중국 증시에 먹히지 않는 시대로 접어들고 있다고 보아도 무방합니다. 아니 해외 자본이 5% 정도에 불과할뿐더러 그중에도 서방의 자본은 아주 미미한 상해 주식 시장에서 그들이 영향력을 행사할 틈새는 아예 없다고 보는 것이 정상일 정도입니다.

또한 최근 시진핑 주석은 베이징에 혁신적 기업 중심의 증권거래소를 이른 시일 내에 만들겠다고 천명했습니다. 연말이나 늦어도 내년 초에 신설될 '베이징 증권거래소'는 자국 기술 기업의 미국 상장을 막고, '외세의 영향으로부터 독립한 자주적인 증권시장 육성'이라는 점에서 획기적입니다.

'베이징 동계올림픽'과 함께 '베이징 증권거래소'의 개장은 이번 겨울 중국 증권시장을 뜨겁게 달구어 놓을 것입니다. 시 주석의 발표 직후 중국 당국은 거기에 발맞춰 '마카오 증권거래소'의 개장도 추진하겠다고 발표했습니다. 바야흐로 중국 주식의 폭발적 전성기가 이래저래 잉태되는 중입니다.

중국 증시가 가장 가까운 시기에 급등했던 것은 불과 7년 전입니다. (차트 3) 2014년 3월 1,974포인트였던 '상해 종합지수'는 2015년 6월에 5,178포인트를 기록해 불과 15개월 만에 2.6배 이상의 높은 상승률을 보입니다.

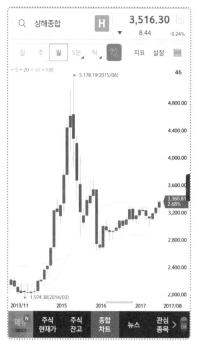

<차트 3- 2014년 3월 1,974에서 2015년 6월 5,178포인트까지 급상승한 상해종합지수>

중국 증시 상승기의 특징은, 앞의 (차트 1), (차트 2), (차트 3)에서 보았듯이 때가 되면 세계 어느 주식 시장보다도 단기간에 엄청난 급상승 폭을 보여준다는 점입니다. 특히 제가 추천한 업종 대표주들 중심으로 며칠 간격으로 연속 상한가를 치거나 상당한 급등의 축제장을 연출해 나가는 것입니다. 그러므로 여러분은 미리 여기저기 길목을 지키고 있으면서 때가 무르익기를 기다리다가, 마침내 펼쳐지는 흥성한 파티에서 최고급 와인을 연일

즐겨 나가면 되는 거지요.

혹자는 현시점에서 중국 증시가 1만 포인트를 가는 것은 무척 힘들 것이라 단정합니다. 그런데 곰곰 생각해 보니, 지금의 3,450포인트가 10,000포인트를 가더라도 2.8배 정도입니다. 저의 주장의 핵심은 세계 경제와 특히 중국 경제의 초호황에 힘입어 앞으로 5년여 후인 2026년 말까지 최소 1만 포인트가 가리라는 것일 뿐입니다. 그 사이 종합지수가 3배 가까이 오르는 셈이니까 우리나라든 어디든 과거 경험치로 업종 대표주는 5~10배는 무난하고, 개중 1~2개는 이삼십 배도 가능하다는 것이지요.

그런데 따지고 보면 2014년경의 중국 경제의 대내외적 상황이나 성장률보다 지금의 상황과 성장률이 훨씬 낫습니다. 연속되는 경제의 초호황은 소득이 급증한 14억 인민을 윗방향으로 강하게 움직이게 합니다. 언론은 연일 나팔을 불어대고, 정부는 무척 고무되어 있습니다.

고질적이었던 경제와 특히 증권시장의 '펀더멘탈'은 이전과는 감히 비교조차 할 수 없을 정도입니다. 5년 새 2.8배가 아니라, 2005년 6월 998포인트에서 불과 16개월 뒤인 2007년 10월 6,124포인트로 6배 이상 폭등했듯이, 짧은 기간에 6배도 가능할 수도 있는 것입니다.

물론 주식 시장의 기초체력이 튼튼해지고 몸집이 커진 만큼 상승의 폭도 줄어들 수 있습니다. 그래도 5년 뒤 최소 1만 포인트 이상일 거라는 주장은 너무 안전한 범위가 아닌가 합니다. 앞으로 예견되는 또 하나의 변화는 그동안의 경우는 급상승 뒤에 짧은 시간에 급락하기를 반복했지만, '펀더멘탈'이 강해지고 경제 상황이 더 호전적인 만큼 완만한 조정이나 완만한 하강, 계단식 상승과 계단식 하강 등의 경우로 이어질 것이라는 점입니다. 그만큼 투자자들에게 대응할 시간과 여유를 충분히 주면서 말이지요.

물론 대폭락기가 오면 전술한 대로 중국 역시 대폭락을 피할 수 없습니다. 하지만 여기서 일단 점검해 보는 기간은 2026년 말까지의 예견되는 호황기에 국한한 것이니까요.

그렇다면 우리는 어떤 자세로 2026년까지의 변화에 대응해야 할까요. 일단 최소 '상해 종합지수' 1만 포인트까지는 무조건 내버려 둬야 합니다. 그다음부터 예상되는 여러 경우 대비 원칙을 정리해 보면 다음과 같습니다.

[중국 주식투자 지수별 대응 전략 매뉴얼]

1. 원칙적으로는 '상해 종합지수'가 1만 포인트를 넘더라도 모두 보유하고 있다가, 2026년 말에 한꺼번에 다 정리한다.
2. 2026년 전이라도 혹시 2만 포인트에 달하면 다 정리한다.
3. 1만 포인트에 달하면 전체 중 절반만 팔고 추이를 보아 전략적으로 접근할 수도 있다. 1만 포인트에서 절반을 판 후, 향후 5개월 이상 급락의 징후 없이 일정 폭 아래서 등락을 거듭하면 폭락이 없다고 보고 나머지 절반을 재투자해 전체를 2만 포인트까지나, 2026년 말까지 안고 간다.
4. 1만 포인트에서 절반을 정리한 후, 어느 정도의 낙폭이 아닌, 급락이 시작되면 다 정리한 후 이미 판 절반과 나머지 모두를 합쳐 은행에 예치한다.
5. 1만 포인트에서 마음 편하게 다 정리하고 은행에 예치한다.

이 가운데 어떤 상황에 어떻게 대응하는가는 모두 당신의 선택에 달려 있습니다. 다만 제가 확언할 수 있는 것은 세계 경제는 최소 2026년 말까지는 번영을 구가할 것이라는 사실입니다. 또 중국 경제도 세계 경제 흐름에 발맞추거나 이제는 선도해 나갈 것이므로, 중국 주식 시장도 전과는 달리 그 호황의 기간 내내 상당 부분 동조의 모습을 보일 수 있고, 최소한 급락은 없을 가능성이 클 거라는 점입니다.

명심하십시오. 이번의 급등이 과거와 가장 다른 점은 중국이 스스로 세계 정상에 우뚝 올라섰다는 확실한 자부심에 근거한 상승기라는 것입니다. 실질적인 경제지표와 각종 향상된 최상의 상황과 함께 말이지요. 그래도 모든 최종 판단은 여러분의 몫입니다. 전진과 변화에 발맞춰 당신의 현명한 판단을 기대합니다.

3장

가상화폐!
세계 자본을 벌어들일
초특급 비법
전격 공개

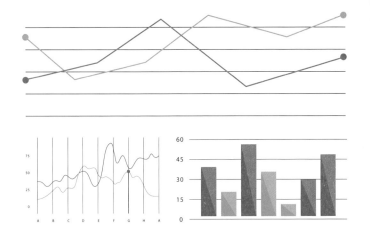

2016 2017 2018 2019 2020 2021

15
20

2,45
9,24
3,25
79,35
19,11
28,68
68,88 31,20
59,05 67,70
140,50 5,96
85,40
58,70
0,53
3,07

01

머스크 따위는 잊어라!
최소 향후 5년간 코인은 잘 있다!

최근 가상화폐의 '안정성 여부에 대한 논란'이 뜨겁습니다. 가상화폐를 향한 시선과 대우에는 제도권 내에서 인정하고 통용시키고자 하는 입장과 제도권에서의 존재를 부정해 밀어내고자 하는 입장이 공존합니다.

그러나 이것은 단지 외형상의 입장 규정 노력일 뿐, 이미 가상화폐는 오직 자신의 생명성과 역동성으로 자본 시장에서의 지위와 영역을 넓혀나가는 중입니다. 그 획득해 가고 있는 지위가 얼마나 강한지 감히 머스크 따위가 좌지우지할 수 있는 영역을 넘어선 지 한참이라는 거지요. 심지어 중국의 규제나 억압 조치마저도 이 거센 돌풍의 힘과 영토의 확장에 결정적 타격을 가할 수 없습니다.

지난 2021년 4월 22일 은성수 금융위원장의 가상화폐 거래소 폐쇄 발언과 바이든의 자본이득세율 발언 이후 가상화폐 시장이 폭락하자 시장 참여자들은 성토하다 못해 '금융위원장 퇴출 청원'까지 벌였습니다. 하지만 며칠 뒤 시장은 언제 그랬냐는 듯 안정을 찾아갔습니다.

그런데 2021년 5월 들어 그렇듯 겨우 찾은 평화를 깨뜨린 주범은 외견상 일론 머스크였습니다. 전기자동차 '테슬라'와 우주 벤처기업 'SpaceX'를 이끄는 머스크는 작년 연말, 빌 게이츠와 '아마존' 창업자 제프 베이조스를 제치고 세계 제일 부자로 등극했습니다. 이는 무려 800조 원을 넘나드는 '테슬라'의 시가총액 급증에 힘입은 결과입니다. 그런 만큼 그에게는 그에 걸맞은 '세계인을 향한 최소한의 올바른 자세와 예의'가 있는 셈입니다.

그런데 '테슬라'의 결재에 비트코인을 허락함으로써 각광받았던 그의 갑작스러운 변심은 그를 '선구자적 기업가'로 기억하던 모든 이들에게 말할 수 없는 실망감을 넘어 분노까지 유발하고 말았습니다. 결국 그는 시대를 앞서 혁명적으로 발상하기는커녕 가상화폐의 인기에 편승해 잠시 주판알을 두드리며 편승한 '교묘한 장사치'에 불과했던 것이지요.

자신이 가지는 영향력에 의해 일반 대중이 받을 실망감과 상처는 전혀 고려하지 않았던 것입니다. 적어도 이번 처신의 어디에도 '현명한 시대인'으로서의 입장은 하나도 없었습니다. 그러고서도 가증스럽게 자신이 창시했다는 도지코인의 홍보를 위해 어머니와 벌이는 쇼라든가, 급기야 트위터에 예수님 사진을 올리며 도지코인을 띄우는 정신 나간 행동은 분노를 넘어 역겨움마저 줍니다.

공교롭게도 그 직후 비트코인을 필두로 가상화폐 시장이 40%가량 조정받자 언론들은 그의 영향력을 과대평가하는 기사를 연일 쏟아내고 있습니다. 그렇다면 이 모든 것이 오직 머스크의 영향력과 지배력 때문일까요? 그의 경거망동이 없었다면 시장은 평화롭기만 했을까요? 천만의 말씀입니다.

이미 시장은 그의 언급이 없었더라도 원래 가려던 길로 큰 폭의 조정을 피할 수 없었던 것입니다. 머스크 따위가 '짖어서'가 아니라 그의 존재 자체와 전혀 무관하게 경제는 흘러가는 것입니다. 머스크가 '미미한 잠시의 변수'는 될 수 있을지언정 '절대적 상수'의 지위는 전혀 아니란 말입니다.

　그 결정적 증거를 보여드리지요. 이것은 2021년 5월 비트코인의 '월봉' 차트입니다.

　자, 어떻습니까! 이 차트는 여러모로 시사하는 바가 큽니다. 아마 이 차트를 보자마자 당신은 충격을 받았을 것입니다. 마치 희대의 의문 사건의 진실을 명확하게 밝혀주는 결정적인 한 장의 증거 사진처럼 말이지요.

　이 한 장의 그래프에는 아주 많은 의미가 담겨 있습니다. 일단 이번 머스크의 발언이 그다지 영향을 미치지 않았다는 판단이 섰을 것입니다. 또한 제가 왜 코인에서도 월봉을 중시하는지를 이해하는 결

<2021년 5월 기준 최근 몇 년간의 비트코인 월봉 그래프>

정적인 단초도 보여주고 있습니다. 더 나아가 이 책에서 주장하는 '경제 사이클'을 함축한 듯한 모양도 보여주고 있는 것입니다.

　주식에 있어 그래프는 그 상품의 가치와 실적, 지위의 변화, 주변 경제 상황, 참여하는 투자자들의 심리 등이 뒤얽혀 나타난 평가 양상의 결정체입니다. 가히 그 종목의 모든 것이 담겨 있는 성적표의 흐름과도 같

은 것이지요. 그러므로 차트는 앞으로 전개될 가능성을 상당 부분 암시해 주기도 하고, 지나고 보면 그때 왜 그랬는지를 이해하는 근거가 되기도 합니다. 마치 심장 박동을 체크해 주는 기계인 '심전도(바이탈 사인 모니터)'처럼 말이지요.

차트에서 보다시피 비트코인은 2019년 7월부터 2020년 9월까지 장장 15개월 동안 미미한 수준에서 움직였습니다. 조정을 받은 셈이지요. 그러다가 10월부터 본격적인 상승을 시작해 점차 상승 폭을 넓혀 갑니다. 이러한 급상승은 금년 3월까지 모두 6개의 빨간 양봉을 예쁘게 완성시킨 후, 여세를 몰아 4월에 큰 고점을 일단 찍었던 것입니다. 결국 급등에 따른 고소공포증을 견디지 못하고 도중에 잠시 급락하기도 해 4월의 월봉 전체는 파란 음봉으로 끝나고 맙니다.

몹시 가파른 6개의 빨간 양봉 뒤, 4월 봉이 십자가형 파란 음봉으로 끝난 것은 이미 다음 달 본격적인 조정이 있을 것을 암시하는 모습입니다. 4월 봉은 금융위원장 탓이 아니라 이미 가파르게 누적된 7개의 높은 봉우리라는 집단적 매물 실현 욕망에 맞닥뜨린 거고요. 그동안도 계단식으로 레벨업 시키며 올라왔는데, 이번에 폭발한 후 더 이상 올라가기에는 절대 무리였던 것입니다.

5월에는 그간의 대폭 상승에 따른 큰 폭의 하락이 이미 예고되어 있었던 거지요. 마침내 예고대로 큰 조정이 왔을 때, 때마침 머스크가 횡설수설 떠들었을 뿐입니다. '울고 싶던 차에 뺨 때려준' 정도에 지나지 않습니다. 아니 그보다도 더 영향력이 미미해서 '울고 싶던 차에 눈물 약 넣어준 것도 아니고 단지 손에 쥐여준' 격입니다. 그의 얘기와 무관하게 그래프는 우리에게 모든 비밀을 알려주고 있습니다.

호황 뒤에는 불황이 있고 절대 호황 뒤에는 절대 불황이 있듯이 상승 뒤에는 하락이 있고 절대 상승 뒤에 절대 하락이 올 가능성이 큰 것입니다. 굳이 전문가가 아니더라도 차트를 좀 볼 줄 아는 어지간한 이들은 파란 4월 봉을 만약 머스크가 말하기 전에 보았더라면 5월은 급격한 조정이 올 것 같아 몹시 찜찜했을 것입니다.

다만 여기서 한 번 점검해봐야 할 점은 5월 음봉의 하락 비율입니다. 하지만 이것 역시도 좀 아는 분들은 너무나 자연스러워 전혀 이상하지 않은 비율임을 대번에 알아채실 것입니다. 이미 5월로 접어들면서 저의 머릿속에 머스크 따위는 존재하지 않았습니다. 4월의 음봉을 보고 급등에 따른 조정의 폭이 얼마일까 하는 것뿐이었지요.

다른 종목들도 마찬가지입니다. 아니 그것들은 대부분 최근까지 비트코인보다도 더욱 높은 수익률을 자랑하고 있던 터였습니다. 불과 석 달 사이에 100배 이상 오른 것들도 적지 않았고 20~40배 오른 것들은 쌔고 쌨던 터였습니다. 그것들이 30~40% 조정을 받는 것이 그렇게 부자연스런 일일까요? 이미 그렇게 폭등해 놓고 설마 조정도 없이 거기서 다시 수백 배 오르기를 바란 것만은 아니시겠죠!

결국 4월의 기다란 십자가 음봉은 필연적으로 5월의 긴 장대 음봉은 물론 적어도 두세 달 비트코인을 위시해서 조정이 이어질 것을 암시해 줍니다. 그것은 대폭 상승에 따른 필연적 조정의 과정인 셈이지요.

저 비트코인 차트는 이 책에서 제가 강조하는 '월봉의 중요성'을 명확하게 인식시켜 줍니다. 이렇게 지나고 보니, 비트코인의 진행 상황이 이해가 가는 것입니다. 만약에 당신이 비트코인을 소유한 채 매시간, 매일, 매주의 흐름에 집착해 왔다면 수익률은 극히 저조할 것입니다. 아니 급변하는 코인의 생리상 수익은커녕 큰 손해를 볼 가능성도 큽니다.

오직 시세의 지속적인 방향성, 큰 흐름에 주목한 이들만이 엄청난 수익을 올릴 수 있는 것입니다. 그렇게 월봉의 흐름은 특히 가상화폐의 세계에서 소중한 것이며, 이제부터의 저의 비법 강의는 십중팔구가 월봉에 의거한 투자를 강조할 것입니다.

또 저 차트는 이 책에서 강조하는 '경기 사이클'의 이해를 돕는데도 간접적으로 유용하게 쓰일 수 있습니다. 제가 강조하는 코로나 이후 2021년에서 2026~2028년 사이의 최후의 불꽃 축제가 마치 저 차트의 마지막 예닐곱 개의 상승 막대 봉과 유사하게 전개될 수도 있는 것입니다. 저 차트에서는 한 달치, 즉 월봉이지만 이번에는 저 모양을 일 년치, 즉 연봉이라 여기고 생각해 보면 됩니다. 20년 사이클(어쩌면 코로나로 인해 22~24년 사이클)이 맞는다면, 그동안 점진적으로 우상향 방향으로 완만하게 흐르던 경기 흐름과 주가의 흐름이 마지막 6~7년 급상승한 후 급격히 고꾸라지게 되는 거지요.

저 그래프를 보시면, '어쩌면 저 모양과 유사하게 앞으로의 경기와 주가 흐름이 전개될 수도 있겠구나' 하는 생각이 드실 겁니다. 가장 결정적인 차이가 있다면 2028년 전후해서 닥칠 경제 사이클 대폭락 차트는 저 비트코인 5월봉 차트와 비교할 수 없이 더 가파르고 엄청난 폭의 수직 음봉이 처음 한 달 동안에, 아니 불과 며칠 새에 생길 거란 말이지요. 불과 며칠 새에 20년 동안의 상승폭 따위는 아랑곳하지 않고, 언제 그랬냐는 듯 내리꽂을 것입니다.

그에 비해서 비트코인 차트에서 5월 봉 음봉이 그나마 저 정도인 이유는 앞으로 더 기간 조정과 낙폭의 조정을 받은 후에, 점진적으로든 급진적으로든 상승을 준비하는 시간이 올 것이며, 그 조정 후에 다시 본격 상승으로 전환할 것이기 때문인 셈입니다.

저는 '가상화폐의 안전성 문제'에 대해 더욱 전향적인 자세로 접근해야 한다고 생각합니다. 결론적으로 말하면, '가상화폐는 최소 앞으로 5년간은 세계 경제의 성장 흐름과 큰 틀에서 맥을 같이 한다'라는 거지요. 아니 앞의 문장에서 한 구절을 바꾸어야 정확한 표현이 되겠습니다. '가상화폐는'을 '가상화폐도'로 말이지요. 다시 써보겠습니다.

'가상화폐도 최소 앞으로 5년간은 세계 경제의 성장 흐름과 큰 틀에서 맥을 같이 한다.'

이제 됐습니다. 이렇게 고친 표현을 의도적으로 다시 제시해 놓으니, 여러분들은 제가 말하고자 하는 핵심을 잘 꿰차셨을 것입니다. 그렇습니다. 암호화폐도 분명 떳떳하게 세계 경제 질서 안에 포함된 것입니다. 부동산이나 증시에 유동성이 넘치게 되면, 가상화폐 시장에도 유동성이 넘치게 됩니다. 부동산이나 동산에 인간의 자본에의 욕망이 담겨 있다면, 가상화폐도 마찬가지입니다. 다만 좀 더 적극적이다 못해 절절할 뿐이지요.

그래도 이렇게 반문하거나 세차게 반론을 전개하는 이들이 많습니다. 가상화폐는 제대로 된 결재수단이기는커녕 심한 변동성으로 일반적 화폐의 기능을 담당하지 못하는데 어찌 유통될 자격이 있나요? 좋습니다. 군이 그렇게 물고 늘어진다면 뭐 결재수단으로 조금씩 영역을 넓혀가니 어쩌니 따위의 논쟁을 하지 않겠습니다. 그렇게 하면 미미한 존재인 머스크 따위에 다시 놀아날 수 있기 때문입니다.

끝끝내 화폐로서의 가치를 인정해주지 않는다면, 우리는 명칭을 바꾸겠습니다. '가상 자산, 미래 유통, 암호 가치'라고 말이지요. 이 말은 이미 가상화폐에는 우리 사회를 주도하는 절대다수인 대중들의 '상호 묵계하에 유통되는 자산'이거나 최소한 '가치를 가진 대상물'로서의 자격이 부여되어 있다는 것입니다. 이미 이 사회의 주체인 대중은 일찍이 당신들이 유물이나 예술 작품이나 심지어 희귀한 사진이나 우표 하나하나에, 아니 기껏 운동선수나 연예인의 배트나 손수건에 자산적 가치를 부여했듯이, 각각의 코인들에 약속된 자산의 가치를 부여해 사고파는 것입니다. 다시 말해 이미 이것에는 대중의 약속된 가치 있는 자산으로서의 평가 수치가 새겨 있다는 얘기지요.

이 약속된 가치 평가는 일부가 부정하더라도 거역할 수 없는 재물로서의 자격이 다수에게 떳떳하게 부여된 것입니다. 명쾌하게 가격이 매겨져 버젓이 은행을 통해 현금으로 아무 때나 넣고 빼고 할 수 있게 말이지요. 세상에 이처럼 즉석에서 이뤄지는 명료한 평가 가치와 교환가치가 어디 또 있단 말입니까. 더구나 이것이 자본의 분배와 축적에서 소외된 대중의 유일한 비상구인데 말이지요. 그것이 싫은 이들은 부정하며 참여하지 않으면 되는 것이고, 그 평가 가치에 의거해 재산 증식의 수단으로 삼고 싶은 이들은 떳떳하게 참여하면 되는 것입니다.

바로 경제 안정기와 활황기 동안 이러한 인간의 자산 증식에의 수단으로서의 가상화폐의 존재는 '부인할 수 없는 현재진행형'인 셈입니다. 더많은 이들이 도자기에 관심이 없고, 우표 수집에 관심이 없는 것과 반대로 훨씬 더 많은 이들이 코인에 관심이 많고 그 매겨진 가치를 인정하며 뛰어드는 것이지요. 이미 '가상세계의 낙원'으로 유명한 '메타버스'에서 구찌가 만든 가상 가방이 실물보다 비싼 465만 원에 팔려나가는 시대입니다. 또 '메타버스'의 가상 부동산 가격이 현실보다 훨씬 급속도로 상승하는 시대인 것입니다.

물론 이러한 가치 규정은 경제 폭락기가 오면 급격히 흔들려 '가상화폐'가 맨 먼저 빛의 속도로 폭락하고 말 것입니다. 그때쯤이면 머스크는 누런 이를 드러내며 '봐라. 내가 맞았지!'라고 뒤늦게 '썩소'를 날리며 숟가락을 얹으려 하겠지요. 그러나 그때마저도 머스크는 틀리는 것입니다.

최근 엘살바도르 정부는 비트코인을 법정통화로 채택했습니다. 비영리단체의 선행과 익명의 기부자에 의해 시작된 '착한 비트코인 기부와 사용' 움직임은 결국 자국 내 화폐 정책의 한계에 부딪혀 있던 정부 당국을 움직여 사용자에 많은 혜택까지 부여할 정도입니다. 탄자니아 대통령도 중앙은행에 법정통화 지정을 강력히 요청하는 등 남미 국가들을 중심으로 오히려 불안정한 자기네 통화보다 비트코인을 더욱 신뢰하는 움직임을 보입니다.

미국 텍사스주는 와이오밍주, 마이애미 등과 함께 '미국 내 가상화폐의 성지'라 불립니다. 지난달 텍사스 하원이 가상화폐의 법적 지위를 인정하는 법안을 통과시킨 지 불과 한 달 만에 그렉 애벗 텍사스 주지사는 6월 6일 '블록체인 산업 확장을 위한 마스터플랜 법안에 서명했다'라는 트위터를 날렸습니다. 외신들은 중국서 쫓겨난 채국자들이 텍사스로 이동 중이라고 전했습니다.

여기서 눈여겨볼 점 하나는 중국 당국의 채굴 금지 및 거래 단속 조치 후에도 올해 상반기에 중국 3대 거래소의 가상화폐 거래 총액이 작년 수준을 유지하고 있다는 점입니다. 물론 다른 국가들이 올해 들어서만 작년 대비 폭증하는 수준에 비하면 현상 유지 정도지만요. 채굴을 포함해 중국에서 움츠린 기술과 자본들은 대부분 미국 쪽으로 흘러갔을 거라 추측됩니다. 그만큼 가상화폐를 향한 인류의 열망은 막을 수 없습니다.

올해 1분기에만 250만 계좌가 늘어 총 500만이었던 가상화폐 계좌수는 6월에 들어 벌써 600만을 훨씬 넘겼다는 소식이 들려옵니다. 이대로라면 얼마 안 있어 주식의 910만 계좌 수를 추월할 듯한 기세입니다. 하긴 인도네시아 최대 가상화폐 거래소인 '인도네시아디지털애셋거래소'의 CEO가 블룸버그 통신과의 인터뷰에서 인도네시아도 곧 가상화폐 투자자 수가 주식 투자자 수를 넘어설 것이라 기염을 토할 정도니까요.

어떤 초대형 금융 상품이 저렇듯 대중의 전폭적인 지지를 받으며 강건하게 유통될 때는 다 존재 이유가 있는 법입니다. 이미 그 존재가치를 부정하거나 대중 속에서의 뜨거운 유통 현실을 차단할 수 없는 거지요. 주식 시장처럼 절대다수의 대중을 근간으로 형성된 자본 시장은 결국 그 역동적인 수요에 의해 돌아가게끔 되어 있는 것이 자본주의 시스템이요 생리입니다.

고로 감히 머스크 따위의 한 개인에 의해 좌지우지되는 성격의 것이 아니라고 말씀드린 것입니다.

다시 강조하지만 방대한 코인 시장에서 머스크는 '너무도 미미한 변수'에 지나지 않습니다. 그렇다면 절대 상수는 무엇일까요? 여러 가지 있지만, 그중 가장 중요한 지배적 상수는 '시장 참여 대중의 도도한 흐름'입니다. 결국 지금 여러분이 내는 우려의 목소리는 절대 지배자들이 몹시 미약한 존재에 지레 겁먹은 꼴입니다. 그러니 안심하시기 바랍니다.

결국 눈치 빠른 머스크는 얍삽하게 '청정에너지로 채굴 땐 비트코인 결재 허용'이라며 다시 가상화폐의 막강한 농력에 은근히 탑승하려는 모습을 보이고 있습니다. 그렇지만 지난 발언 이후 머스크는 가상화폐에 관한 한 그가 어떤 포지션을 취하든 이미 다 틀린 것입니다.

부를 향한 인간의 욕망은 다음 도래하는 새로운 경제 주기에 맞춰 가상화폐를 다시 급속도로 살려낼 것입니다. 만약 그때 가상화폐로 인한 충격이 너무 커서 흥행 상표로 내세우기 어려워지면, 이미 실시되고 있는 '전자화폐' 정도와는 차원이 다른 새로운 성격의 '가상 자산물, 암호 가치재'를 만들어내 재산 증식의 수단으로 삼을 것입니다. 블록체인 기술의 응용은 더욱 발전해나가거나 다른 형태로 대체될 것입니다. 이른바 '사이버 토지'를 화폐가치로 책정해 사고파는 식의 것도 하나의 좋은 대체 방식이 될 수 있습니다.

이러한 변화는 가상화폐의 몰락이 아니라 새로운 이름의 가상화폐가 재탄생한 것과 같습니다. 바이러스가 생존을 위해 '변이'를 일으키며 살아나가듯이, 가상화폐도 변모된 모습으로 '변이'해 이어진다는 거지요.

적어도 지금 이 순간, 가상화폐에는 '부의 사다리'에서 소외된 서민과 청년들의 소망과 꿈이 담겨 있습니다. 마련할 수 없는 '내 집'과 올라갈 수 없는 '축재'의 견고한 성을 향한 간절한 절규마저 느껴질 정도입니다.

어느 누구도 감히 그 절박한 현실을 전적으로 부정하며 싹을 밟아버릴 수는 없습니다. 이런 소중한 존재가치가 이미 사회적 가치로, 또 엄연한 가격으로 매겨져 자리 잡은 것입니다. '가상화폐의 고유한 영역과 존재가치의 인정'. 그것은 이제 누구도 감히 부정할 수 없는 귀중한 자산입니다. 최첨단의 현대 자본주의 사회에서 나름의 독자성과 존재가치를 이미 충분히 획득하고 있는 거지요.

그러므로 우리는 한 걸음 더 나아가, 이 통로가 꽉 막힌 기득권 중심의 자본수익 구조에서, 가상화폐를 '돈 없는 대중을 위한 유용한 탈출구'로의 역할을 다하게 이끌어주고 관리해줘야만 합니다. 그렇게 함으로써 부의 독점과 과점을 막고, 절대 다중에게 자본수익을 골고루 나눠주어, 다 같이 잘 살게 하는 '분배 혁명'이라는 최상의 가치까지 실현할 수 있는 것입니다. 바로 빈부와 세대를 초월해 평등한 자본주의 사회로 가는 가장 확실한 지름길이 바로 여기에 있습니다.

그렇다면 모든 가상화폐가 다 안전한 것일까요? 당연히 그렇지는 않습니다. 그 안전성 여부에 대해서는 논란이 많습니다.

미국의 어느 유명한 전문가는 가상화폐의 미래에 대해 '비트코인이야 쭉 살아남겠지만, 알트코인 중에서는 '이더리움' 같이 튼튼한 것 몇 개만 살아남고 이삼 년 안으로 다 상폐 된다'고 주장합니다. 일전에 본 유튜브 방송에서 자칭 전문가라는 여성이 '비트코인 하나만 남고 곧 사라질 것이다'라고 주장해 보는 이들을 아연실색하게 했습니다.

그렇지만 저는 그들이 당연히 틀렸다고 주장합니다. 물론 코인 중에서 시장에서의 안전성과 교환 가치성 등에 문제가 생겨 결국 시장 참여자들의 묵계와 신뢰가 깨진 상품은 사멸함이 당연하지요.

그 안정성 여부에 대해 제가 내린 규정은 이렇습니다. '해당 종목들의 안전성 여부는 전적으로 해당 거래소의 안전성 여부와 정비례한다'는 것입니다. 그 종목이 안전한지는 십중팔구 그 종목을 심사 상장시켜 시장에 내놓은 해당 거래소의 면면과 밀접한 관련이 있다는 얘기입니다.

바로 얼마 전인 2021년 5월 14일 나스닥에 상장된 미국 가상화폐 거래소 '코인베이스'에는 현재 65개의 상품이 상장되어 있습니다. 이들은 자신이 속한 거래소가 나스닥이라는 공인된 정규 시장에 정식 상장됨으로써 간접적이긴 하지만, 공인된 것과 같은 효과를 누리며 이미 상당한 지위를 확보했다고 봐야 합니다.

물론 이들 중 한두 종목은 5년 안에 상장폐지 될 수도 있습니다. 그렇지만 이런 비율은 극소수에 불과한 것입니다. 심지어 뉴욕거래소나 우리 증권거래소에 상장된 기업 중에도 일 년에 여러 개가 관리종목으로 지정되거나 심지어 1~2개는 상장폐지 당합니다. 그렇다고 뉴욕거래소나 우리 증권거래소를 불안정하다고 하지 않습니다.

같은 원리지요. 이 같은 평가는 국내 거래소에도 공평하게 적용할 수 있습니다. 국내 가상화폐 거래소 '업비트'와 주식 거래 플랫폼인 '증권플러스' 등을 운영하는 핀테크 기업 '두나무'도 미국 증시에 상장 예정입니다. 만약 그렇게 된다면 '업비트'에 상장된 코인들은 최고의 안정성을 확보하는 셈입니다.

그런데 따지고 보면, '두나무'의 뉴욕거래소 입성 여부와 관계없이 이미 뉴욕에 입성한 '코인베이스'의 종목 중 상당 종목들이 '업비트'에도 걸쳐 있으므로 이런 종목들은 상당한 안전성을 이미 확보한 것입니다. 미국의 2등 거래소는 '이토르'에는 18개 종목이 상장되어 있습니다. '코인베이스'와 '이토르'에 있는 종목 정도면 상당한 안전성을 확보했다고 볼 수 있습니다.

국내 압도적 일등 거래소는 '업비트'입니다. 이등 거래소인 '빗썸'의 5배 규모지요. 4월 현재 가입자가 430만 명을 돌파했다는 발표는 입이 쩍 벌어지게 합니다. 이 단일거래소의 하루 거래금액만도 25조 원으로 매년 기하급수적으로 느는 중입니다. 불과 4년 전인 2017년에 문을 열었다는 사실은 놀라울 정도입니다.

'업비트'의 '원화거래소(KRW)'에 상장된 종목은 현재 105개입니다. 2등 거래소인 '빗썸'은 150개 정도로 '업비트'보다 많습니다. 6월 들어 '업비트'는 시장 안전성을 위해 먼저 5개 종목을 퇴출하고, 이어 24개 종목을 퇴출했습니다. 신규 종목이 아주 드문 대신 퇴출 종목도 거의 없다시피 했던 '업비트'가 모처럼 대규모로 칼을 빼 든 것은 시장을 튼튼하게 하는 혁신적인 수술로 바람직합니다.

그러자 '빗썸'에서도 여러 종목을 동시 퇴출해 자기네 거래소의 건강성을 더욱 고려하기 시작했습니다. 그 이전부터도 '빗썸'에는 신규 종목도 제법 이어지는 대신 투자경고 종목이나 상장폐지 종목이 심심치 않게 목격되었습니다.

여러 정황으로 보아 '빗썸'보다는 '업비트'가 더 안전합니다. 다만 '빗썸'이 '업비트'보다 급등락이 심한 종목을 쉽게 찾을 수 있어 과감한 투자를 즐기거나 보다 높은 수익률의 실현 기회를 원하는 이들은 '빗썸'이 더 적성에 맞을 듯도 합니다. 그러나 자신의 투자 특성보다 훨씬 더 중요한 것은 조금이라도 안전한 것이겠지요.

앞으로 5년간 '업비트'에서는 일부 종목이 퇴출당하지 않을까 합니다. '빗썸'에서는 이보다 진출과 퇴출의 빈도가 높을 것입니다. 매년 적지 않은 종목의 진출이 이어지지요. 그중에 퇴출이라는 비극을 맞는 것은 5년간 '업비트'의 몇 배에 달하지 않을까 합니다.

다시 말하지만, 해당 거래소의 안전성과 개별 종목의 안전성은 비례 관계에 있습니다. 심지어 정부에서는 여러모로 의심되는 거래소 자체를 축출할 수 있다고 서너 차례 언급했습니다. 여기에 내년부터 수익금에 대한 과세 조치까지 이뤄지면 상대적으로 우수한 거래소 종목들의 안정성은 오히려 더 확보되는 셈입니다.

제가 30개 종목에 분산 투자하라고 권하는 데는 이 '안정성'의 이유도 있습니다. 5년 안에 한두 종목이 '상폐' 당하더라도 대부분 종목은 최고의 안정성을 확보한 채 움직이는 것입니다. 물론 30개 종목 투자의 첫째 이유도, 둘째 이유도, 셋째 이유도 실제는 독특한 비법으로 최고 수익을 창출하기 위함입니다. 4번째 이유는 오히려 마음이 편안해져 더 들여다보지 않게 된다는 데 있습니다. 하지만 다섯 번째쯤 이유는 바로 이 안정성 때문입니다.

만약 자신이 보유한 종목이 유의 종목이나 퇴출 종목으로 지정되면 바로 다른 종목으로 갈아타야 합니다. 어떤 경우든 거래소는 일정 기간의 유예 기간을 주므로 그 기간 안에, 아니 소식을 접하자마자 바로 움직여야 합니다. 다행히 안전한 시장에서, 그것도 수십 개 종목에 분산 투자한 우리는 그래봤자 걸리는 종목이 5년 동안 1~2개에 불과할 것이지만요.

명심하십시오. 현재 가상화폐의 지위는 여러분이 생각하는 것보다 훨씬 더 안전합니다. 최소한 세계 경제가 활황을 보일 앞으로 5년간은 말이지요.

머스크는 시대의 흐름을 이 분야에서만은 간파하지 못했음이 분명합니다. 설령 머스크가 화성에서 비트코인과 자기네 회사 우주선을 동시에 폭파하는 이벤트를 벌이더라도 눈도 끔쩍하지 마십시오. 그리고 그가 투자 자본을 한 트렁크 메고 우주복을 입은 채 우주 미아가 되어 헤매라고 빌지도 마십시오. 이제 당신의 뇌리에서 머스크를 완전히 지우시기 바랍니다.

'테슬라'의 비트코인 결재 철회 발표 직후, 이 촉망 받던 기업의 주가는 나흘 연속 폭락했습니다. 매스컴들은 테슬라가 나흘 동안 28조 원을 잃었다고 대서특필합니다. 그렇지만 그가 잃은 더 소중한 가치는 주가와 재산이 아닙니다. 설령 훗날 사업적으로 성공하더라도 '테슬라 불매 운동'이 벌어질 정도로 '신뢰'와 '존경'이라는 최고의 가치를 이미 잃은 후인 것입니다.

한편 '공매도'계의 일인자로 유명한 마이클 버리는 이 기회를 놓치지 않고 테슬라의 하락에 베팅해 막대한 수익을 올렸습니다. 그가 베팅한 테슬라 풋옵션 8만 1,000주는 5억 3,400만 달러로 한화로는 약 6,000억 원 정도입니다. 이 엄청난 금액으로 그가 얼마나 경이로운 수익을 올렸는지는 전해지지 않고 있습니다. 상품의 속성상 몇 배 이상 올렸을 수도 있습니다. 가히 공매도 세력, 즉 헤지 세력의 끝판왕입니다. 평소에는 헤지 세력에 대해 곱지 않은 시선을 보내던 우리도 이번만큼은 테슬라를 응원하지 않게 됨은 인지상정인 듯해 실소가 나옴을 어쩔 수 없습니다.

시대의 흐름을 제대로 간파하지 못한 것은 금융위원장도 마찬가지입니다. 이미 세계 경제의 결재수단은 '현물 시대'에서, 금본위 아래서의 '화폐 시대'에서, '가상화폐' 같은 '미래 화폐'의 시대로 변화해 가는 중입니다. 이러한 추세를 순간적으로는 가로막고 지연시킬 수는 있겠으나, 궁극적인 통로는 아무도 막지 못합니다.

가상화폐에 투자해도 되는지 묻는다면, 저의 대답은 확실합니다. 이렇게 단언합니다.

'안전한 거래소'에 있는 상품이라면, 또 저의 '30개 종목 분산 기법'을 따른다면 최소 앞으로 5년간은 안전합니다.

얼마만큼 안전하냐고요? 앞장에서 가장 안전한 '강남 아파트'보다 열 배나 안전하다 했던 '중국 주식'만큼 안전합니다! 하지만 2026년 말에는 모든 종목을 다 매도해야 합니다. 그래도 혹시나 하고 지금부터 매번 투자 수익을 낼 때마다 이익금의 20%를 빼내어 중국 주식에 투자해 나가십시오. 모든 것은 당신의 복이니까요!

02

'코인 좀비'는 절대
크게 성공할 수 없다.

〈경고문〉

'코인좀비'가 되어서는 절대 안 된다. 코인좀비의 일상은 돈을 벌고 여부를 떠나 황폐해지기에 십상이다. 더욱이 돈을 벌기는커녕 매 순간순간의 투기 심리에 휩쓸려 잃기 쉽다. 벌더라도 소액에 불과하다. 설령 운이 좋아 좀 벌었더라도 그 과정에서 잃어버린 시간과 건강 등의 부작용에 이미 골병들어 있는 상태다. 고로 코인좀비는 불행하다.

이 책에서 가장 매력을 발하는 파트가 바로 이제부터이지 않을까 합니다. 저는 어느 경제전문가나 수학자, 세계 모든 전업투자자가 찾지 못한 '최고의 가상화폐 투자 공식과 비법'을 제가 발견했다고 감히 자부합니다.

지금 대한민국은 가히 '가상화폐 열풍'의 시대입니다. 다들 돈을 버는데 나만 기회를 놓칠지 모른다는 '포모(Fear of missing out) 심리'는 특히 청년들을 비롯해 모두를 부추기고 있을 정도입니다.

이런 과열 분위기가 올해 들어 더욱 거세어져 1분기 석 달 동안 4대 거래소의 거래 규모는 1,486조 2,770억 원으로 지난해 연간 거래액 357조 3,449억 원의 4배 이상 급증했습니다. 심지어 1분기 코스피 거래액 1,206조 2,137억 원을 훨씬 앞질렀을 정도입니다. 가상화폐를 사기 위해 계좌에 넣어두는 예치금도 지난해 말 1조 7,537억 원에서 올 3월 말 6조 4,864억 원으로 불과 석 달 사이 무려 네 배가량 급증했습니다. 이런 열풍에 휩쓸려 사람들은 24시간 내내 코인 앱으로, 유튜브 실시간 방송으로 밤새 불나방처럼 몰려들고 있습니다.

주 5일 낮에만 여는 주식 시장과 달리 코인 시장은 24시간, 1년 내내 열립니다. 언뜻 반가운 일 아니냐 하실지 모르나, 사실 투자자 입장에서 쉬지 않고 긴장해야 한다는 것만큼 피곤한 일은 없습니다. 만일 집중 투자한 종목이 급등락하는 날일라치면, 잠은커녕 한순간도 긴장의 고삐를 늦출 수가 없습니다.

더구나 코인 시장은 다른 어떤 시장보다 순간적 변동성이 월등히 큰 시장입니다. 시시각각 조여오는 압박감은 한시도 눈을 뗄 수 없게 만듭니다. 그래도 이렇게 온 신경과 시간을 집중해 수익이 크게 보장된다면야 고뇌에 대한 보상이라 좀 낫긴 하겠지요.

문제는 순간순간 급변하는 코인의 변덕이 당신의 심리를 온통 쥐 흔드는 것입니다. 올라갈 때는 더 올라갈 것만 같아 더 지켜보게 되고, 급락해 당장 큰 손실이 가시화되면 공포감으로 판단력을 상실한 채 팔기 쉽습니다. 그게 인간의 기본 속성입니다. 더구나 코인은 주식처럼 실적이나 재료 같은 객관적 평가 가치를 갖는 상품이 아니기에 그 '깜깜이 투자'에 의한 심리적 동요는 이루 말할 수가 없습니다.

허구한 날 퀘퀘한 눈으로 날밤을 새우지만 계좌는 급속도로 비어

가는 거지요. '벼락부자'를 꿈꾸었는데, '벼락거지'가 되기에 십상입니다. 집값의 급등으로 상대적 상실감에 시달리는 '벼락거지'가 되었는데 다시 코인에 와서 더 바닥에 빠지고 만 겁니다. 이제는 상대적 상실감 정도가 아니라 절대적 박탈감에 절규합니다. 이번 생에 집을 사기는커녕 자본주의 계급 사다리에서 영원히 위로 올라갈 수 없다는 '자본으로부터의 극심한 소외감'에 눈물 흘리면서요.

코인 시장의 생리에 빠질수록 '시드머니(종잣돈)'는 급격히 줄게 되고, 돈을 벌 기회로부터 점점 멀어집니다. 그럴수록 얼마 남지 않은 돈으로 다시 밤을 새워가며 매달리지요. 그래서 생긴 말이 '코인 좀비'입니다.

유튜브에서는 코인 방송마다 밤새도록 실시간 시청자가 수만, 수십만에 달할 정도입니다. 4월에 가장 뜨거웠던 코인으로 '도지코인'과 '리플'이 있습니다. 도대체 무슨 방송인지 해서 1~2번 들어가 보았다가 식겁하고야 말았습니다.

진행하는 유튜버는 연신 고성을 지르며 '도지코인'을 왜 사야 하는지 열변을 토해 댑니다. 심지어는 자신이 직접 구매하는 시연을 보이며 메매창을 띄우기도 합니다. 그러다가 순식간에 급락해 버리자 자신이 왜 이 손해 볼 짓을 했는지 후회하며 손절매합니다. 얼마 후 다시 급등하자 이번에는 '어차피 한 번 더 반등할 텐데 왜 일찍 팔았지?' 하며 또 후회합니다. 잠시 후 '리플'에 들어가시도 유사한 일이 벌어집니다.

이번 5월에는 서너 군데 방송을 둘러보았습니다. 순회하며 공통으로 느낀 것은 다들 너무 단타 매매에 집중해 있고, 순간의 급등락에만 의존하는 분위기라는 점이었습니다. 특히 이달 초 '이더리움'의 시가총액이 '비트코인'의 절반까지 추격하며 급등하자, 연일 떠들어대는 매스컴과 발맞춰 모두 '이더리움' 띄우기에 혈안이 되어 있었습니다.

그러나 이삼일 지나지 않아 '이더리움'의 폭락이 시작되자 다들 당황해하며 곧 반등을 외쳐 대었습니다. 그런 악순환이 며칠 반복되는 모습을 보며 든 생각은, 저렇게 리더가 단타에 열중하면 일반 투자자들은 평정을 잃어갈 거란 판단뿐이었지요.

며칠 전 지인이 자기 친구가 코인 투자 두 달 만에 원금의 70% 넘는 돈을 다 잃고 손을 뗐다고 말했습니다. 제가 아마도 그 사람은 한두 종목 집중 투자를 하지 않았느냐고 반문하자 '어쩜 그리 잘 아느냐'고 신기해했습니다. 급락기가 되자 방송에서는 연일 80% 손해 보고 코인을 중단한 사례, 아예 빚만 지고 쪽박 찬 사례 등을 인터뷰하며 열을 올립니다.

단타 매매와 집중 투자의 맹점은 바로 그런 것입니다. 이제부터 제가 소개하는 가장 확실한 비법은 당신을 투자한 내내 아주 편안하고 행복하게 만들어 줄 것입니다. 물론, 그 누구도 기대하지 않았던 입이 쩍 벌어지는 경이로운 투자 수익도 함께 말이지요.

당신이 저의 이 방법을 적용하려면 절대 큰돈을 들고 들어오지 마십시오. 소액 투자자라면 단돈 30만 원이면 충분합니다. 지금 당신의 코인 투자액이 수천만 원이더라도 이 비법에 발을 들여놓을 때는 최대 300만 원을 절대 넘지 마시기 바랍니다. 종잣돈이 많을수록 오히려 시간이 갈수록 눈덩이처럼 늘어날지도 모를 많은 액수를 감당하지 못해 중심이 흔들리고 결국 연속 악수를 둘 가능성이 커지기 때문입니다. 아니 그 정도 금액만으로도 상상 이상의 수익 창출이 가능하기 때문입니다. 감히 꿈에서나 바라던 기대 수익이 현실수익으로 나타날 수 있다는 얘기입니다. 모든 것은 당신의 재운입니다.

자, 30만 원으로 나중에 알려드리는 기준에 적합한 종목 30개를 선택해 종목당 만 원 정도씩 골고루 일단 구매하면 됩니다. 다 털러서 3만 원밖에 없다고요? 그럼 싼 걸로 천 원씩 구매하십시오. 개중에 꼭 마음에 드는 종목이 하나 있으면 만 원어치 사고, 나머지 종목 수를 천 원어치 20개로 해도 됩니다. 3만 원으로도 저의 비법을 하나하나 잘 기억하고 슬기롭게 그때그때 운용해나가면 5년 뒤 1억 원 이상을 벌 수 있다는 믿음을 가지십시오. 실제 충분히 가능합니다.

다시 강조하지만, 아무리 투자액이 커도 제 방식에는 총액 300만 원 이상을 절대 투자하지 마십시오. 심호흡을 한 번 크게 하고 종목을 선정한 후 10만 원 정도씩만 30개 종목에 투자하십시오.

그래도 굳이 더 하시고 싶으면 300만 원이 넘는 금액은 차라리 당신이 하고 싶은 대로 하십시오. 걸리적거리기만 합니다. 아니 말은 이렇게 거칠게 했어도 언짢아 마십시오. 사실은 여러분을 더 안전하게 유도하고 싶은 마음이라는 충정도 이해해 주시기 바랍니다. 이 정도 금액이면 저의 수업에서는 충분합니다. 차라리 300만 원을 초과하는 금액은 지금이라도 당장 중국 주식으로 이동하시기 바랍니다.

그리고 자신을 가지십시오. 자, 좋습니다. 이제 당신은 '할 수 있다'는 자신감으로 충만해졌습니다. 그렇다면 그 가득한 자신감으로 어찌해야 할까요?

03

'코인 선비'가
가장 행복하다

이제부터 당신은 '코인 좀비'가 아니라, 바로 '코인 선비'가 되어야 합니다. 숨 막히게 어지러운 가상화폐 시장이라는 전쟁터를 일부러라도 한껏 외면한 채, 마당 한쪽 구석에서 넓은 가슴과 여유 넘치는 마음으로 한껏 풍류를 즐기는 '선비'가 되는 것이지요.

'선비춤(한량무)'은 옛 조상들의 선비 정신이 잘 담긴 춤입니다. 춤사위를 볼라치면, 완급의 적절한 조화가 전통적 곡선의 미와 어우러져 멋들어지지요. 부채를 건드러지게 살포시 펴고 오래 머물다가, 제자리서 순식간에 빙글 돌아서며 날렵하게 접는 동작은 탄성을 자아냅니다. 특히 매끄럽고 부드럽게 날아갈 듯, 또 날아갈 듯 거의 정지 상태에서 유려하게 흐느적이며 선을 그리다가, 재빨리 부채를 펴며 하늘을 향해 솟구치는 장면은 몹시 인상적입니다. 계속 유연하게 정적인 곡선미에 머물다가 한순간 역동적으로 짧게 몰아치는 거지요.

'코인 선비'는 평소에는 의도적으로라도 코인의 세계를 멀리해 잘 들여다보지 않습니다. 간혹 들여다보며 훑어본 후 뇌에 스캔만 하고 다시 앱을 바로 닫는 거죠. 그리고는 다시 망각한 채 느긋한 마음으로 일상과 평온을 즐깁니다.

그렇듯 평소에는 여유 있게 일상을 즐기다가 코인을 1~2개든 몇 개든 교체할 필요가 생긴 순간 정곡을 찌르는 '정문일침'의 순발력을 발휘합니다. 접었던 부채를 순식간에 날렵하게 펴거나, 빙글 돌아설 듯 날아가며 사뿐히 공중에 솟구치는 순간처럼 말이지요.

물론 '돈을 버는 일'이 절대 유희는 아닙니다. 그렇지만 돈을 버는 것도 초조감에 휩싸여 아득바득하기보다는 즐거운 마음으로 여유 있게 하는 것이 훨씬 유리합니다. 누구든 '즐기는 자'를 이길 수 없으며, 여기에도 그 진리는 적용되는 것입니다. 이제부터 당신은 '고역'이나 '지나친 몰입'이 아닌 '여유', 더 나아가 '즐거운 놀이'의 기분으로 코인 매매에 임하는 것이 좋습니다.

지혜로운 선비의 혜안으로 가끔 내리는 판단이 큰 성공을 거둬 주변을 놀라게 하는 것입니다. '코인 선비'는 절대 조급해하거나 서두르지 않습니다. 무심한 듯 일부러 외면하며 잊은 척하다가 결정적인 순간에 최적의 매도와 교체를 단행해 확실한 수익을 매번 이뤄냅니다.

명심하십시오. 늘 여유 있는 '코인 선비'가 되었을 때, 당신은 평화로워집니다. 무엇보다 매번 놀라운 수익률을 올릴 수 있습니다. 그런 자세와 정신으로 투자의 마음을 다스리십시오. 그렇게 나아갈 때 결국 당신은 단지 '코인 선비'에 머무르지 않고 수익 면에서 절대 패하지 않는 '코인 불패', '코인 터미네이터'가 되는 것입니다.

자, 이제부터 본격적으로 펼쳐질 '김진국식 가상화폐 투자 비법'은 가장 안전하고 마음 편하며 수익률이 확실한 투자 방법입니다. 이제 당신은 바로 그 절대 비기의 문 앞에 서 있습니다.

첫째 비법은 아주 간단합니다. 바로 '잠자는 숲 속 공주'형 투자입니다. 둘째 비법도 쉬운 편이어서 몇 가지 원칙만 지키면 간편하게 적용해 나갈 수 있습니다. 바로 '영화 300의 용사'형 투자입니다. 시작해 보겠습니다.

04

'잠자는 숲 속 공주'형 투자

올해 1월 핀란드 정부는 2016년 마약상에게서 몰수한 1,666개의 비트코인을 처분해 무려 100배의 수익을 냈습니다. 2016년 당시 개당 가격은 30~40만 원 선이었고, 처분한 시점의 가격이 약 3,800만 원이었던 거지요. 만약 3개월 뒤에 처분했더라면 200여 배 수익이 났을 것입니다.

미국도 비트코인 몰수와 현금화에 적극적인 나라입니다. 미국 사법기관의 경우 2014년부터 비트코인 몰수에 나서 2018년과 2020년 2번에 걸쳐 처분했습니다. 이때 최소 몇십 배에서 100여 배의 수익을 냈다고 밝혔습니다.

얼마 전 우리나라의 한 죄수도 감옥에 갇혀 있어 비트코인을 팔지 못하다가 3년 만에 팔아 46배의 수익을 냈습니다.

자, 이들 뉴스의 공통점은 무엇일까요. 다들 감옥이나 압류라는 제한된 상황으로 인해 코인을 팔지 못했다는 것입니다. '안 팔았다'가 아니라 '못 팔았다'라는 거지요. 그런 제한된 상황이 역으로 거대 수익을 안겨 준 셈입니다.

첫 번째 비법인 '잠자는 숲 속 공주'형 투자는 간단합니다. 바로 소위 말하는 '존버 정신'의 구현이지요. 만약 위의 뉴스에서 감옥에 갔던 분이나 세금으로 압류당한 분이 강제 압류당하지 않고 같은 기간 자유롭게 매매할 수 있었다면 그만한 수익을 올렸을까요? 천만의 말씀입니다. 수익은커녕 손해 본 이들도 많았을 것입니다.

제가 앞으로 5년간 이 투자를 적극 권하는 이유는 최소 5년간 세계 경제가 최상의 호황을 연출하리라는 판단에 근거한 것입니다. 경제의 상승세 없이 주가나 가상화폐 가격의 상승은 기대할 수 없습니다. 부동산의 경우도 유동성의 문제가 걸려 있어 경제와 밀접합니다. 간혹 부동산이 주가 흐름과 동일선상에 놓이지 않는 경우도 물론 있지만요.

그렇지만 주가와 가상화폐 가격 상승 여부는 전적으로 경기 흐름에 달린 것입니다. 특히 가상화폐는 어떤 면에서 주식보다 더 경기와 유동성의 측면에 영향받는다고 봐야 합니다. 넘치는 돈의 힘이 없다면 이제는 이토록 비대해진 가상화폐 시장을 끌어올릴 수 없습니다. 그 역동성 넘치는 안전한 기간을 최소 5년으로 본 것이지요.

문제는 향후 5년 내내 코인 가격이 일관되게 상승 일변도로만 나가지는 않는다는 데 있습니다. 대부분의 투자는 굴곡이 있습니다. 특히 주식이나 코인 같은 경우는 더욱 그렇습니다. 중간중간 하락하기도 하고 장시간 횡보하기도 합니다. 계단식 상승은 좀 나은 편이지만 고점보다 상당폭이나 떨어지고도 다시 조금씩 미끄러져 내릴라치면 그 기다리는 고통의 지수도 같이 커져만 가지요. 바로 이 순간 더 견디지 못하고 매도에 나서게 됩니다.

그랬는데 얼마 후 언제 그랬냐는 듯 다시 상승해 나갑니다. 아니 그리 오래지 않아 전고점을 갱신하고서도 새로운 고점을 향해 쭉쭉 뻗어만 갑니다.

비트코인의 경우 최근 2018년 이후에만도 무려 2번이나 길고 긴 하락과 조정 기간을 거쳤음을 알아야 합니다. 특히 요 몇 달 전부터의 단기 폭발 장세에 뛰어들었던 모든 분은 말이지요. 월봉을 보면, 2018년 1월부터 2019년 2월까지 무려 14개월 동안 하락기를 거칩니다. 3월부터 6월까지 4개월간 반짝 작은 반등을 주더니, 다시 2020년 9월까지 15개월간 기나긴 조정기에 들어가고 말았던 거지요.

합산하면 무려 2년 9개월(33개월) 동안 꼼짝을 못한 것입니다. 실제 이 기간 다른 알트코인들은 대부분 더 심해 상승은커녕 꾸준히 '미끄러지다' 못해 '내리 처박다'가 대장주인 비트코인의 기세등등한 모습에 힘입어 폭등할 수 있었던 셈입니다. 그나마도 거의 다 비트코인이 급상승하던 7개월 중 처음 2~3개월은 마냥 숨죽인 채 눈치만 보고 있었습니다. 비트코인 급상승기 마지막 3~4개월 새에 더 견디지 못하고 20~40배씩, 어떤 것들은 100배 이상 폭등해 버린 것입니다.

어떻습니까. 이 얘기를 듣고 나니 뒤늦게 뛰어들어 손해만 본 당신은 막막하기만 하지요. 그렇다면 잘못 뛰어든 게 아닐까 무척 당황스러울 겁니다.

그렇지만 이제부터라도 절대 당황해서는 안 됩니다. 그러면 나무만 보고 부화뇌동하는 '코인좀비'일 뿐이지요. 당신은 여유 있게 숲을 관조하며 즐길 줄 아는 '코인 선비'가 되어야 합니다. 아니 그냥 한순간 깊은 수면에 빠져 일어나지 않는 '숲 속의 공주'이면 다 되는 깃입니다.

가상화폐들은 이전에도 그랬던 것처럼 다시 숲 속의 정적을 깨고 부활하며 급상승을 시작합니다. 그 출발하기까지의 시간이 이전처럼 일 년 이상 걸릴 수도 있고 어떤 종목들은 더 걸릴 수도 있습니다.

우리가 기대하는 것은 시장 참가자 모두 여러 번의 '가상화폐 순환 사이클'을 직접이든, 과거 차트를 보고 간접이든 경험해 보았으니, 이제는 그 순환 주기가 더 빨라져야 한다는 사실입니다. 짧은 조정 후에 멀지 않아 다시 급상승해 줬으면 하는 소망입니다.

급등 후 조정의 시간이 이전처럼 몹시 길든, 아니면 어느 정도 짧아진 조정을 마치고 상승으로 전환하든, 당신이 처음 매입 그대로 두고 버티기만 한다면 놀라운 상승이 결국 찾아올 것입니다.

5년 묵혀 두었을 때 어떤 것들이 얼마만큼의 수익을 낼까요. 기준점이 되는 종목은 당연히 대장주입니다. 그렇다면 비트코인은 5년 후 얼마쯤 할까요.

이때 기준치로 삼을 수 있는 것은 '세계에서 가장 비싼 주식'이 아닐까 합니다. 금융 투자 상품의 속성상 한 분야에서 최고치에 달한 종목이 비록 간접적이긴 하지만 다른 분야에도 참고 자료로 활용될 수 있다는 거지요. 주식이 수백 년 걸려 이룩한 최대 상승치를 다른 금융 투자 상품인 가상화폐에 적용해 보는 겁니다. 초 스피드로 등락을 거듭하는 가상화폐에서는 앞으로의 5년을 포함해 단 10여 년 역사가, 주식의 수백 년 역사를 상쇄한다고 보는 겁니다.

현재 가장 비싼 주식은 '뉴욕 거래소'에 있는 '버크셔해서웨이 A'입니다. 한 주가 40만 달러로 무려 4억 5,000만 원가량 합니다. 2017년 12월에 30만 달러(약 3억 4,000만 원)였는데 3년 4개월여 만에 10만 달러가 비싸졌습니다. 경기 상승 추세로 보아 5년 뒤에는 50만 달러를 족히 넘어 60만 달러를 바라보고 있지 않을까 합니다. 5억 6,000만 원에서 7억 원 가까이도 가능하다는 얘기지요.

4월 14일에 8,200만 원 정도로 최고치를 찍었던 비트코인은 불과 석 달여 지난 7월 현재 4,200만 원대에 머물러 있습니다. 약간의 조정을 거치고 본격적으로 상승할 수도 있고, 아니면 급락에 따른 반등으로 일정

선에서 짧은 기간의 급등과 급락을 반복하다가 그다지 멀지 않아 본격적으로 상승할 수도 있습니다.

다만 확실한 것은 앞으로 5년 사이 밀려 들어오는 자본의 유동성에 떠밀려 두서너 번의 커다란 폭 상승이 가능할 거란 사실입니다. 이런저런 근거로 저는 비트코인도 결국 5년 뒤에는 5~7억 원이 가능할 것으로 봅니다.

이런 제 주장이 객관성이 부족하다는 비판에 직면하지 않을까 하던 참에 우연히 제 견해를 뒷받침하는 뉴스를 발견하고 무척 반가웠습니다.

미국 자산운용사 '아크 인베스트'의 CEO인 '캐시우드'는 수익의 귀재라 일명 '돈나무 언니'로 불립니다. 바로 그녀가 비트코인이 50만 달러(약 5억 6,000만 원)까지 갈 거라 예언한 것이었습니다.

그녀는 비트코인을 위시한 가상화폐들이 더욱 광범위하게 받아들여지는 시점을 중국 '중앙은행이 지급보증하는 디지털화폐(CBDC=Centural Bank Digital Currency)'를 발행하는 시점으로 보았던 거지요. 여기서 우리가 흔히 우려하던 중국 중앙은행(중국 인민은행)이 발행하는 디지털 화폐 발행이 역으로 민간 가상화폐의 흥행을 촉발시킬 것이라는 대목이 무척 흥미롭습니다. 디지털화폐도 결국 민간 가상화폐의 원리와 장점을 가져온 것이므로 역으로 그 가치를 인정한 것으로 해석한 셈입니다.

캐시우드는 그렇게 되면 기관투자자들이 투자 포트폴리오에 비트코인을 포함할 수밖에 없을 것이고, 투자 자산의 5%만 비트코인으로 구성한다고 해도 1주당 50만 달러는 무난하다고 주장합니다. 물론 그녀의 그런 주장은 비트코인만을 중심으로 한 안정성과 성장성 위주라 한계가 있음이 분명합니다.

한 가지 더 흥미로운 사실은 자신의 자산운용 상품 비율에 '테슬라'

를 가장 많이 보유한 것으로 유명한 그녀가, 앞서 언급한 바 있는 공매도의 귀재 '마이클 버리'의 테슬라 풋옵션 배팅이 밝혀지자 테슬라 4만 7,000주를 매수해 굳센 방어 의지를 보였다는 것입니다. 마치 미국과 중국의 '경제대전'의 축소판으로, 제법 흥미진진한 '국지전'을 보는 듯한 느낌이 드는 것은 왜일까요.

그래도 이쯤에서 '마이클 버리'에 대한 관용적 시각을 버리고 다시 우리의 '돈나무 언니'를 응원해야 할 것 같습니다. '테슬라'를 포함해 모든 주식이 살아나야 경제도 더 상승하고 우리의 코인들도 더 빨리 쑥쑥 자랄 수 있기 때문입니다. 특히 지금 테슬라에 물려 있는 수많은 '서학개미' 분들을 생각하면 더욱 그렇습니다.

'돈나무 언니' 외에도 비트코인 가격 상승에 대한 비슷한 견해를 밝힌 것은 경제 전문지 〈블룸버그〉입니다. 〈블룸버그〉는 비트코인 채굴량 반감기 패턴 반복의 사례를 들어 비트코인이 4억 5,000만 원에 도달한다고 주장했습니다.

자, 여기서 한 가지 갈등이 생깁니다. 그렇다면 안전하게 비트코인 투자 비율을 총액의 절반 정도로는 높여야 하지 않을까요? 가장 안전하면서도 지금부터 10배 수익률이나 기대할 수 있는데요!

물론 그 선택은 당신의 자유입니다. '비트코인'이나 알트코인 중에서도 '이더리움'같이 상당한 경쟁력을 확보한 상품이 장기투자에 안전하지 않냐는 거지요.

하지만 저의 견해는 좀 다릅니다. 저는 앞서 말했듯이 거래소의 안전성이 담보되면 거기에 상장된 종목들은 극히 소수의 종목만 제외하고는 최소 5년까지 정상적으로 살아 움직인다고 보는 것입니다. 특히 수익률의 면에서는 가격이 낮은 상장 코인들이 훨씬 더 유리하다고 봅니다. 일단 '업비트'같이 최고의 거래소에 상장된 종목들은 제각각 어떤 분야나 영역, 미래가치를 대변한다는 테마를 내세우고 있으니까요. 개중에 애초의 명분이나 자격 등에서 현저히 문제가 있는 상품만 극히 일부 도태될 뿐입니다.

이렇게 우량 거래소에 상장된 대부분 종목의 미래를 낙관하는 결정적 이유는 가상화폐 전체 시장과 시장 구성원들 사이의 일종의 역학 관계에 근거합니다. 이 정도 어마어마한 시장이 생겼을 때는 그만한 이유가 있었기 때문입니다. 시장을 관리하고 연계하는 조직과 시스템 종사자들은 물론, 시장을 주도하는 주요 세력, 아니 누구보다도 이 첨단의 거대한 시장에서 자본 계급 사다리의 보다 위쪽으로 '자본의 계급' 상승을 노리는 대중들의 엄청난 욕구가 강렬하게 살아 숨쉬기 때문입니다. 그들은 현재의 상태에서 이보다 손쉽게 접근할 수 있는 자본 증식의 수단은 없다고 여기며 그 기대에 맞춰 행동합니다.

여기서 또 한 가지 주목할 것은 시장이 존속하며 이어지기를 바라는 세력 중에는 심지어 '헤지 세력', 이른바 '공매도 세력'도 포함되어 있다는 사실입니다. 그들 역시 이득을 취할 여지가 너무나 많은 이 초 거대 시장을 단시일에 파괴시키려 하지는 않습니다. 오랜 시간 유지하고 이끌어 가야 더 많은 먹거리를 우려낼 수 있는 거지요. 물론 그러다가 너무 상승해 모두가 고소 공포감을 느끼기 쉬운 때가 오면야 어떤 핑계를 붙여서라도 순식간에 끌어내리겠지만요. 적어도 상당 기간은 '악어'처럼, '악어새'인 대중들을 일정 부분 허용하는 것입니다.

이렇게 각 구성원의 이해관계가 유기적으로 얽힌 상태에서 기껏 비트코인 달랑 한 개와 알트코인 3~4개만으로 그 많은 대중의 수요와 팽창한 욕망을 감당해낼 수는 없습니다. 아니 그런 쪽으로 유도하려 해도 대중이 용납하지도, 또 말려 들어가지도 않습니다. 오히려 보란 듯, 기존의 메이저 중심의 몇 개 상품에 이끌려만 가지 않고 도리어 자신들이 주도해 이끌어갈 수 있는 다른 다수의 상품을 유통시키고, 심지어 자신들이 원하는 상당한 수준의 수익선에까지 도달시키고야 마는 것입니다. 그것이 시장 구성원들과 투자자들의 묵계요 약속이라고 저는 보고 있습니다. 향후 최소 5년간 말이지요.

물론 이 과정에서 지나치게 안전성이 결여된 일부 코인들이 도태되어, 거기에 참여했던 투자자들을 울릴 것입니다. 그래서 절대적으로 거래소의 안전성을 자꾸만 강조하는 것이고요. 이제 당신은 가상화폐에 대해 또 한 번 자신감을 충전시키고 나가십시오!

5년 후 제 예측대로 비트코인이 5~7억 원이 가 있다면, '업비트'에 있는 알트코인들은 대부분 아무리 싼 것일지라도 수만에서 수십만 원에 도달해 있을 공산이 큽니다. 특히 신규 종목 수가 몹시 적은 우량 거래소일수록 우량 종목들의 평균가는 상당히 높게 형성될 것입니다.

물론 지금 당장의 실현이 아니라 5년 동안 오랜 조정과 일정 기간의 급상승 과정을 몇 차례 거치면서 말이지요. 당신은 즐거운 마음으로 여유 있게 인내하며 어쩌다 한 번씩만 바라보면 됩니다.

일단 포트폴리오를 '비트코인'과 '이더리움' 등에 더 많은 비중을 두어 구성해도 됩니다. 어떤 선택이든 당신이 주체이고, 모든 게 당신의 자유니까요. 그래도 제가 제시하는 최고의 방법은 굳이 '비트코인'이나 '이더리움'에 시선이 간다면 그들 역시 30개 종목 중에 하나로 대우해서 30개 종목에 균일한 비율로 분산 투자하는 것이 훨씬 더 바람직하다는 것입니다. 30개 종목의 선택 기준은 당연히 안전한 종목들과 다음 장에서 배울 '월봉이 좋은 종목'들입니다.

또 하나, 2026년 말까지 억지로 보유 기간을 꼭 채울 필요는 없다는 것입니다. 2025년 말부터 2026년 말까지 당신이 직감적으로 너무 급등해서 가장 적절하다고 생각되는 시점이라 여겨지는 순간 전체를 매도하거나, 그 절반 정도를 2번에 나눠 매도해도 좋습니다. 이때도 가장 중요한 판단 기준은 원칙적으로는 뒤에서 배울 월봉입니다. 그 외에도 여러 가지 있을 수 있겠지만요.

주식 격언에 '무릎에서 사서 어깨에서 판다'는 말이 있습니다. 저점보다 조금 비싸게 사서 최고점보다 조금 싸게 팔라는 얘기지요. 당신이 급등에 따른 충분한 만족으로 예상 시기보다 좀 일찍 매도했다면, 설령 그 후에 더 상승분이 있더라도 아쉬워하지 말란 얘기입니다. 또 혹시 모르니 일이 년에 한 번 정도씩 급상승 뒤에 수익분의 20%를 매도해 중국 주식으로 바로 갈아타도 좋습니다.

또 하나 중요한 것이 있습니다. 굳이 5년을 기다리지 않아도 되는, 반드시 명심하고 있다가 그때가 되면 바로 실행에 옮겨야 하는 상황이지요. 그것은 5년 훨씬 이전이라도 비트코인이 5억 원을 넘어서면 전체 종목을 매도하라는 것입니다.

'잠자는 숲 속 공주'형으로 5년가량 묵혀 두었을 때 기대 수익은 어느 정도일까요? 저는 향후 5년의 예상되는 경제 호황으로 미루어 당신이 안선한 거래소에 투사했을 경우 수백 배도 가능하리라 생각합니다. 적게 잡아도 평균 수십 배가 가능함은 물론이고요.

그렇습니다. 이 비법은 그런 것이지요. 처음에 숲 속 난쟁이였던 당신은 거지인 줄 알고 웬 잠자는 여자를 보살폈던 겁니다. 그랬는데 5년 뒤 깨어난 그녀는 알고 보니 거대한 성의 예쁜 공주였습니다. 물론 당신도 바로 그 순간 난쟁이가 아니라 왕자로 거듭나 버렸고요!

05

'영화 300의 용사'형 투자

영화 '300'은 기원전 480년 페르시아 100만 대군의 그리스 침공을 물리쳤던 스파르타 300명 용사를 그린 것입니다. 무려 3,333배나 많은 적을 물리친 전설적 기적이지요.

이제부터 설명할 가상화폐에 대한 이 위대한 이론을 당신이 잘 익히고 활용해 나간다면 당신은 3,333배 이상의 엄청난 수익률을 거둘 수도 있습니다.

그런데 여기서 특히 주의할 점은 언뜻 제목에서 풍기는 역동성 때문에 활발한 단기 매매를 가미한 것이 아닐까 하는 오해입니다. 그렇지만 그렇지 않습니다. '코인 좀비'가 되면 몸도 정신도 축나지만, 무엇보다 큰 돈을 벌 수 없다고 이미 여러 차례 강조한 바 있습니다.

'잠자는 숲 속 공주'형 투자가 코인을 딱 한 번 사고 마치 부동산 개념으로 그냥 두었다가 5년 뒤 딱 한 번 파는 장기형 투자라면, 이 방식은 역시 장기투자를 기본으로 하고 중간중간 교체매매를 하는 중장기 형 투자이지요.

이제부터 본격적으로 배우겠지만 저는 절대적으로 월봉에 준거한 매매를 강조합니다. 월봉을 보고 투자하는 것은 적어도 단타 매매는 아닙니다. 제가 이 시장에서 특히 월봉을 절대 중시하는 것은 코인의 속성상 한쪽으로 방향을 정하면 기다란 장대 양봉이나 음봉이 연속 나올 확률이 다른 금융 상품보다 많으며, 특히 그 시기가 몇 달 이어지기가 십상이기 때문입니다. 그 경우 단 두세 달 만에도 10배, 20배는 물론 30배, 40배가 나온 경우도 아주 많습니다. 무려 100배 이상 사례도 많고요.

요는 매시간 차트에 매달려 단기 흐름에 집착할 경우, 오히려 이 시장에서는 큰돈을 벌기 힘들다는 점입니다. 거기에다 1~2개 종목에 집중 투자하고 있다면 당신은 '코인 강박증'의 양대 조건을 다 충족시키고 있는 셈입니다.

자, 그렇다면 어떤 방식으로 운용하는 것이 최상의 방식일까요. 이제부터 그 비결을 하나하나 차분하게 배워 봅시다.

06

초특급 비법 노트 1~36

[비법 노트 1]

처음에 무조건 30개 종목에 분산 투자해야 하는 이유

* * *

주식 명언 중 '달걀은 여러 바구니에 나눠 담아라'라는 말이 있습니다. 예상치 못한 위험으로 인한 피해를 최소화하라는 거지요. 안정적으로 이익을 도모할 수 있는 최선의 방법이기도 하고요.

분산 투자를 하는 첫째 이유는 '위험의 최소화'입니다. 코인 중에는 비록 우량 거래소에 상장된 것이라 할지라도 예기치 못했던 악재 등으로 인해 급락함은 물론, 심지어 거래소에서 퇴출당하는 경우도 드물게 발생합니다. 경기 호황 흐름을 타고 5년 뒤 대부분 종목이 지금보다 크게 상승해 있겠지만, 몇 개는 그다지 올라 있지 않거나 1~2개는 아예 '폭망'해 있을 수 있기 때문입니다. 이처럼 순간의 급등락, 즉 변동성이 큰 상품일수록 운용하는 상품 개수가 많아야 안정성이 확실히 담보된다는 게 저의 지론입니다.

분산 투자의 둘째 이유는 '심리적 안정성'입니다. 일단 많은 종목에 나눠 투자하고 있으면 마음의 안정성이 크게 확보되더라고 다들 증언합니다.

상승기에는 대부분 종목의 급등이나 상승으로 마음이 편안하고 느긋합니다. 조정기에도 몇 개씩 상승하는 그룹이 즐거움을 줍니다.

급락기에는 대부분이 하락하는데도 이상할 만큼 편안하고 무덤덤하게 버텨낼 수 있더라고 증언합니다. '전체 마이너스 비율'보다 '마이너스 비율이 현저하게 작은 여러 종목'을 보노라면 곧 상승하리라는 희망이 생겨 편안하게 버텨내게 되더라는 겁니다. 바로 이 지점에서 3번째의 중요한 이유를 끌어낼 수 있습니다.

분산 투자의 셋째 이유는 '하락기에도 버틸 힘을 준다'라는 것입니다. 이 부분은 매우 중요해 전체 투자의 성패를 가름하는 분기점이 됩니다.

물론 급락기를 미리 피하는 것이 최상책입니다. 이 뒤에는 그 방법과 가능성에 대해 모색한 부분도 별도로 있긴 합니다. 그렇긴 하지만 이 책을 접하기 전에 이미 물려 있거나, 혹은 뜻하지 않게 급락 지점에 처할 수도 있는 거니까요.

실제 대부분 투자자가 하락기에 원금을 다 날리고 맙니다. 한두 종목 위주로 들고 있다가 손실이 커지면 못 견디고 팔고는 다른 종목으로 교체하거나 얼마 후 다시 또 구매합니다. 그렇게 서너 번 하다 보면 어느새 회복하기 어려운 지경에 처하고 말지요.

코인은 생리상 경제 사이클이 상승기라면, 긴 조정이 있더라도 때가 되면 긴 정체에서 벗어나는 순간부터 바로 급등하며 치고 올라갑니다. 결국 조정장에서도 여유 있는 뒷심으로 끝까지 버틸 수 있는 이가 마침내 크게 승리하는 것이지요. 바로 이렇게 버텨내는 원동력을 확실하게 제공해 줍니다.

30개 종목 분산 투자의 넷째 이유는 다양한 전략 구사가 가능해 대박 및 초대박 종목을 발굴할 확률을 최대한 높여준다는 것입니다. 운용하는 종목이 많으므로 그중에서 초대박, 소위 말하는 잭팟이 터지는 종목이 나올 확률이 몹시 높다는 것입니다. 현재 유사한 모양의 차트를 가진 무리를, 앞으로 전개될 예상 시나리오에 따라 각각 다르게 운용할 경우, 적중도와 효율성 등에 의해 초대박 종목과 대박 종목, 약간의 수익 종목 등으로 나뉜 결과를 보일 것입니다. 결국 가장 적절하게 운용해 경이로운 수익을 올리는 종목이 여러 개 생길 수 있다는 얘기지요. 여러 개의 초대박 종목 탄생 확률을 높여주는 것입니다.

그다음으로 운용을 잘한 종목들은 대박 종목이 되는 것이고요. 이렇게 초대박과 대박을 낸 종목들을 결산 시 합산하면 수익 총액은 '어마어마'해집니다.

그런데 30개 종목으로 분산 투자를 시작하는 가장 중요한 이유는 바로 다섯째의 것입니다. 다섯째 이유는 '경이로운 수익을 낼 수 있는 최상의 운용 비법'이기 때문입니다.

'코인 투자로 엄청난 수익을 올릴 수 있다'라는 저의 주장의 바탕에는 '자본 팽창기로 인한 전체적인 상승기'라는 대전제가 깔려있습니다. 만약 대세 하락기라면 마찬가지로 큰 수익을 내기는 쉽지 않습니다. 적어도 앞으로 5년간 가상화폐 시장은 매년 급속한 투자금의 유입으로 인해서 또 세계 경제의 초호황으로 인해 상승 기대감 속에서 나날이 성장해 나갈 것이니까요.

많은 종목에 분산 투자를 하면 하락기에도 효과적으로 대처할 전략들이 가능합니다. 동반 급락기가 이어지면 개중에 대여섯 개씩 못 견디고 순간 급상승하는 종목들도 생깁니다. 이 상승 종목에, 보유한 30개 중 두어 개가 반드시 끼어 있어 그들을 우선 효율적으로 활용할 수 있는 거지요. 만약 1~2개가 두서너 배씩 펌핑이라도 할라치면, 뒤에서 구체적으로 언급하겠지만, 잠시 활용할 수도 있습니다. 부분적으로 만회할 기회나 더 나아가 순간 '몸집 부풀리기'를 할 절호의 기회가 생긴 것입니다.

최악의 경우 전체적인 장이 상당 기간 침체하더라도 그중 20~100%씩 상승하는 종목 몇 개를 가지고 이제부터 배우는 대로 잘 활용해 종합 수익을 조금씩 늘려나갈 수도 있게 됩니다.

횡보기나 사이사이의 반짝 상승기에서 요즘 유행하는 패턴은 알트 코인들이 돌아가며 두서너 배의 높은 수익을 내는 '알트코인의 순환매'입니다. 종목이 많으면 하루걸러 한 종목씩 반드시 그 종목이 번갈아 가며 눈에 띕니다. 그때마다 큰 수익률을 거둔 종목을 교체매매해주면 되는 것입니다. 그러면 종목별로 여러 번의 누적 수익률을 쌓아가기가 수월합니다.

그러다가 전체적으로 상승하는 시기가 오면 그 활용 방법들은 무척 다양해집니다. 여러 펼쳐지는 상황에 가장 적절하게 대처하게 되는 거죠. 쉽게 말해 운용의 묘를 잘 살려 나갈 수 있다는 말입니다. 급상승하는 종목군을 필두로 해서, 서서히 오르는 종목들까지 차례로 활발한 전략을 구사해나가면 됩니다. 뒤에서 하나씩 배우겠지만요.

정리하자면 30개 종목 분산 투자로 시작하면 급락장에도 편안하게 잘 버틸 수 있고, 몇 개의 전략도 가능합니다. 조정기나 횡보기에는 정말로 다양하게 효율적으로 교체매매 등을 통해 각 종목을 불려갈 수 있습니다. 상승장이라면 아주 활발한 전술들로 수익을 기하급수적으로 창출해나갈 수가 있습니다. 결국 최고의 수익률을 달성하는 최상의 운용 방법인 셈이지요. 바로 이런 점에서 분산 투자의 가장 중요한 다섯째 이유를 확정할 수 있습니다.

여섯째로 '30개 종목 분산 투자'는 각 코인이 돌아가면서 벌이는 순환매의 수익률 제고 및 실현에 가장 효과적인 비법입니다. 앞에서도 언급한 대로 특히 횡보기 등에 차트가 좋은 많은 종목을 갖고 있다 보면 하루걸러 1~2개씩 높은 수익률을 보이며 솟구치는 종목이 눈에 띕니다. 더구나 요즘에는 상승기에도 특정 종목들이 번갈아 급등하는 '최고 수익 종목들'의 '상승장에서의 순환매 현상'까지 보일 정도입니다. 그때그때 수익률을 실현하며 순환 매매하기에 가장 유리하고 효율적입니다.

이상으로 분산 투자의 당위성에 대해 알아보았습니다. 그러니 반드시 30개 종목에 분산 투자 하십시오. 그 결과로 가능한 여러 수익모델을 뒤에서 보시면 깜짝 놀라 입이 벌어질 지경입니다. 그런데 5개 종목이나 10개 종목도 아니고 왜 하필 30개 종목이냐고 많은 이들이 의아해합니다. 너무 많아서 오히려 운용하기에 어지럽지 않냐는 거지요.

30개 종목을 운용하는 것은 생각보다 쉽습니다. 더구나 나중에 계속해 나갈, 수익이 발생한 종목의 교체매매나, 신규 상장된 유망 종목으로의 교환매매 등으로 인해 50개 종목으로까지 확대해도 괜찮은 것입니다. 운용하는 종목 개수에 대한 여러분의 고정 관념을 아예 혁신해야 합니다.

자, 이제부터 초 정예 용맹한 용사가 30명이 넘으므로 오히려 자주 들여다보지 않게 되는 역설에 빠져 보십시오. 그리고 참고 또 기다리다가 어떻게 마법처럼 놀라운 수익을 쌓아가는지 즐겨 보십시오.

[비법 노트2]

'영화 300의 용사'의 투자 비법

* * *

일단 이 비법의 핵심을 정리해 보겠습니다.

1. 값이 비교적 싸면서 월봉이 좋은 종목 30개를 선정한다. 선정 방법은 뒤이어 나온다.

2. 총투자액을 균등하게 나눠 매입한다. 예를 들어 총 100만 원이면 중국 주식에 70만 원을 투자하고 남은 30만 원으로 종목당 만 원어치씩 균일하게 매수한다.

3. 기본적으로는 '잠자는 숲 속 공주'형처럼 장기투자를 원칙으로 한다.

4. 이때 하나하나의 종목에다 1번부터 30번까지 번호를 매겨주고 각각의 매입가를 기록해 둔다. 그리고 마음속으로 각 코인이 별개 생명성을 가진 용사라 여기며 보이지 않는 영혼의 숨결과 '기'를 불어 넣어준다.

5. 너무 자주 보지는 말고 하루에 몇 번 정도씩만 체크한다. 가끔 볼 때마다 현재 움직임이 활발한 활성화 코인을 특히 눈여겨본다. 급락기나 조정기, 횡보기에는 급등한 종목이 발견되면 그 당시 상황으로 보아 적당하다고 판단되는 선에서 매도해 이익을 실현한 후 기다리다가 적절할 때 교체매매를 한다.

6. 월봉이 하나하나 쌓여갈 때마다 활성화 코인 중 상승 중인 코인의 특성과 매달 상승 폭을 체크해 기록한다. 월봉이 정체된 편인 비활성화 코인들은 별도로 묶어 기록해 둔다. 전반적으로 코인들은 유사한 방향 쪽으로 움직인다. 이때 전체적인 흐름의 유사성 속에서도 특히 급등한 종목들을 눈여겨보며 언제 매도하는 것이 좋을지 판단한다. 상승 폭

이 미미한 종목들은 때가 오기를 기다린다.

7. 집단적인 상승기나 집단 하락기라 판단되면 전체적인 월봉의 흐름을 눈여겨보며 방향 전환 여부를 예측해 현명하게 대응한다. 이때의 대응 방법은 뒤에 자세히 나온다.

8. 적어도 두 달 이상 상승한 코인 중심으로 종목의 가격 대비 상승 폭을 고려해 매도를 신중히 고려한다. 이때 저가의 코인은 두서너 달 사이 10배에서 20~30배의 수익을 낼 수도 있다. 가격이 제법 있고 안정감이 있는 종목은 3~4배 이상에서 매도할 수도 있다. 단, 첫 달 5~6배 상승해서 월봉이 좋아 그냥 두었는데, 두 번째 달에 하락해 상승 폭을 거의 반납하고 단 2배 정도 수익에 그치고 있다면, 매도해 작은 이익을 취한 후 갈아타는 것이 낫다.

9. 상승기에 유사 모양 차트로 비슷하게 움직이는 무리는 두 부류로 나눠 지혜롭게 관리한다. 이 경우 절반은 팔아서 다른 모양이 좋아지는 종목들에 분산 투자하거나 그대로 두어 다음 기회를 기다린다. 나머지 절반 종목들은 보유해 더 큰 수익률을 도모한다. 예를 들어 두 달 사이 5배 정도씩 상승한 동일 모양 종목이 10개일 경우, 5개는 매도해 다른 5개의 유망한 종목에 옮겨 주고 나머지 5개는 2~3달 더 보유해 수십 배의 상승을 기대해 본다. 총 6개면 3는 다른 종목에 분산 투자하고, 3개는 그대로 보유한다.

10. 큰 수익이든 작은 수익이든 일단 팔고 난 금액은 다른 종목으로 갈아탄다. 수익 금액이 커도 하락 중인 코인이나 특히 정체된 비활성화 코인, 혹은 새로 상장되어 유망한 정보를 가진 신규 코인 중 한 종목에 '몰빵투자'를 할 수도 있다. 아니면 불어난 총액을 몇 개로 쪼개어 기존의 코인에 엎어 쓰기 하거나 새로운 종목을 발굴해 분산 투자할 수도 있다.

역시 이 경우도 판단의 가장 큰 요인은 '월봉의 매력도'다.

11. 모든 종목이 몇 개월에 걸쳐 집단 상승하는 소위 '불장'을 최대한 누리며 활용한다. 이 '불장'에서 수익률을 극대화하는 것이 전체적 성공의 핵심 관건이다.

12. 특히 '불장'이 끝났다고 판단되면 가장 효율적인 시기를 찾아 전체를 매도해 폭등 뒤의 긴 조정에 대비해야 한다. 이때 판단의 가장 중요한 바로미터는 '비트코인'과 '이더리움'이다. 집단 매도 시기가 애매하면, 두 차례나 세 차례에 걸쳐 15종목이나 10종목씩 매도해 나간다.

13. '불장' 뒤의 긴 조정이 끝나간다고 판단되는 적절한 시기에 전체적으로 역시 분산해 매수한다.

14. 이상과 같은 과정을 5년 동안 효율적으로 진행해 나간다. 다만 전체적으로 보유한 상태에서 일 년에 몇 차례 있는 작은 파동에는 눈도 끔쩍하지 않는다. 향후 5년간 예견되는 두어 차례의 큰 조정은 피해 가는 것이 유리하지만, 작은 파동들은 대응하지 않는 것이 운용에 더 유리하기 때문이다. 만약 큰 흐름을 놓쳐서 물리는 상황이 발생해도 당황하지 말고 편안히 대응하는 것이 좋다. 일정 시간이 지나면 큰 흐름을 회복해 이내 그 이상으로 평균가가 올라갈 가능성이 크기 때문이다.

15. 예상보다 조정이 길어져도 여유 있게 때를 기다린다. 오래 기다리다 찾아온 급등장은, 대부분 종목이 몇 배에서 몇십 배 상승하는 초 활황장을 반드시 연출하기 때문이다.

가상화폐 시장에서 월봉 차트의 절대적 중요성

* * *

주식 투자를 오래 한 이는 '월봉(1개월 그래프)의 중요성'을 잘 압니다. 그런데 제가 보기에 상품의 특성상 월봉이 가장 절대적인 곳이 바로 가상화폐 시장입니다.

1. 방향성 예측: 코인 시장에서 월봉은 우선 방향성 예측 때문에 몹시 중요합니다. 그 모양을 보면 이달 남은 기간과 특히 다음 달, 또 다음 달에 어떻게 전개될지 예측 가능합니다.
2. 수익의 확장성: 결국 이러한 판단은 수익 극대화로 이어집니다.
3. 판단과 대응의 합리성: 전개되는 모양에 따라 그때그때 합리적으로 판단해 대응할 수 있게 해줍니다.
4. 매수 타임 포착: 가장 최적의 매수 타임 찾기에 유용합니다.
5. 매도 타임 포착: 가장 최적의 매도 타임 찾기에 유용합니다.
6. 교체 종목 선정: 갈아타기를 할 때 적절한 종목 찾기에 유용합니다.
7. 단타나 초단타 매매로부터의 위험성 방지: 단타나 초단타 매매는 여러 위험성을 안고 있습니다. 특히 여러 차례의 손실 누적은 물론 집중 손실의 위험이 큽니다. 이런 폐해를 막아줍니다.

이처럼 월봉은 여러모로 유용합니다. 가히 코인 성패의 키를 쥐고 있다고 해도 과언이 아닐 정도로 말이지요. 물론 경우에 따라 일봉이나 주봉이 큰 역할을 할 때가 있습니다. 설령 이럴 경우라도 대부분 기존 월봉을 염두에 두고, 앞으로 전개될 월봉을 그려보며 종합적으로 판단하는 것이 좋습니다.

[비법 노트 4]
월봉이 좋은 차트의 여러 유형

* * *

그렇다면 어떤 월봉이 좋은 것일까요. 몇 가지 예를 들어보겠습니다.

<이더리움 차트>

*절대 주의 사항: 이 모든 그래프의 현재 시점이 매수 적기라는 것이 아닙니다. 차트 중 바로 붉은 동그라미(○)로 표시된 부분이 매수 적기입니다.

1. 급등 후 오랜 조정을 거쳐 계속 바닥을 다진 유형 - 〈이더리움(업비트, 빗썸)〉의 예

2. 한 차례 상승을 시도하다 실패 후 다시 이제 2개 정도의 빨간 양봉을 내며 오르는 종목 – 〈비체인(업비트, 빗썸)〉의 예, 〈카이버네트워크(업비트, 빗썸)〉의 예

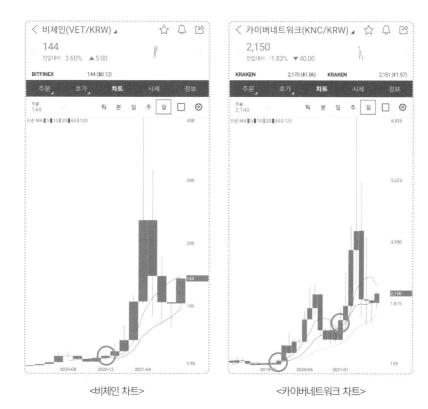

<비체인 차트>   <카이버네트워크 차트>

3. 큰 폭 상승 후 오랜 기간에 걸쳐 길게 양바닥이나 여러 번 바닥을 찍고 상승으로 전환 중인 유형 – 〈스텔라루멘(업비트, 빗썸)〉의 예 〈네오(업비트)〉의 예 〈라이트코인(업비트, 빗썸)〉의 예

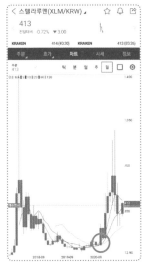

<스텔라루멘 차트>

<라이트코인 차트>

<쎄타퓨엘 차트>

4. 장기간 평평한 바닥을 다진 후 막 양봉을 내며 솟아오른 유형 – 〈쎄타퓨엘(업비트, 빗썸)〉의 예: 〈쎄타퓨엘〉은 두 달 전까지 최근 1년간 5,000% 이상 상승으로 '연간 상승률 1위' 종목입니다. (지금은 전체 하락기라 그렇고, 중간에는 그보다 큰 수익률을 보인 종목들이 많았었습니다.)

<바이낸스코인 차트>

5. 신규 상장으로 여건과 종목 정보가 좋은 따끈따끈한 유형 – 〈바이낸스 코인(빗썸)〉의 예: 〈바이낸스〉는 세계 최대 '가상화폐 거래소'로 이번에 〈바이낸스코인〉이 신규 상장했습니다.

<세럼 차트>

6. 신규 상장 후 1~2달 빨간 양봉을 낸 유형 – 〈세럼(업비트, 빗썸)〉의 예: 상장 후 마침 때가 되어 급상승기를 맞이했을 가능성이 큽니다.

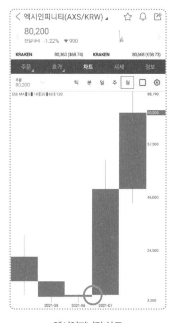

<엑시인피니티 차트>

7. 대세 하락기에 신규 상장해 연속 두 달 이상 음봉을 보이고 양봉으로 전환 중인 유형 – 〈엑시인피니티(업비트)〉의 예

제시된 외에도 여러분의 주식 투자 경험상 월봉이 너무 좋아 상승 가능성이 크다고 판단되는 종목이나 상승으로의 방향성이 뚜렷이 보이기 시작하는 종목에 투자하시면 됩니다. 또 일단 투자 했으면 믿고 차분히 기다리십시오.

이렇게 자신이 선택한 용사들을 두고 있으면 어떤 위기가 닥쳐와도 전혀 불안하지 않습니다. 설령 매입한 시기가 최악이어서 30~40%의 속락이 와도 혹한기를 견뎌내기에 끄떡없습니다. 결국 나를 크게 구원해주고야 말 최고의 용사들이 곁에 있으니까요. 나아가 월봉을 특히 중시해 투자에 임하므로 순간적인 급등락에 전혀 연연해 하지 않고 아주 편안하게 장을 관조하며 즐기게까지 됩니다. 대신 유념할 것은 일단 차트가 유사한 것끼리 하나씩 그룹을 만들어 묶어줘야 합니다. 말씀드린 대로 그래프는 온갖 심리의 구현체이므로, 유사 그룹에 속한 것들끼리는 결국 비슷한 모양으로 움직여갈 가능성이 큰 거지요.

이렇게 많은 종목을 섭렵하며 그룹으로 유형화시켜 각각의 차트, 특히 월봉 차트를 훤히 꿰고 있어야 합니다. 이럴 때, '영화 300의 용사'형 투자에서 경이적인 수익을 쌓아갈 수 있습니다. 많은 종목의 개별 그래프를 잘 활용해 교체가 필요한 때 효과적으로 연결해 나갈 수 있는 거지요. 결국 여러 개의 종목에서, 아니 궁극에는 대부분의 운용 과정에서 혁혁한 성공을 거두게 됩니다. 정리하자면 월봉을 꿰고 있을 때 수익을 올린 종목의 교체매매 시, 당시 상황 대비 최상의 종목을 선택해 이어가기에 결정적으로 유리하다는 말이지요.

가상화폐 시장은 단 몇 번의 효과적인 교체매매만으로도 놀라운 수익 창출이 가능한 경이로운 곳입니다. 처음에는 극히 적은 액수라 미미하게만 보였던 한 개의 코인이 5년 사이 일이 년에 한 번 정도씩만 상승 흐름을 탄다면 과연 어떤 수익을 올리게 되는지 그 예상 수익모델을 제시해 드리겠습니다. 놀라지 마십시오.

[비법 노트 5]
예상 수익률의 여러 모델

* * *

현재 가장 큰 거래소인 '업비트'의 '원화 거래소(KRW)'에는 약 105개 종목이, 2등 거래소인 '빗썸'의 '원화 거래소'에는 약 150개 종목이 거래되고 있습니다. 자, 당신은 저들 중에서 차트를 기준으로 30의 용사를 선택했습니다. 그런데 시간이 흐르고 나면 수익이 난 종목을 교체매매해 나갑니다. 용감한 전사들은 30개 내외에서 계속 운용하는 것이 좋습니다. 하다 보면 선택과 분산 등에 의해서 차차 40개, 50개로 불어날 수도 있습니다. 물론 과감하게 취합해 20개 정도로 줄여나갈 수도 있고요. 그 사이 당신은 특정 종목에서 난 수익을 새로운 종목 하나에 재투자하거나 여러 종목에 분산 투자하거나 기존 종목에 합산할 수도 있는 것입니다. 그러다 보면 전체 종목 수에 변동이 생기는 거지요.

다만 아무리 많아도 50개 이상은 하지 마십시오. 너무 많으면 관리에도 어려움이 있고 무엇보다 자신의 투자 기준과 취향에 맞는 '옥석 가리기'가 필수적이기 때문입니다. 많긴 해도 5년 뒤 종료 시점에 그중 상당수는 엄청난 수익률을 자랑할 것입니다. 전체적으로도 놀라운 결과물로 자리할 거고요.

또 아무리 적어도 5년쯤 뒤 전체 종료 시에 20개 정도는 갖고 있어야 합니다. 최소 그 정도는 되어야 처음 30의 용사로 출발한 당신이 효율적으로 장을 운용해 왔다는 증표가 되는 것입니다. 여러 용사가 이미 최고의 '몸집 불리기'를 마쳐 거대한 자본 덩어리로 변신한 것이지요.

그렇다면 장 종료 시 어떤 수익모델이 가능한지 가상해 보겠습니다. 자, 심호흡을 하고 제시된 수익모델의 예를 보시기 바랍니다.

전체 20~50개 종목 중 만약 어느 한 종목, 이를테면 '15번 용사'가 5년 사이 운 좋게 20배의 수익을 3번 냈다고 합시다. 코인의 속성상 많은 보유 종목 중 이런 가능성이 있습니다. 당신이 가상화폐에 총 300만 원을 처음에 투자해 종목당 10만 원으로 계산해 보겠습니다.

그렇다면 10만 원×20×20×20이 되지요. 5년 뒤 이 용사 하나가 거둔 수익의 총액은 무려 8억 원이나 됩니다. 입이 쩍 벌어지는군요. 그냥 평생 맞기 힘든 로또를 어렵지 않게 맞은 셈이지요. 아니 3번 연속보다 가능성이 큰 2번만 잡아도 무려 4,000만 원이 됩니다.

만약 당신이 불과 5년 사이 운 좋게도 그중 하나가 20배를 4번 성공시킨다면 총액은 무려 160억 원이 되는 것입니다. (30만 원으로 시작해 한 종목에 단돈 만 원으로 출발했더라도 그중에 하나만 20배 4번 연속이 나오면 무려 16억 원을 얻게 되는 것입니다.)

그런데 사실은 이 과정에서 이 놀라운 꿈의 실현이 어렵지 않게 가능할 수 있는 비밀이 하나 숨어 있습니다. 그것은 20번씩 서너 번 중에 1~2번은 이미 집단 상승기에 같이 급등한 다른 종목끼리의 합체일 가능성이 있기 때문입니다. 두 번째 20배부터는 사실은 유사 조건에서 20배로 상승한 종목과의 합체일 가능성이 있다는 거지요. 이 경우 정확한 표기는 10만 원×20×(20+20)×20=16억 원이 됩니다. 4번일 경우는 10만 원×20×(20+20)×20×20=320억 원이 되는 거고요. 적게 잡아 단 2번이더라도 10만 원×20×(20+20)=8,000만 원이 됩니다.

5년 사이 이 정도는 아주 쉽지요. 더구나 이것은 전체 보유 종목들 중 단 하나일 뿐인데요. 그런데 코인의 속성상 장기 조정을 받다가 일이 년에 한 번씩 급등하는 과정에 20~40배는 아주 쌔고 쌘, 대부분에게 흔히 나오는 현상입니다. 당신이 잘 인내하고 특히 월봉 차트를 잘 활용한다면요. 설령 중간에 10배쯤 나온 것일지라도 유사하게 10배 나온 것과 합체하면 그 주기에서 20배가 되는 셈입니다. 10+10=20.

이렇게 인내하고 인내하다 일이 년에 한 번씩만 흐름을 타면 당신은 믿을 수 없는 성과를 낼 수 있습니다. 더구나 그것이 전체 용사 중 단 하나일 뿐이고 그렇듯 다른 29개 용사들도 움직이는 중이니 믿기지 않죠? 처음에는 30개로 쪼개어 하찮아 보이기만 하던, 너무나 미미한 금액이 이렇게 변신할 수 있다는 게 신기하기만 합니다.

이렇게 30여 용사들이 언제나 숨어서 기회를 보며 사실은 5년 내내 움직이고 있는 것입니다. 이 기법을 사용하는 중에는 진정 노는 게 노는 게 아닌 셈이지요. 줄곧 기회를 노리며 숨죽인 채 웅크려 있다가 급상승의 때가 오면 바로 깨어나 최적의 기회에 행동하는 것입니다.

너무 꿈같은 얘기를 했나요? 그렇다면 좀 보수적으로 잡아 봅시다. '5번 용사'는 모두 4번의 순환과정을 거치며 각각 2배, 3배, 10배, 3배를 했습니다. 이때 두 번째와 네 번째에 유사 그룹에 속한 다른 용사와 합체를 했습니다. 10만 원×2×(3+3)×10×(3+3)의 계산 결과는 7,200만 원입니다. 어때요. 5년의 과정에서 이 정도는 쉽지 않나요? 당신이 잘 인내하고 시기를 잘 노리고 확실할 때 움직이기만 한다면 말입니다.

그런데 사실은 코인의 속성상 이 보수적으로 잡은 모델보다 앞의 모델들이 더 실현 가능성이 크게 느껴지는 것은 왜일까요. 적어도 당신이 오랜 인내 후에 월봉에 의한 급등기를 3번 정도만 잘 살려 나간다면 한 번의 급등기에서 20배 이상 수익은 수많은 종목에서 낼 수 있는 것이 '코인의 생리학'입니다. 이미 경험해 보신 분들은 아주 잘 알아서 고개를 끄덕이며 더욱 자신감에 넘칠 것입니다. 이렇게 대세 상승기를 위해 긴 기다림이 중요하고, 하나하나의 코인을 활용하는 것이 너무도 소중하다는 사실을요.

이 경이로운 기적 같은 결과도 많은 용사 중 하나일 뿐입니다. 나머지 용사들은 놀고 있나요? 더구나 일이 년에 오는 집단 상승기에는 모두가 5배, 20배, 30배, 40배, 아니 100배도 많이 나오는데요. 위의 계산 중에 30배, 40배, 100배가 끼어 있었나요? 다만 전체 순환과정에서 합체가 두 차례 있었을 뿐이지요. (20+20)이나 (3+3)으로 말이지요.

자, 어떤가요? 이 수익모델들의 빛나는 결과를 보고 나니 어떤 생각이 드느냐 말입니다. 쩍 벌어진 입을 다무십시오. 이제부터 당신은 저 모든 것을 꿈이 아닌 현실로 만들어가야만 합니다. 지금 저의 비법 수업에 열심히 동참하고 싶은 다짐과 열의로 가득하지요!

좋습니다. 한번 해 보는 겁니다. 아니, 당신은 충분히 성공할 수 있습니다!

[비법 노트 6]
전체 종목 수의 변화 과정

* * *

여기서 잠시 이해를 돕기 위해 앞에서 언급했던, 운용하는 종목 수의 변화에 대해 구체적으로 점검해 보겠습니다. 다음의 경우는 전체 숫자에 변동이 없습니다. 수익 종목의 총액을 신규 상장 종목이나 선택하지 않앴던 종목을 선택했거나, 예전에 한 번 활용하고 나왔었던 종목을 재선택하는 경우는 종목 수 변화가 없습니다.

한편 각각 운용 중이던 두 종목을 합체하면 둘에서 하나로 줄어듭니다. 그런데 수익 종목의 금액을 여러 종목에 나눠 줄 때는 그것이 운용 중이던 종목인지 새로 선택한 종목인지에 따라 전체 개수에 다양한 경우의 수가 생겨납니다. 그래서 전체 종목 수는 고무줄이 되는 것입니다.

[비법 노트 7]
때를 기다리고 또 기다려라

* * *

이 '영화 300의 용사'형 투자도 사실은 '잠자는 숲 속 공주'형 못지않게 기다림의 연속입니다. 당신은 일부러라도 앱을 닫고 마우스를 놓아야 합니다. 일단 코인 시장의 수익 기간의 특징에 대해 살펴봅시다. 이제 막 뛰어든 사람들은 당장에라도 떼돈을 벌 것처럼 생각하지만 그것은 오산입니다. 급등기에 운 좋게 올라탄 이들의 행복한 메아리일 뿐이지요. 비트코인과 알트코인들의 차트를 보면 알 수 있습니다. 누가 뭐라고 호들갑을 떨던 그래프에는 모든 비밀이 새겨져 있으니까요.

차트는 항상 정직합니다. 새로 뛰어들려면 그래프 흐름 정도는 챙겨봐야 합니다. 기존 투자자들도 당연히 반성과 참고의 자료로써, 나아가 수익자료로써 항상 챙겨야 합니다. 더욱이 급변하는 코인 시장에서는 더더욱 말입니다.

우리 수업이 가장 중시하는 차트는 무엇이었나요? 맞습니다. 수없이 강조한 월봉입니다. 최근 가세한 이들과 기존의 투자자들도 비트코인은 물론 막상 알트코인들까지 월봉 흐름을 보면 절망적입니다.

비트코인이 작년 10월부터 올해 4월까지 모두 일곱 개의 대폭 상승(양봉은 여섯 개)한 월봉을 보이기까지 장장 33개월간 횡보하고 조정했음은 앞에서 말씀드렸습니다. 그 기간 전후해 알트코인들을 보면 더 심각한 것이 기가 막혀 말문이 막힐 지경입니다. 실제 2018년에서 2020년 3분기까지 물려 있었던 이들의 증언을 들어보면 가관입니다. 견디다 못해 중도에 빠져나간 이들이 대부분이고요.

이 사실은 코인 시장이 얼마나 인내가 필요한 시장인지 확실하게 알게 해줍니다. 특히 겨울잠보다도 더 기나긴 일이 년 동안의 정체 상태를 보노라면 속 터칠 지경입니다. 욕망은 늘 가슴 속에 사무쳐 있는데 풀 방법이 없는 것이지요.

그런데 고도의 인내가 필요함은 하락기와 조정기는 물론, 상승기에도 마찬가지입니다. 최대한 절제해야 수익을 극대화할 수 있는 것입니다. 그래도 상승기는 즐거움이, 쓴 인내의 열매를 달다단 초콜릿으로, 신선의 과일로 만들어줘 엔돌핀이 팍팍 돌기는 합니다.

다행히 이제부터는 이전보다는 조정 기간이 상당 폭 줄어들 수 있다는 것이 저의 견해이긴 합니다. 그 문제는 뒤에서 별도로 다루겠습니다. 또 소위 전문가들의 예상과 달리 알트코인들을 중심으로 그것이 전체적이건 부분적이건 먼저 상승하는 대반란이 일어날 확률도 높다는 거지요.

제가 믿는 것은 이미 달콤한 맛을 체험한 대중들이 끼리끼리 뭉쳐 일으키는 대반란입니다. 전면전이 벅차면 국지전으로 여기저기서 들고일어날 수 있는 것입니다. 아니 그렇게 믿는 진짜 이유는 한마디로 말해 인간의 숨겨두기 힘든 '욕망' 때문입니다. 그것은 언제건 빈틈이 조금만 보이면 스멀스멀 새어 나와 판을 뒤집을 정도의 힘으로 가득하니까요! 설령 그렇더라도 인고의 기간은 아주 길고 긴 것입니다. 당신이 지쳐 나가떨어지거나 합리적 판단을 못 해 일을 그르칠 정도로 말이지요.

명심하십시오. 아직 욕망으로 빚은 빵의 효소가 온전하게 성숙하지 않은 상태입니다! 당신의 모든 결과는 얼마큼 인내했는지에 달려 있습니다! 차라리 외면하십시오. 손가락과 시선을 거두란 말입니다. 그 시간에 좋아하는 음악을 듣고 화분의 꽃에 물을 주십시오. 그러면서 내심으로는 용사들에게 기와 생명을 불어넣어 주십시오.

[비법 노트 8]
코인 움직임의 유형

* * *

1. 독자적 움직임=독자성, 개별성: 독자성은 특히 횡보나 조정기에 잘 나타납니다. 독자성을 잘 활용하면 유망 용사의 순환 횟수(회전율)를 늘려 수익을 드높여가는 장점이 있습니다. 급락기에도 일부 나타나지만, 이때는 수익 배율을 작게 줄여 대응하는 것이 좋습니다.

2. 공통적 집단적 움직임=집단성, 공통성, 동류성: 집단성은 급등기나 급락기에 다 같이 같은 방향으로 움직임이 나타납니다. 특히 코인은 집단성이 강해 각각의 시기에 맞게 효율적으로 대응해야 합니다. 무엇보다 급등기를 잘 활용하면 20배는 쉽고, 40배나 심지어 100배짜리도 여러 개 가능합니다. 고로 급등기에는 수익 배율을 늘려 잡는 것이 훨씬 유리합니다. 이때 가장 중요한 판단 기준은 당연히 월봉입니다.

[비법 노트 9]

펌핑 등의 특이 징후에 효율적으로 대처하는 방법

＊ ＊ ＊

원래 이 내용은 앞서 정리한 '30개 종목 분산 투자의 장점' 파트에 넣어야 할 부분입니다. '30개 종목 분산 투자'는 혹시 있을지도 모를 '펌핑' 등의 투기적 작전 세력에 피해를 보지 않는 유일한 방법입니다. 역으로 혹시 '펌핑' 등으로 인한 급등이 있을 때 해당 종목을 보유하고 있어 수혜를 입을 확률이 가장 높은 투자법인 셈입니다.

제가 '코스피 선물 옵션 시장'에서 '옵션'에 전념했던 당시 특정 종목이 순식간에 수백 배씩 펌핑하는 장면을 몇 차례 목격했던 적이 있습니다. 주문 실수라고 하지만 사실은 특정 세력에 의한 의도적 작전일 가능성도 있습니다. 이러한 금융 상품의 부당 행위를 테마로 한 영화는 국내외에 많이 있을 정도지요.

특히 '펌핑'이 가장 횡행한 시장은 '코인 시장'입니다. 주로 미국을 중심으로 해외에서 수없이 행해집니다. 순식간에 심지어 수천 배씩 급등해 따라 산 투자자들의 피눈물을 흘리게 한 사례는 여기 다 적지 못할 정도입니다. 이처럼 펌핑은 주로 특정 투기 세력의 야합과 주도 아래 자행됩니다. 다행히 시장 규모가 비대해지고 지속적으로 개선되어 특히 우량 거래소의 상품들일수록 막대한 비율의 펌핑은 일어나기 힘든 구조로 안정화되어 가고 있습니다.

그렇긴 하지만 시장의 특성상 코인 시장에서는 펌핑이 제법 일어나는 편입니다. 만약 당신의 용사 중 하나가 매도 세력에 의해서 순간 급락한다면 어찌해야 할까요. 이 경우 대부분은 놀라서 큰 피해를 입은 채 순간 매도하기 쉽습니다.

그러나 절대 그럴 필요 없습니다. 인위적이거나 일시적인 '순간 급락'은 오래지 않아 정상으로 회복되기 십상입니다. 특히 우량 거래소의 상품은 말이지요. 설령 피해를 좀 보더라도 그것은 당신이 보유한 30개 중 하나일 뿐입니다. 그렇게 별거 아니려니 여기면 그만큼 손해를 회복할 가능성을 높여주는 거지요. 이렇듯 분산 투자는 예기치 못한 피해를 극소화해주는 장점이 있는 것입니다.

그런데 실제 운용하다 보면 '펌핑' 현상은 다행히 윗방향으로 경험할 경우가 대부분입니다. 상승장에 순간 이상 급등은 물론이고, 반갑게도 조정장이나 특히 하락장에서도 눈에 띕니다.

30개 종목 분산 투자는 당연히 당신의 보유 종목 중에서 펌핑이 일어날 가능성을 극대화해 줍니다. 급락장에서도 폭은 작지만 30~50%씩, 어떤 경우는 100~300%까지도 순간 펌핑이 일어날 때가 있습니다. 다들 파란색일 때 홀로 순간 치고 나오는 빨간 색 숫자는 반갑기 그지 없습니다.

이 경우 원칙은 더 이상의 이익을 놓칠까 아까워하지 말고 바로 매도해 이익을 실현하는 것이 좋습니다. 순간 급등한 종목은 짧은 시간 내에, 대부분 길어야 하루 이틀 안으로 제자리로 돌아오기 때문입니다. 이익 실현 후에 이전 수준으로 떨어지기를 기다려 같은 종목을 훨씬 많은 개수로 늘려 사면 되는 것이지요. 만약 다시 사기에 찜찜하거나 다른 더 좋은 종목이 눈에 띄면 갈아타도 좋습니다.

급등장에서는 평상시 오르던 폭보다 훨씬 크게, 한두 시간 사이에 5~6배 급등해 버리면 펌핑으로 보고 일단 매도해 이익을 실현해야 합니다. 그러다가 다시 이전 가로 내려오면 개수를 늘려 매입해 추세에 따른 점진적 이익을 정상적으로 도모하면 되겠습니다. 이처럼 30개 종목 분산 투자는 펌핑 등 특이 상황에서 보호도 해주고, 나아가 큰 이익을 도모할 가능성도 높여주는 가장 이상적인 투자법입니다.

마지막으로 펌핑이라고 판단되는 '기준 시간'과 상황별 바람직한 매도 수익 비율을 정리하면 다음과 같습니다. 일단 펌핑이 확실하다고 판단되는 '기준 시간'은 순간 급등에 걸린 시간이 2~3시간 이내 정도일 때입니다. 하지만 경우에 따라서는 하루나 이틀에 걸친 이상 급등도 가능성이 있습니다.

급락장에서는 다들 급락 중에 혼자서만 30~50% 순간 급등해도 펌핑으로 볼 수 있습니다. 100%나 200%를 넘어가면 당연히 펌핑으로 보고 일단 매도해야 합니다. 횡보나 조정장에서는 짧은 시간에 200% 정도는 넘어야 펌핑이라고 판단합니다. 경우에 따라서는 1~2시간에 100%를 넘으면 펌핑으로 볼 수도 있습니다.

전체적 급등장에서는 적어도 몇 시간 내에 300% 정도는 넘어야 펌핑이라 생각하면 됩니다. 펌핑이 발생하면 일단 매도 후 원상회복 되기를 기다려 동일 종목을 개수를 늘려 재매수해도 되고, 더 유망해 보이는 종목으로 교체해도 좋습니다.

우량 거래소에서 일어나는 펌핑은 대부분 작전 세력에 의한 것이라기보다 순간 수급이 꼬였다든지, 투자 심리가 집단적으로 쏠리는 수급의 이상에서 발생할 확률이 높습니다. 폭락장 속에서 상승 욕구나 기대 심리가 순간 모였기 때문일 수도 있습니다. 물론 일정 세력에 의한 부당거래 가능성도 물론 있습니다.

혹은 유튜브 방송이나 페이스북 방송 등에서의 소위 말하는 '떡상'의 경우처럼, 블록체인 기술을 기반으로 한 가상화폐 시장의 어떤 알고리즘의 작용에 의한 자연발생적이면서 또 기계적인 펌핑일 수도 있지 않을까 합니다. 어쩌면 기술적인 알고리즘의 작용에 의해서 윗방향이나 아랫방향으로 순간적으로 밀고 올라가거나 내려가는 작용이 가능할 수 있지 않을까 생각해 보는 것입니다. 물론 매물대가 층층이 쌓여 쉽진 않겠지만 말입니다.

지난 6월 14일 미국 조지아의 간호학과 학생인 윌리엄슨은 '로켓 버니'라는 2만 원어치 코인이 하루 만에 1,589조 원이 되어 있는 기적을 체험하고 깜짝 놀랐습니다. 하지만 그가 아무리 인출을 시도해도 인출은 이뤄지지 않았습니다. '코인베이스' 측은 이 문제 해결에 골머리를 앓고 있습니다. 최대 거래소인 '코인베이스'에서 이런 일이 발생했다는 것이 신기할 정도입니다.

차라리 100억 원 정도였다면 간단하게 입금되었을 텐데 액수가 커도 너무 커서 어떻게 처리될지 귀추가 주목됩니다. 바로 이런 기계적 구조적 함정이 코인의 세계에는 여전히 존재합니다. 그런데 가장 최근인 금년 10월에 우리나라에서도 놀라운 펌핑이 최고의 거래소에서 발생하고야 말았습니다. 바로 '누사이퍼'라는 신규 종목이 신규 상장되자마자 '빗썸'에서는 순식간에 1800%, '업비트'에서는 무려 3500%까지 폭등해 버리는 기현상이 나타난 것입니다. 500만 원어치를 가진 사람은 1억 7,500만 원, 10만 원어치를 투자한 사람은 350만 원을 한두 시간만에 챙길 수 있었다는 말입니다.

최고의 거래소인 '업비트'에서 더욱 분출했다는 것이 놀랍습니다. 반나절 지나도록 그래도 1000% 대 내외를 유지하다가 점차 사그라들어 하루 뒤에는 결국 아무 일 없었다는 듯 제자리로 돌아오고야 말았지만요. 이런 행운의 가능성을 극대화시키는 것도 바로 우리의 투자 비법입니다.

[비법 노트 10]
5년 사이 단 2번이나 3번의 큰 흐름만 타면 잭팟이다!

* * *

잭팟은 '김진국식 가상화폐 투자 비법'에서는 전혀 어렵지 않습니다. 아주 간단합니다. 앞으로 5년 호황기 중 단 2번이나 3번만 상승 흐름을 타면 됩니다.

급등기에는 아시다시피 20배, 30배, 40배는 쎄고 쎘습니다. 100배 이상도 여러 개 나옵니다. 우리는 월봉이 좋은 용사로 무려 30개 이상이나 보유하고 있습니다. 어차피 다들 급등하는 마당에 30배짜리는 10여 개, 100배짜리도 2~3개는 나옵니다. 다만 일이 년의 기나긴 조정을 견뎌야 할 때가 어려운 거죠.

남들은 이 시기를 안절부절 견디지 못하고 손절하지만, 우리는 수많은 튼튼한 용사들을 거느리고 전혀 걱정 없이 즐거운 마음으로 지내옵니다. 상승기에도 남들은 약간의 차익으로 만족해 매도했다가 다시 놀라 매입하기를 반복하는 과정에서 손실을 보기도 하지만, 우리는 월봉으로 이익을 최대화하며 기다리는 법을 잘 알고 있습니다.

그렇게 딱 2번만 흐름을 타면 잭팟이 가능합니다. 기껏 10만 원짜리 갖고 무슨 말도 안 되는 얘기냐고요? 너무 황당해서 책을 덮고 싶다고요? 믿거나 말거나 모두 당신의 복입니다.

자, 마음을 가라앉히고 경우의 수를 따져 봅시다. 간단합니다. 만약 당신이 5년 운용 중에 3번의 전체적 급상승기를 만났는데, 그중 한 용사가 한 번은 별 수익이 없었고 딱 2번만 운 좋게도 100배씩 수익을 올렸다고 합시다.

10만 원×100×100이 되지요. 계산 결과는? 헉, 무려 10억 원이 나옵니다. 10억 원! 로또가 따로 없네요. (만약 더 운이 좋게도 3번이라면 1,000억 원이라고는 여기 쓰지 않겠습니다.) 좋습니다. 100배짜리가 다음에 또 100배를 터뜨리는 것은 어려운 일이지요. 다시 해 보자고요? 그렇다면 나도 이번에는 3번 모두 성공한 것으로 하겠습니다. 어차피 급등기에는 모든 종목이 다 성공합니다.

그럼 처음에 30배, 두 번째 주기에 30배, 3번째 주기에 비로소 100배를 올렸다고 가정해 봅시다. 10만 원×30×30×100. 이렇게 했더니 결과는? 으악! 순간 기절할 뻔했습니다. 언뜻 9억 원인가 했는데 뭔가 이상해 다시 보니 무려 90억 원! 세상에나 90억 원이 나오는군요!

도대체 아까와 무슨 차이가 있었던 걸까요. 뭐 별반 차이가 없습니다. 아까는 중간에 한 번 수익을 못 올렸다고 가정한 것이고, 이번에는 무난하게 30배로 계산해 본 것이죠. 그런데 중간에 한 번 더 수익의 과정이 첨가되는 것이 이렇게 무서운 결과를 낳은 거지요. 어차피 급등기면 대부분의 코인은 큰 수익을 올립니다. 여러분이 월봉 중심으로 확실히 판단하고 잘 버틴다면요. 그러지 못하고 우왕좌왕하니 문제지요. '코인 좀비'가 되어서 매일 밤을 새워가며 유튜브에 매달려 헛손질해대면서 말입니다!

우리 식이면 3번 다 성공할 것이고, 그중 한 번 정도 100배 나오는 것은 5년 사이에 여러 종목 있지요. 그 가운데 잭팟이 무조건 나오는 것입니다. 이 수업의 매뉴얼 대로만 했더라면요.

좋습니다. 당신은 100배가 부담스러우시군요. 그렇다면 이번에는 한 번은 20배, 또 한 번은 30배, 또 한 번은 40배로 해 봅시다. 이 정도면 부담스럽지 않으시죠? 그 경우 10만 원×20×30×40으로 계산됩니다. 결과는 어떨까요? 이럴 수가! 이것도 무려 24억 원이나 나옵니다. 정말 믿기지 않습니다.

다시 좋습니다. 더 보수적으로 잡아 봅시다. 10배, 20배, 10배로요. 이번에는 다행히 2억 원밖에 안 나옵니다. 여기서 잠깐! '2억 원밖에'라니요. 그 사이 당신의 눈이 이깟 계산 방식에 멀어서 그렇게 높아졌나요? 만약 처음에 이 경우를 들이댔다면, '무려 2억 원?'하며 입이 벌어졌을 텐데 말입니다. 더구나 이 결과는 전체 30 용사 중 단 하나에 불과합니다. 나중에 합산해야 합니다. 그럼 도대체 얼마가 나올지 모르는 거지요!

여기서 잠깐! 위의 계산에서 저도 '찬스'를 하나 쓰겠습니다. 어떤 '찬스'냐고요? 바로 '몸집 부풀리기' 찬스입니다. 두 번째 20배에서 새로운 코인으로 들어가지 않고 기존의 용사 중 같이 20배를 올린 용사로 들어가는 몸집 부풀리기입니다. 그러면 두 번째 계산이 20+20=40이 되는 것입니다. 3번째 계산에 15배짜리와 합체하겠습니다.

다시 계산해 볼까요! 10만 원×10×(20+20)×(10+15). 이렇게 했더니 딱 10억 원이 나왔습니다. 어떤가요? 이래도 역시 로또이기는 마찬가지 아닌가요.

물론 이것은 계산상의 결과일 뿐입니다. 하나의 예시요 가정일 뿐이지요. 하지만 코인의 세계에서 당신이 지혜롭고 차분하게 대응한다면 이 정도쯤이야 어렵지 않습니다. 우리에게는 독특한 노하우들이 있기 때문입니다. 그 원칙들을 잘 지켜나가면 당신은 이번 생에 망한 것이 절대 아니라, 대성해 마음껏 누릴 수 있는 것입니다.

그런데 앞에서 언급했었듯이 이제부터는 코인의 흐름이 다르게 전개될 수도 있습니다. '조정 기간'을 대폭 줄여 주는 대신, 출렁임의 반복이나 완만한 계단식 상승을 선택할 수도 있는 것입니다. 그것은 코인의 상승 특성이 변화해 과거와는 다르게 조정 기간이 줄어든 대신, 상승 폭을 낮추는 식의 타협을 '대중의 집단심리'가 선택할 수 있다는 것입니다. 만약 앞으로 이런 식으로 전개된다면 한 번에 몇십 배의 상승이 아니라 단 몇 배에 그치고, 대신에 5년 사이 상승 기회는 일 년에 1~2번 정도로 상당히 늘어나게 됩니다.

이 경우 한번 주기에서의 상승 폭을 2~8배로 낮추는 대신, 상승 주기를 8개월에 한 번 정도로 계산하면 어쩔까 합니다. 그러면 남은 5년여 동안 모두 8번의 상승 기회를 맞는 것이죠. (그런데 여기서 하나 반드시 짚고 넘어가야 할 것이 있습니다. 2배라 함은 실제는 여러분이 가진 '업비트'나 '빗썸'에서는 수익률이 100%라고 표기된 것입니다. 다시 말해 요즘 유행인 알트코인의 순환매에서 보유한 30개 종목 중에 자주 목격되는 아주 쉬운 상승률입니다. 3배는 수익률 표기 200%인 것이고요.)

하나의 예를 들어봅시다. 10만 원×3×5×2×4×8×4×2×5. 자, 이번에는 얼마쯤 나와 있을까요. 한 3~4억 원 정도 아닐까요? 헉! 무려 38억 4,000만 원이 나옵니다. 아니 8개월에 한 번 정도 계산했고, 폭도 평균 4배 정도인데요! 도대체 말이 안 되는 상황의 연속입니다. 기껏 10만 원만 가지고 그것도 전체 30분의 일, 30개 용사 중 단 하나의 경우인데요!

무엇이 문제죠? 좋습니다. 이번에는 8번을 모두 2배, 3배로만 계산해 보겠습니다. 대신 저도 딱 2번만 몸집 부풀리기 찬스를 쓰죠. 6번은 신규 종목에 투자했고, 2번만 역시 각 2배, 3배 올린 기수익 종목과 합체한 것입니다. 어디 한 번 계산해 보십시다.

10만 원×2×3×(2+2)×3×2×(3+3)×2×3. 그랬더니 5억 1,840만 원밖에 안 나오잖아요! 여보세요. '밖에'라고요? 5억 원인데 '밖에'라고요? 더구나 이것은 30개 중의 하나일 뿐이잖아요. 나중에 다 합산하면?

정말로 상승 주기가 짧아진다면 매번 기대수익률은 낮아집니다. 그래도 8개월에 한 번 2배는 코인의 세계에선 별것도 아니지요. 어차피 주기가 짧아졌으니까요. 그래서 수익률도 2~3배로 제한해 계산한 것 아닌가요? 아니 코인의 세계에서는 순간 펌핑도 있지 않나요. 운용 종목이 펌핑이 나오면 그 순간 2배, 혹은 3배로 즉석에서 한 번 더 계산되는 것 아닌가요?

그 외에도 한 번의 조정기나 상승기에 그 정도 수익률이라면, 같은 종목이 2~3번 혹은 여러 번 실현 가능성도 있지 않나요? 당신이 영리하게 그때그때 운용했을 때 말입니다. 그런데 그런 가능성도 다 빼고 8개월에 한 번으로만 했는데 말입니다.

이번에는 횟수를 줄이고 싶다고요? 좋습니다. 1년에 딱 1번 6번만 하겠습니다. 대신 2번만 몸집 부풀리기를 했다고 합시다. 10만 원×2×(3+3)×2×3×(2+2)×3.

어휴. 이제 됐습니다. 기껏 8,640만 원밖에 안 나오는군요! 그런데 이제 당신의 눈만 높아져서 '기껏 8,640만 원'이 되었습니다. 그럼 출발 금액 10만 원은 뭔가요? 더구나 아직 이와 같은 29개 종목이 더 있는데요. 아니 그중에는 이보다 5~6배 올린 종목이 여러 개인데요. 그중 하나는 잭팟을 터뜨렸는데요!

사실 냉철하게 따져 보십시다. 5년이 넘는 기간 동안, 이 정도 수익을 올리기는 쉽지 않나요. 당신이 정말 인내하고 또 인내하며 절제된 투자를 했다면 말입니다. 아니 코인의 속성상 월봉만 잘 활용해 판단하면 정말로 이 수치는 최소로 잡아도 너무 최소로 잡은 수치입니다.

자, 어떻습니까! 들어보니 이제 잘 아시겠습니까! 우리 비법대로 했을 때, 5년 뒤 어떤 수익 결과가 나올지 모릅니다. 한 번 믿고 지침 대로 잘 따라 해보십시오. 정말 이 방식대로라면 자신 있습니다. 아니, 5년 동안 단 2번, 3번의 급등기만 잘 타도 엄청난 수익이 나오는 것입니다.

'플라세보 효과'를 잘 아시죠? 가짜 약을 진짜라고 속여 먹인 집단이 약을 안 준 집단보다 훨씬 더 병이 쉽게 낫더란 말입니다. 사실은 아무 약도 안 준 것은 두 집단 모두 마찬가지인데요! 그만큼 믿음이 중요한 것입니다. 더구나 이 비법은 모두가 진짜인 명약입니다!

이제 당신은 저의 주장을 믿으십시오! 당신은 저대로만 하면 떼부자가 될 수 있다고 말입니다. 일단 믿고 저 수업 내용처럼 해나간다면 당신은 기필코 대성할 수 있습니다. 저는 실패할지도 모릅니다. 당신보다 탐욕의 때가 묻고, 절제와 인내의 미덕이 결여해 있기 때문입니다. 저는 비록 실패하더라도, 당신만은 꼭 성공하십시오! 그래서 자본 계급 사다리의 맨 꼭대기 위에 기필코 우뚝 서시기 바랍니다!

[비법 노트 11]

비트코인의 4년 주기 이론과 주기가 짧아질 가능성.
그리고 단 한 번의 큰 주기만 있을 경우에 초대박을 내는 비법

* * *

비트코인의 급등 주기는 예전에는 '4년 주기' 이론이 타당해 보였습니다. 비트코인은 2013년 한 해 동안 55배, 2017년에는 15배나 상승했습니다. 그런데 사실 이때도 시기를 조금 넓혀 보면 2015년 10월의 저가 대비로 2017년 12월에는 무려 50배나 상승한 셈입니다.

그런데 2020년 10월부터 올해 4월까지의 상승기에는 7배 상승했습니다. 일단 모든 시장 참여자들은 비트코인을 중심으로 한 가상화폐 시장은 큰 흐름을 마치고 오랜 조정기로 접어들었다고 판단합니다.

그렇지만 여기서 반전의 가능성도 있습니다. 통상적으로 비트코인이 본격 상승기로 접어들면 일 년 이상의 본격 초고속 상승을 했던 점으로 미루어 최상의 경우 금년 연말 이후까지 8,200만 원의 전고점을 뚫고 더 급상승할 가능성이 없는 것은 아닙니다. 다만 어렵사리 그런 모습을 재현하더라도 과거처럼 통산 50배를 넘는 모습을 보이는 것은 어려워 보입니다. 이번 상승이 더 연장된다면 8,200만 원의 2배 정도인 1억 6,000만 원 정도는 이번 주기에서 가능해 보입니다. 그런다면 2019년 10월 1,100만 원의 상승 기점으로부터 대략 14배 정도 오르는 셈입니다. 그러나 지금 이 가능성을 보는 참여자는 아예 없을 정도로 7월 현재의 시장 상황은 좋지 않습니다.

어쨌든 이 사실은 다음의 세 가지를 시사해 줍니다. 하나는 몸집이 커질수록 절대 상승 폭이 줄어든다는 사실입니다. 매번의 초대형 급등기마다 55배에서 15~50배에서 7~14배로 절대 상승 폭이 줄어드는 추세입니다. 이것은 몸집이 비대해질수록 투자 자본의 초집중으로 인해 어쩔 수 없이 자연스럽게 나타나는 현상입니다. 또 하나는 주기가 짧아질 가능성을 보이기 시작했다는 점입니다. 만약 주기가 짧아져 간다면 앞으로 급등락의 간격이 더욱 줄어들 수 있음을 강력하게 시사해 줍니다.

또한 비트코인의 흐름에 짓눌려 기를 못 펴던 알트코인들에게도 중대한 변화가 생길 수 있음을 암시해 줍니다. 대장 코인의 장기 조정에 맞춰, 오히려 비트코인보다도 더 억눌린 채 숨죽여 있던 소위 '잡코인'들의 본격적인 반란 가능성이 커져 버렸다는 것이지요. 물론 큰 흐름은 비트코인과 같이 가겠지만, 어쩌면 이제부터는 대장과 관계없이 부분적으로 따로 움직이거나, 특히 전체 분위기를 바꾸는데 알트코인들이 먼저 기여할 가능성마저도 생겼다는 사실입니다.

그렇다면 왜 주기도 짧아져 가고, '잡코인'들의 흐름에도 변화의 가능성이 커졌을까요? 그런 변화에 가장 크게 기여한 것은 아이러니컬하게도 비트코인이 주도한 '코인 폭등'의 신화 때문입니다. 몇 번의 큰 주기적 급변을 거치며 대중들 사이에 비트코인을 사면 떼돈을 번다는 인식이 급속히 확산되었고, 결국 나중에는 모든 알트코인들에게도 확대 적용되었던 것입니다. 아니 알트코인들에서 결국 몸집이 비대해진 비트코인보다 엄청난 수익을 주는 종목들이 속출하자 시장 참여자들의 투자 심리가 급격히 변화하기 시작한 거지요.

이제는 전체 시장과 비트코인같이 거대 종목을 움직이기보다, 적절한 규모의 종목 몇 개를 움직여나갈 때 훨씬 수월하게 시장을 생동감 있게 운용할 수 있다는 분위기가 자연스럽게 생겨나기 시작한 것입니다. 그런 '대중의 수익 욕망'과 끊임없이 밀려드는 '거대 자본의 지속적인 유입'으로 인해 비트코인을 위시한 전체 시장의 주기가 더욱 빨라짐은 물론, 부분적인 소수 종목 변화의 흐름도 훨씬 역동적으로 전개되어 갈 것입니다. 한 번 두 번 거대 수익의 놀라운 맛을 본 대중들 사이에 내재해 흐르는 '수익 욕망'이 시장의 변화를 만들어간다는 것이지요.

쉽게 말해 시간이 갈수록 '코인 수익 중독성'에 빠진 시장 참여자들에게 지배당할 가능성이 커집니다. 그런 까닭에 저는 향후 5년간의 절대 호황기에 적어도 2번, 어쩌면 3번의 급등기가 도래할 것이며, 그 초호황기를 잘 살리면 모두 초대박이 가능하다고 보는 것입니다.

그런데 만약 5년 사이에 전체 급등기가 단 한 번만 온다면 어떻게 잭팟을 터뜨릴 수 있을까요. 설령 그렇더라도 여러분은 이제부터 펼칠, 급락기, 횡보기, 급등기의 놀라운 이론들과 함께, 뒤이어 전개되는 여러 비법 강의들, 특히 '특공 용사'의 집중 양성 이론 등을 잘 소화해 나름대로 활용해 나간다면 5년 후, 몇 종목의 초대박 용사들을 획득해낼 수 있습니다.

명심하십시오. 5년가량 후, 전체적으로 대박을 터뜨리면 더없이 좋겠지만, 최소한 3~4개의 초대박 종목들만 만들어내도 당신은 소액으로 10억 이상을 벌 수 있습니다. 이제부터 그 놀라운 가능성을 하나하나 잘 익혀 가시기 바랍니다.

[비법 노트 12]
반감기를 거스르지 않았을 경우와 거슬렀을 경우,
각각 이번 급등기가 주는 중요한 의미

* * *

반감기는 4년을 주기로 비트코인의 전체 발굴 보상, 즉 전체 발행량이 절반으로 줄어드는 것을 말합니다. 2009년 처음 생성 후 2012년, 2016년, 2번의 반감기를 거쳤으며, 2020년 3번째 반감기는 현재 진행 중입니다.

1차 반감기 때는 반감기 다음 해인 2013년 12월 말에, 2차 반감기 때도 역시 반감기 다음 해인 2017년 12월 말에 고점을 형성 후, 각각 그로부터 약 1년쯤 후에 최저점을 형성했다가 그 저점 근처에서 오랜 횡보기를 보이는 패턴을 반복했습니다. 이 패턴을 이번에도 적용한다면 반감기 급등의 파고가 아직 끝나지 않고 남아 있을 수도 있어 앞으로의 귀추가 주목됩니다.

이런 패턴을 보인 이유는 오랫동안 정체해 있다가, 비트코인을 찾는 수요 증가에 비해 풀리는 수량이 급격히 줄어드는 반감기를 맞아 수십 배씩 급등해 버렸기 때문입니다.

2012년 반감기 때는 그해 11월부터 2013년까지 1년여 사이에 무려 90배의 폭등을 기록했습니다. 2013년 한 해 만에도 55배라는 기염을 토할 정도였습니다.

최근의 반감기인 2016년 초만 보아도 80만 원대던 비트코인이 2017년 최고점에는 2,800만 원 선까지 35배나 폭등했습니다. 그런데 반감기 직전인 2015년 10월의 저점부터 계산하면 2017년 고점까지 무려 50배의 폭등을 보인 것입니다. 2017년 한 해만 따진다면 15배의 급등을 보였습니다.

그렇다면 이번 2020년 반감기는 어떻게 진단해야 할까요? 지난 4월까지 단 7개월의 급등으로 반감기 상승이 일찍 종료된 걸까요? 아니면 과거 2번 그랬던 것처럼 최소 올해 말까지나 그 이상이라도 아직 남아있는 것일까요? 혹시 이번 반감기부터는 그동안의 패턴에서 벗어나는, 즉 반감기의 순환에서 벗어나는 혁명적인 변화의 모습을 연출할 수도 있지 않을까요?

만약 이삼 년 지난 후라면 지금의 상황이, 지난 결과가 되어 명쾌한 판단이 가능합니다. 그렇지만 이 글을 쓰는 2021년 7월의 현 상황에서는 완료형이 아닌 진행형이므로, 여러 가능성을 예측할 수밖에 없는 점 양해바랍니다.

그동안 2번의 반감기에서는 반감기 시작 직전부터 출발해서 반감기 다음 연도의 최고점까지 50배에서 90배의 급등을 보였습니다.

그런데 이번 반감기인 2020년에는, 비트코인이 10월을 기점으로 2021년 4월까지 7배가량 급등 후 7월 현재 반 토막이 난 상태입니다. 만약 이번 주기가 반감기를 거스르지 않고 예전처럼 진행된다면 아직 급등의 가능성은 살아 있는 것입니다. 그렇다면 알트코인들도 한바탕 신명나는 축제의 장이 다시 펼쳐질 수 있습니다. 그 경우 어떤 시나리오가 예상되는지 다음 장에서 각각 자세히 살펴보겠습니다.

그러나 만약 이번 반감기를 계기로, '반감기 전후 급등과 그사이 오랜 기간의 조정'이라는 양상이 깨어진다면 그것은 코인 시장 흐름에 엄청난 변화를 넘어 가히 혁명적인 사건입니다. 그것은 시장 참여자들에게 놀라운 역동성과 수익 창출의 기회를 수시로 제공하는 중대 변화이기 때문입니다.

이 사실은 가상화폐 시장이 그동안의 기계적이고 구조적인 절대 메커니즘의 지배하에서 벗어나, 시장 참여 '대중의 욕망의 지배' 아래 놓이게 됨을 의미합니다. 폭발적으로 증가한 자본력을 무기로 시장 참여자들이 오랜 기계적 제한과 지배에서 탈출해 자생적인 욕망의 동력을 소유하게 된 것이지요. 올해 4월, 단 한 달 동안에만 미국 전체 주택가격지수를 무려 14.6%나 끌어올린 넘치는 '미친 유동성'이 '반감기로부터 지배받기'를 거부하고 코인 시장 자체의 '독립된 자생적인 길', 즉 '코인 시장의 마이 웨이'를 선언한 셈입니다. 작년까지 250만이던 대한민국 코인 인구는 불과 반년 만에 700만을 바라보고 있을 정도입니다. 이 거대하고 도도한 대중의 흐름은 호시탐탐 자신들이 가상화폐 시장의 '절대 상수'임을 증명하고 싶어 합니다.

이렇게 반감기를 거스르는 데 성공했을 경우, 앞으로 비트코인은 물론이요, 특히 알트코인들은 새로운 전성기를 끊임없이 구가해 나가는 모습을 연출할 수도 있습니다. 이 경우의 비트코인과 알트코인들의 여러 시나리오 역시 다음 장에서 살펴보겠습니다.

[비법 노트 13]

비트코인의 향후 예상 시나리오들

* * *

그렇다면 향후 비트코인의 운명은 어떤 양상을 보일까요. 예상되는 시나리오는 다음 몇 가지 경우입니다.

첫째, 이번 반감기 전후해서도 지난 2번의 반감기와 같은 50배 이상의 상승을 보인다는 가설입니다. 최근 반감기인 2016년의 경우, 직전 해인 2015년 10월을 기점으로 하면 50배, 2016년 1월을 기점으로 하면 35배, 반감기 직후인 2017년 한 해만 보면 15배의 급등을 연출했습니다.

2016년 반감기 직전 해 2015년 10월에 급등을 시작했던 지난번보다 이번에는 반감기가 끝나가는 2020년 10월에 시작했으므로 반감기 기준 급등의 출발 시기가 1년가량 늦춰진 셈입니다. 이렇게 일 년가량 늦어진 데에는 코로나 팬데믹 등의 외적 상황이 작용했기 때문일 수도 있습니다.

7월 현재인 지금은 이번 상승기 시작인 2020년 10월로부터 불과 10달밖에 안 지났으므로 지난번처럼 2년가량 진행된다고 보면, 2022년 말까지도 가능해 앞으로도 1년여의 '급등 가능성 기간'이 남아 있는 셈입니다.

만약 이번에도 그사이에 50배가량 상승을 보인다면 이론상으로는 내년 즉 2022년 후반까지 비트코인이 5억 원에 도달한다는 가설이 생깁니다. 그렇다면 8,200만 원까지 7배 급등 후 반토막 난 지금 가격은 잠시 조정을 받는 것에 불과한 것이지요.

하지만 아무리 유동성이 넘치고 또 넘친다 해서 남은 1년여 안에 그렇게까지 초 급등한다는 것은 쉽지 않아 보입니다. 그렇게 단번에 가기에는 전체 코인 시장과 특히 이제는 시가총액이 1,000조를 넘나드는 비트코인의 몸집이 너무 비대해져 있기 때문입니다.

앞에서 말한 것처럼 비트코인이 결국 5억 원을 넘긴다는 것이 저의 일관된 입장이지만, 그것은 향후 5년 안에 가능한 것이지, '이번 반감기 파동 기간'에는 어려워 보입니다. 지금 당장 모든 시장 참여자들은 전고점인 8,200만 원도 상당 기간 난공불락의 상한선으로 여기고 있는 분위기이잖습니까.

그래도 첫째 가설은 이번 반감기 상승이 완료되는 내년 후반기까지 50배, 즉 5억 원까지 도달할 수 있다는 것입니다.

둘째 가설은 2020년 10월부터 올해 4월까지 6~7개월의 급등만으로 이번 반감기 상승이 끝났다고 보기에는 너무 기간과 상승 폭이 작으므로 내년 후반기까지 상당폭의 급등이 가능하다고 보는 입장입니다. 이 경우 전고점인 8,200만 원 정도까지 반등 후, 소폭 오르락내리락하다가 다시 급등을 시작해 상당한 고점에 이름으로써 이번 반감기 급등을 마무리한다는 것이지요.

그렇다면 이번 반감기에는 어느 정도 선까지 오를 수 있을까요. 물론 추측일 뿐이지만 저번 고점의 2배 정도인 1억 6,000만 원 정도라면 비교적 합리적이지 않을까 합니다. 그 정도만 해도 7월 현재 4,000만 원 수준의 네 배가 또 오르는 것이므로 모두 대만족일 테니까요.

셋째 가설은 반감기에 따른 상승이 이미 끝나고 이제부터 새로운 양상으로 전개된다는 것입니다. 주식 시장 명언 중에 '큰 장은 한 번에 무너지지 않는다'라는 말이 있습니다. 이 말은 설령 무너지더라도 전고점이나 전고점 가까이 가서 비로소 본격적으로 하락한다는 거지요.

셋째 가설은 지금부터 다시 상승을 시작해 전고점인 8,200만 원이나 6,000~7,000만 원대까지 어느 정도 상승한 후 다시 지금의 4,000만 원대까지 내려와서는 4천만에서 8,000만 원대 사이에서 상당 기간 등락을 거듭한다는 가능성입니다. 그렇게 된다면 여기서부터는 기존의 반감기에 따른 오랜 기간의 조정 양상과는 다른 새로운 패턴이 형성되는 것입니다.

그것은 코인 시장이 마치 주식 시장처럼 안정된 틀 속에서 그때그때 시장 상황이나 시장 참여자들의 심리에 의해 개별적인 차트 모양을 그리며 전개되는 것이지요. 이때는 차트의 흐름을 잘 읽고 상황 판단이 빠른 투자자가 훨씬 유리해집니다. 아니 무엇보다 이제부터 펼쳐지는 저의 투자 기법에 충실한 사람들이 결국에 가서 떼돈을 벌기 쉽습니다.

이런 박스권에서의 일정한 오르내림 후에 2022년 말이나 2023년 초부터 본격적 급상승이 시작되는데, 중요한 것은 그때부터는 반감기와는 무관한 새로운 주기라는 혁명적인 변화가 일어난다는 것입니다. 결국 박스권 내에서의 등락기에는 뒤에서 배우는 순환매나 특공 용사의 양성, 무리를 나눠 하는 부분적인 교체매매 비법이 효율적입니다. 그러나 박스권을 마침내 벗어나려는 순간부터는 30개 종목의 집단적 중장기 투자를 고수하면 되는 것입니다.

넷째 가설은 아예 지금부터 반감기와 상관없이 단기간의 조정 후 다시 일정 폭 상승이라는 계단식 상승이 반복된다는 가설입니다. 다시 강조하면 '반감기 파동 주기' 현상이 깨진다는 것은 코인의 세계에서는 가히 '코페르니쿠스적 대전환'인 것입니다. 이렇게 전혀 새로운 코인 흐름의 패러다임의 변화 가능성은 상당히 커 보입니다. 사장 참여자들의 강한 동력과 넘치는 유동성에 따른 셋째와 넷째 가설의 실현 가능성이 첫째나 둘째 가설을 합한 가능성에 못지않아 보이는 것입니다.

마지막 다섯째 가설은 다시 반감기의 영향권으로 돌아와 올해 4월까지의 7배 급등으로 이번 상승을 마무리하고 다음 반감기까지 오랜 기간의 침체기를 겪는다는 것입니다. 그렇지만 이 가능성은 오히려 첫째 가설보다도 확률이 낮아 보입니다. 무엇보다 급속도로 유입된 투자 자본과 시장 참여자들, 또한 그들이 맛본 '코인의 미치도록 달콤한 수익 욕망'이 과거처럼 그런 오랜 방치를 용납하지 않을 것입니다. 이런 여러 비트코인의 전개 시나리오는 다음에서 살펴볼 알트코인들의 흐름의 가장 중요한 바로미터가 됩니다.

[비법 노트 14]
알트코인의 예상 시나리오와 중요성 재인식 및
알트코인의 독립 선언!

* * *

알트코인의 흐름에 대한 예측은 크게 보아 두 가지 성격으로 나눕니다. 하나는 비트코인의 큰 흐름과 궤를 같이한다는 측면이고, 다른 하나는 그것과 달리 이제부터는 나름의 독립성을 추구한다는 것입니다.

사실 그동안 알트코인들은 어느 하나 예외 없이 비트코인이라는 거대 시장 지배자의 흐름에 휩쓸려 맥을 같이 해왔습니다. 아니 오히려 비트코인이 33개월 만에 본격 상승을 시작해도 대부분은 두세 달 동안 움츠리고만 있다가 대장이 서너 달 급등하고 나서야 뒤늦게 용기를 내어 폭등을 시작하는 수준에 불과했던 것입니다.

그러던 것이 최근 들어 새로운 모습을 보일 가능성이 커졌습니다. 물론 기본적인 틀은 여전히 비트코인의 지배 아래 있음은 부인할 수 없습니다. 대장의 흐름과 중요한 변곡점마다 전체적인 흐름은 숙명적으로 따라갈 수밖에 없는 양상입니다.

그렇지만 이제부터는 상당 부분 그 지배에서 벗어나 독립적 자주적으로 움직이려는 모습을 끊임없이 연출하고 있는 것도 사실입니다. 실제 일간 상승률은 물론 주간이나 월간, 연간 상승률 상위 종목들을 보면 이런 현상이 점차 두드러져 감을 알 수 있습니다.

이런 변화의 가능성을 보노라면 언뜻, 이러다 앞으로 전체 가상화폐 시장의 주요 변곡점을 알트코인들이 쥐고 있지 않을까 하는 착시까지 생길 정도입니다. 오히려 알트코인들이 시장을 선도하는 시대가 온다는 것 역시 코인 세계에서 또 하나의 '코페르니쿠스적 혁명'인 셈입니다.

저는 일찍이 5월의 침체기 때 저의 유튜브 방송에서 이런 변화의 시대가 올 수 있다고 예언해 왔고, 실제 와서 보시면 많은 이들이 이 말이 진실임을 증언해줄 것입니다. 상황에 따라서는 알트코인들의 대반란이 비트코인이라는 잠자는 거인을 깨워 움직이게 하는 것이지요. 그렇다면 왜 이런 변화가 감지될까요.

그것은 무엇보다 너무나도 급속도로 불어나 비대해진 시장 참여자와 투자 자본의 막강한 동력을 비트코인만으로 수용하기에는 만족스럽지 못하기 때문입니다. 급격한 변화와 상시적인 수익을 갈망하는 투자자들이 제한된 자본만으로도 큰 수익이 연출되는 모습을 여기저기 만들어 보임으로써 장을 훨씬 생기 있고 매력적으로 운용해나가는 것입니다. 주식에 비유하면 삼성전자가 오랜 조정을 보일 때, 테마주나 중소형 주들이 번갈아 가며 순환매를 주고, 개중에는 몇 배에서 수십 배의 이익을 주는 원리입니다.

그렇지만 그래도 큰 틀은 비트코인의 영향권 안에 있음을 부인할 수 없습니다. 그렇다면 큰 틀로 보아 앞에서 살펴본 비트코인의 여러 가설에 맞춰 알트코인들은 그 각각의 경우 전체적으로는 어떤 모습을 보일지 판단해 보겠습니다.

먼저 이번 반감기 직후인 내년까지 비트코인이 5억 원에 달한다는 첫째 가설의 경우입니다. 이 경우가 알트코인 투자자들에게는 가장 이른 시간 내에 최고의 수익을 실현하는 환상적인 상황임은 물론입니다.

이렇게만 된다면 현재 1,000원대인 알트들이 수십만 원까지 평균 수백 배씩 급등하는 경이로운 장면들을 내년 안으로 보게 되는 것이지요. 심지어 개중에는 수백만 원으로 몇천 배 상승하는 것도 여러 개 있을 거고요. 백 원대는 평균 몇만 원이나 몇십만 원으로, 십 원대는 평균 몇천 원이나 몇만 원대로 급등할 것입니다.

그렇지만 이번 반감기의 영향권인 내년까지 이런 모습을 연출하는 것은 어려워 보입니다. 다만 알트코인들이 이런 모습을 보이는 것은 역시 비트코인처럼 1~2번이나 2~3번의 집단적 폭등기를 거친 후인 5년 안쪽이 되는 것이겠지요.

둘째 가설인 내년까지 비트코인이 한 차례 더 급등해 1억 6,000만 원 정도에 도달할 경우입니다. 이 경우 알트들은 평균 수십 배의 수익을 올리게 됩니다. 그중 상당수는 수백 배에 도달하겠고요.

내년 말까지 4,000~8,000만 원대에서 박스권 등락을 거듭하다가 내년 말이나 후년 초부터 급등을 시작해 단기 주기 파동을 만들어간다는 셋째 가설이나, 지금부터 단기간 조정 후 단기간 상승이라는 점진적 계단식 상승으로 진입한다는 넷째 가설의 경우에는 알트코인들의 반란과 주도가 더더욱 노골화되는 것입니다. 가히 '알트들의 전성시대'가 열리는 셈이지요.

사실상 그것은 크게 보아 반감기의 지배에서 벗어나려는 비트코인의 움직임과 맥을 같이 하는 변화의 양상입니다. 다만 이 과정에서 변화무쌍하게 급등하면서 다양한 모습을 연출해 시장 참여자들을 온통 매료시키는 것은 당연히 알트들입니다. 바로 알트코인이 시장의 주인공으로 더 화려한 조명을 받게 되는 것이지요.

저는 이 책에서는 물론이고 초기 방송에서도 일관되게 알트코인들이 순간적이든 지속적이든 훨씬 큰 수익을 낼 것이므로, 30개 종목도 온통 알트로 채우라고 강조해 왔습니다. 그것은 비트코인만 하든지, 비트코인과 이더리움 중심으로 우량 종목 다섯 개 정도만 하라는 기존의 모든 전문가들과는 전혀 상반되는 주장입니다. 기대수익률의 측면과 수많은 경우에 대처하며 초대박을 터뜨리기에는 알트코인들이 감히 비교할 수 없을 정도로 유리하기 때문입니다.

종목의 안정성은 거래소의 안정성과 비례하므로 가급적 '업비트'를 통해 거래하라고 말해 왔고요. 다만 '업비트'가 다양성이 떨어지는 대신 '빗썸'은 오히려 수많은 다양성이 펼쳐져 수익 폭을 단기간에 확장해 가고 싶은 모험적 성격의 투자자에게 잘 맞는 측면이 있는 것도 사실입니다. 하지만 어느 상품보다 비할 수 없이 변화 속도가 빠른 코인 시장이므로 보다 안정적인 거래소를 택하는 것이 여러모로 좋아 보이는 것이지요. 굳이 위험성을 감수한 도전을 택하지 않고 안전한 비법만으로도 초대박을 터뜨리기에 충분하니까요.

다섯째 가설의 경우는 실현 가능성도 희박하고, 또 막상 닥친다 해도 뒤에 나오는 비법 중에 있는 대응 방법으로도 충분할 것입니다.

결론적으로 말해 이제부터는 알트코인 중심으로 세팅해서 횡보기나 조정기는 물론 특히 급등장에도 적절히 대처해 나갈 때, 엄청난 전체 수익이나 몇 개 용사의 초대박·잭팟 실현이 가능한 것입니다.

사실 지난 '2016 반감기 파동'에서도 상당수 알트코인이 비트코인보다 큰 수익률을 보이긴 했습니다. 그런데 이제부터는 당시보다 훨씬 더 큰 수익률 차이는 물론 심지어 시장 흐름을 부분적으로 주도하거나 나아가 선도하는 모습까지 기대된다는 것입니다.

하나만 더 첨가한다면 비트코인의 흐름도 중요하지만, 이제부터는 오히려 이더리움의 흐름에 더 촉각을 곤두세우는 것이 유리할 수 있다는 점입니다. 이더리움은 다른 알트들보다 비트코인과의 상관성이 더 높게 움직이긴 하지만, 한편으로는 비트코인보다 알트들의 흐름을 더 선제적으로 보이는 이중성을 갖기 때문입니다.

또 하나 아쉬운 점은 책으로는, 시시각각 변화하는 코인의 흐름에 따른 그때그때 최고의 대응 전략 수립이 여의치 않다는 한계입니다. 그래서 독자 여러분은 저의 유튜브 방송에 자주 들러 큰 흐름의 맥을 잡는 데 도움을 받으시길 권유합니다.

그러나 뭐니뭐니해도 책보다 좋은 효율적 가르침의 교본은 없습니다. 이제부터 전개되는 전체 코인의 특성과 저의 특별한 비법을 잘 숙지하고 하나씩 실행해 나갈 때, 당신은 '코인왕'으로 등극하실 수 있습니다.

[비법 노트 15]
급락기의 특징과 효현적 대응 방법=
급락기를 피할 수 있는 가능성에 대한 단상

* * *

가상화폐 시장에서는 일 년에 2~3차례 모든 종목의 수익률이

20~30% 정도 감소하는 '전체적 하락기'가 찾아옵니다. 여기에다가 더 투자자들을 살 떨리게 만드는 것은 2년 정도에 한 번쯤 어김없이 오는 평균 40~50% 정도의 급락기인 것입니다. 이 시기는 너무도 두려운 운명적 시기입니다. 문제는 이 시기를 슬기롭게 미리 피할 방법은 무엇이며, 만약 피하지 못했다면 그 기간에 어떻게 대처하는 게 가장 적절한지 여부입니다.

급락기 도래의 가장 중요한 이유는, 급등에 따른 전체적 조정입니다. 그 외에 외부의 저항 요인이나 너무 커다란 돌발 악재가 전체적으로 영향을 끼쳐 오래도록 지속되거나 하는 경우입니다. 몇몇 종목에 국한되어, 종목 자체의 내부적 요인 등에 의한 일시적이거나 제한적, 부분적인 경우는 해당 종목만 대응하면 되므로 전체를 매도해 대응하는 것은 적절치 않습니다.

급등, 즉 과열에 따른 판단의 대상은 대장주 격인 비트코인은 물론, 모든 종목이 다 해당됩니다. 급등기에는 모두가 유사하게 움직이니까요. 이 중에서도 비트코인의 월봉 차트가 전체적 급락을 판단하기에 가장 합리적이어서 '전체 매도' 결정의 '키'가 됩니다.

당신이 공교롭게도 급락기 초기인 줄 모르고 발을 들였거나, 이전의 급등기에 잘못된 투자 방법으로 수익을 제대로 내지 못한 상태에서 전체적 폭락기까지 경험하면 그 후회막심함과 공포감은 극에 달합니다. 재수 없게도 크게 물려버리고 만 거지요. 하지만 설령 그렇더라도 거시적 안목으로 보아 이 오랜 암흑의 시기가 머지않아 도래할 광명과 찬란한 기쁨의 시기를 예고하고 있다고 생각하며 참고 견뎌내야 합니다. 특히 잘못된 투자 습관은 이 기회에 저의 방식으로 탈바꿈하시기 바랍니다.

위에서 본 대로 정말 5년이라는 긴긴 기간에 단 2번이나 3번만 크게 성공하면 초대박을 터뜨릴 수 있는 것이 가상화폐 시장입니다. 더욱이 코인의 속성상 그 급등기에 상당폭의 이익률을 거두는 종목은 아주 많습니다.

문제는 5~7개월에 걸친 전체적 호황기가 끝난 후에 찾아올 급락기에 모든 종목을 꿋꿋이 움켜쥔 채 보유하고 있어야 하는가 여부입니다. 만약 당신이 '잠자는 숲 속 공주'형 투자 비법을 선택했다면 원칙은 반드시 그러셔야 합니다.

아니, '잠자는 숲 속 공주'형 투자에서도 예외적으로 5년에 2번 정도는 일단 전체를 매도할 수도 있습니다. 아주 큰 폭의 전체적 상승이 대여섯 달가량 광풍처럼 휩쓸고 갔다면 말이지요. 전체를 매도한 후 종목별 수익금의 20%를 빼내 중국 주식에 묻어두면 더욱 좋습니다. 그리고 장을 보아가며 몇 달 뒤쯤 나머지 80%로 원래 소유하고 있던 용사들을 재구매하면 되는 것입니다. 그러면 아마도 훨씬 많은 개수를 다시 보유하게 되는 거지요. 그렇다고 해서 공주형 투자에서는 자주 이렇게 해서는 절대 안 됩니다. 그럴 바에는 그냥 묵혀 두고 버티시는 게 낫습니다. 명심하십시오. 5년에 딱 2번입니다.

그렇지만 우리 '영화 300의 용사'형 투자에서는 전체적 매도의 횟수가 그보다 1~2번 더 늘어날 수도 있습니다.

당신이 애써 버티고 버텨, 특히 월봉을 근거로 한 지속적 방향성 예측에 성공해 몇십 배씩의 절대 수익을 올렸다 합시다. 그런데 이번 달 월봉을 보니 전체적으로 대폭 하락이 예상되는데도 그냥 보유하고 있어야만 할까요? 마치 앞서 보았던 비트코인의 4월 봉 음봉의 경우처럼 말이지요. 이미 7개월째 급등한 상태에서 생긴 음봉이 대폭 하락을 예고하고 있는데요!

그 경우 집단 폭락에도 불구하고 대책 없이 전체를 보유하고 있다는 건 매우 어리석은 짓입니다. 애써 쌓아놓은 20배, 100배의 금자탑이 속절없이 추락해 10배, 50배로 줄어든 모습을 망연히 지켜봐야 한다는 것은 전혀 유쾌하지 못합니다.

바로 그러기 전에 당신은 중요한 결단을 과감하게 내려야 합니다. 장기간에 걸친 집단적 전체 상승 후라면 더욱더 그래야만 합니다. 일단 막대한 수익을 거둔 용사들을 전체 매도합니다. 그리고 적어도 두세 달은 투자를 멈춥니다. 정말로 속세를 등지고 떠난 선비처럼 표표히 가상화폐의 세계를 잠시 해탈하는 것이지요. 그리고 그 기간, 보다 여유 있는 시간을 누리는 것입니다. 물론 가끔씩 흐름을 확인하기 위해 닫았던 앱을 잠시 켜고 아이 쇼핑을 하긴 해야 합니다. 나중에 크게 활용할 감각의 촉은 늘 열어둔 채 말이지요.

마침내 두세 달 뒤 적절한 시기라고 판단되면 다시 돌아와 앱을 켜고 어떻게 재투자하는 게 보다 효율적인지 진지하게 고민해 봐야 합니다. 직전에 매도한 용사들을 전부 그대로 재매수해도 됩니다. 그 경우 종목당 용사의 수는 훨씬 늘어 있어 당신을 흐뭇하게 해줄 것입니다. 이 경우 이미 곱하기 2에 가까운 투자 수익을 순간 올린 것입니다. 한 번의 추가 수익률 사이클이 달성된 셈입니다. 아까 수익모델에서 모든 계산에 고려조차 하지 않았던 엄청난 수익 증가가 이 순간 이미 창출된 것이지요. 이렇게 2번만 성공하면 5년간 2번의 성공은 다시 곱하기 2를 2번 더한 4번의 성공으로 기하급수적으로 수익이 늘게 됩니다. 그러고 보니 우리 수업에는 여기저기 특수한 비법 장치나 과정들이 숨어 있군요!

전체 종목의 재매수까지는 아니더라도 다시 점검해 보아 유망한 종목들은 재매수하고, 나머지는 새로 유망한 종목들에 나눠 투자하면 되는 것입니다. 상당수 새로 용맹한 용사들을 맞이하는 겁니다.

이렇게 5년 사이에 전체적으로 급락이 확실히 눈에 보이는 경우는 2~3번 정도 되지 않을까 합니다. 문제는 전체적으로 급락할지, 아니면 부분적 그룹별로 급락할지 애매한 경우들이 생길 때입니다. 이런 경우도 5년 사이 몇 차례 있을 것입니다. 그러나 이 경우 섣부른 예측으로 전체를 매도했다가는 낭패를 보기가 십상입니다.

그렇다면 어찌하는 것이 가장 합리적일까요. 일단 전체적으로 5~7개월에 걸친 대폭 상승 직후가 아닌 경우는 하락의 지속성을 의심해 봐야 합니다. 차라리 일정 부분 하락해 짧은 기간 다소 손해를 입더라도 그냥 버텨 감수해내는 것이 마음도 편하고 낫습니다.

다만, 폭락까지는 아니더라도 전체적으로 일정 폭의 집단 하락이 예상되거나, 특히 차트 모양이 유사한 일정 그룹의 하강이 예상되면 전체의 절반이나, 예상되는 그룹의 절반 정도를 매도해 피해를 최소화하는 전략이 유효합니다. 매도한 절반 정도는 다시 1~2달 정도 인내해 버티다가 하락이 진정된 듯한 시기에 다시 분산 투자로 매수하는 것이지요.

이렇듯 우리 수업은 예상되는 집단 급락이나 부분적 하락에도 많은 시사점을 줍니다. 당신의 현명한 판단과 대처가 전체의 수익률을 극대화해 주는 것입니다.

[비법 노트 16]
전체적 매입 시기의 선택이 매우 중요하다!

* * *

바로 이 지점에서 반드시 한 가지 짚고 넘어가야 할 중요한 점이 바로 이것입니다. 당신이 처음 코인을 시작하려 할 때나, 큰 수익을 거두고 나서 전체 매도 후 다시 전체 매수를 시행할 때의 시기가 매우 중요하다는 것입니다.

만약 처음 시작하는 사람이 때마침 대부분 종목이 집단적으로 상승하는 소위 '불장'을 맞이했다면 당신은 더 없는 행운아입니다. 주저하지 말고 그 급등의 거센 물살에 올라타면 됩니다. 그리고서 배운 대로 월봉의 흐름을 보아가면서 상당폭의 이익 실현 후 전체를 매도하든, 상승 개월에 차이를 둬서 2~3차례 나눠서 매도하든 하면 됩니다.

만약 급락기라면 충분히 시간을 두고 지켜봐야만 합니다. 조금이라도 서두를 필요가 전혀 없는 것이지요. 그리고 몇 달 뒤 확신이 섰을 때 전체 매수하든, 개월 수의 차이를 둬 2~3차례에 걸쳐 매수하든 하면 됩니다. 조정기나 횡보기라면 그때그때의 상황과 종목별, 그룹별 흐름을 면밀히 지켜보며 합리적으로 대응하면 됩니다.

명심하십시오. 처음 투자를 시작하거나 전체 매도 후 다시 전체 매수를 하는 시점은 매우 중요합니다. 특히 비트코인을 중심으로 모든 종목들의 월봉 흐름을 세밀히 분석하고, 기타 제반 여건과 이 수업 내용을 토대로 판단해 신중히 결정하시기 바랍니다.

[비법 노트 17]
전체적 급락기의 효율적 대처법

* * *

당신이 전체적 급락기를 맞는 경우는 다음 셋 중 하나입니다. 첫째, 급등기에 상당한 수익을 올린 상태에서 급락기를 예측하지 못하고 보유한 채 그대로 있다 당하는 경우입니다. 이 경우는 그래도 좀 나은 편입니다.

다음으로는 수익을 올리지 못한 상태거나, 새로 입문한 지 얼마 안 되어 맞이하는 경우입니다. 이 경우가 가장 중압감을 느끼게 되는 상황입니다.

마지막으로 한참 바닥일 때 투자해 그다지 손실이 없이 보유한 상태입니다. 그 경우 유쾌한 것이 오히려 안도감마저 느끼게 됩니다.

어떤 경우든 당신은 우리 수업에서 배운 대로 일단 마음을 편하게 먹어야 합니다. 들여 보는 횟수도 최대한 줄이고 무덤덤하게 버티고 있어야 합니다. 30의 용사들이 지키고 있기에 그래도 편안하게 보낼 수 있습니다.

이때 활용하기 좋은 최상의 전략이 있습니다. 그것은 간혹 빨간색 상승 종목이 1~2개 혹은 여러 개 눈에 들어올 때입니다. 소규모의 펌핑 비슷한 것이지요. 급락기에는 배운 대로 30~50%만 순간 올라도 일단 매도해야 합니다. 100% 이상이라면 더욱 좋고요.

매도 후에는 다시 한참 떨어져서 '평균 하락 비율'에 근접했을 때 동일 종목을 개수를 늘려 매수하면 됩니다. 만약 더 좋아 보이는 다른 종목이 보이면 교체해도 됩니다.

이렇게 급락기 순간 매도 후 재매수 전략을 잘 구사해나가면, 하락기에도 눈부신 성과를 낼 수 있습니다. 한 번이라도 성공한 종목은 한 번의 순환 사이클을 성공한 셈이지요. 만약 어떤 종목이 1~2달 사이 무려 3번이나 성공했다면 그 용사는 3번의 사이클을 거저먹은 것이므로, 다음 조정기나 특히 급등기에 어지간히만 성공해도 잭팟 용사가 될 가능성이 큽니다.

명심하십시오. 부득이 호랑이 등에 올라타게 됐어도 정신만 차리면 더 놀라운 성공을 거둘 수 있습니다.

[비법 노트 18]
조정기, 횡보기의 효율적 대처법

* * *

조정이나 횡보의 시기에는 급락기보다 많은 경우의 수가 생겨납니다. 그만큼 기회가 많은 것이지요. 다행히 이 시기에는 전체적으로 움직이기보다 개별적 혹은 유사 차트 그룹별로 움직이는 경우가 빈번합니다. 개별적으로 움직이는 경우는 해당 코인 자체의 호재가 되는 뉴스나 해당 코인의 테마 업종의 호재 등이 직접적입니다. 하지만 아무 호재도 없이, 이유도 모른 채 순간 펌핑이 일어나거나 상당 기간 상승하는 경우가 더 많습니다.

이 경우에도 나름의 판단 기준을 정립한 후 교체할 것인가를 결정합니다. 횡보기에는 단시간에 100%, 200% 상승했을 경우 순간 펌핑으로 보고 바로 매도하는 것이 좋습니다. 이때는 월봉과는 전혀 관계없이 말입니다. 워낙 단기간의 일이기 때문입니다. 욕심을 줄이면 50% 정도에서 매도해도 좋습니다. 한 번의 이익보다 사이클의 횟수를 늘리는 것이 더 유효한 전략일 수 있기 때문이지요. 경우에 따라 더 줄여서 30%도 좋습니다. 어쨌든 일단 작은 성공을 거두는 것이니까요.

횡보의 기간이 몇 달 이상으로 늘어지는 경우가 대부분입니다. 이 횡보 기간, 월봉을 기준으로는 1~2달 새에 200% 이상 수익이 났을 때부터 강력한 매도 구간으로 생각해야 합니다. 경우에 따라 300%나 500%도 가능하지만, 그 경우 다른 종목들과의 형평성, 균형성 때문에 오래지 않아 원래의 자리 가까이 돌아오는 것이 코인의 일반적인 속성입니다.

그러므로 매도 후 더 올라가는 부분에 대해서는 일시적인 것으로 여기고 전혀 미련을 갖지 말아야 합니다. 오히려 자신이 매도해 발생한 수익에 만족하기만 하면 됩니다. 어차피 진짜 큰 승부는 집단적 급등기에 달린 것이니까요. 이 단계에서는 해당 종목이 보너스로 한 번의 사이클을 선물 받았다는 데 만족하면 되는 것이지요.

이렇듯 용사들이 많을 경우, 횡보기·조정기에도 순간적이거나 단기적으로 회전에 성공하는 종목과 횟수들이 늘어나는 것입니다. 이런 종목들이 나중에 급등기에는 더 놀라운 수익률을 거두게 되므로, 이렇게 흐름을 잘 타면 수익률이 상상을 초월한 종목들도 가능한 것입니다. 이제 이 비법 강의가 얼마나 유용한지 아시겠죠!

[비법 노트 19]

집단적 급등기의 효율적 대처법

* * *

이 시기가 가장 풍성하고 행복한 계절입니다. 최근의 사례를 보면 비트코인이 오랜 조정 후에 급등하는 7개월 사이에 알트코인들은 처음에는 오르지 못한 채 구경만 하고 있었습니다. 숨죽이고 있다가 비트코인이 급등을 시작한 지 한 달이나 두 달 뒤에 비로소 집단적 자신감으로 덩달아 급등을 시작한 것이죠.

이 알트코인들의 집단적 급등 기간의 특징은 이렇습니다. 이 점은 여러분들께서 반드시 숙지해서 머릿속에 강력히 담아두고 있어야만 합니다. 먼저 대장인 비트코인이 급등을 시작합니다. 처음에는 눈치를 보던 알트코인들이 1~2달 뒤부터 슬슬 오르기 시작합니다. 초기의 상승 폭은 비트코인의 상승 폭보다 미미한 수준입니다. 그러다가 서너 달째 비트코인의 강력한 드라이브에 더더욱 자신감을 가지고 끝내 솟구쳐 오릅니다. 이때 두 달이나 석 달 동안의 월봉은 엄청날 정도여서 결국 급등기 후반에는 알트코인들의 상승률이 비트코인보다도 훨씬 높습니다.

이것이 지난 급등기의 특징이었습니다. 여러분이 지난 차트들을 다 열어보면 바로 확인됩니다. 아무도 이런 규칙적 흐름을 간파하지 못했을 따름입니다. 이 모습은 시장 참여자들의 집단적 심리 흐름을 여실히 보여줍니다.

자, 그렇다면 이제부터 맞이할 새로운 급등기의 흐름은 어떤 양상을 보일까요. 두 가지 가능성이 있습니다. 우선 지난번과 유사할 경우입니다. 이 경우 여러분은 비트코인의 급등이 시작되었을 때 바싹 긴장하고 있어야 합니다. 얼마 지나지 않아 전체적인 흥성한 파티가 준비되어 있기 때문입니다. 그리고 비트코인의 월봉이 쌓여가면 절대 매도하지 않고 있다가 중간쯤부터 폭등하는 20배·40배의 푸짐한 과일들을 다 따먹어야만 합니다. 몇 달 뒤 비트코인의 축제가 끝난다고 판단되면 그때는 주저 없이 다 깡그리 매도해야만 합니다.

그런데 이번에는 조금 다르게 전개될 가능성도 있습니다. 두 번째 시나리오는 이렇습니다. 누적된 학습으로 과거와는 다르게 알트코인 참여자들의 자신감이 충만해 있습니다. 무엇보다 그들에게 더 가득한 건 대박에의 '집단 욕망'입니다. 이러한 집단심리는 반드시 활황 장을 연출해 끝내 승리하고야 말겠다는 집념으로까지 이어집니다. 그 속에서 다 같이 느끼는 '성공의 묵계'가 형성됩니다. 이 묵계는 '집단적 행동의 일치' 내지는 동조화로 이어져 끝내 그들은 위대한 성공을 이뤄내고야 마는 것입니다.

둘째 시나리오의 핵심은 이번에는 오히려 알트코인들이 장을 선도해 나간다는 것입니다. 대중의 소중한 소망과 가열찬 욕망이 담긴 알트코인들이 어느 날부터 급등을 시작합니다. 그 모습에 힘입어 대장주도 뒤늦게 급등하는 것이죠. 그것이 몇 달간 이어져 알트코인들은 모두 수십 배씩의 수익을 올립니다. 몸집이 비대한 비트코인 입장에서야 3배나 5배만 내도 놀라운 수준이지요.

그런데 이 둘째 시나리오가 와도 우리는 전혀 끄떡없습니다. 이미 30여 개의 용맹한 용사들을 보유하고 있기 때문입니다. 당신이 코인을 하나도 갖고 있지 않은 경우는 집단적 급락기가 예측되거나 집단적 급락기 자체입니다. 급락기를 한참 지나, 이미 조정기가 한참이었던 상황에서는 모든 코인을 보유하고 있는 상태지요. 그러므로 우리는 급등기가 언제 오든 아무 상관이 없습니다.

이 급등기가 당신의 초대박 여부를 가르는 가장 중요한 시기입니다. 그런데 급등기의 대응 전략은 아주 간단합니다. 주식왕 '워렌 버핏'이 말한 최고의 투자 전략은 '바이 앤 홀드(Buy & Hold)'입니다. 바로 그 명언이 급등기에 가장 적절한 것이지요. 최대한 보유해 수익률을 극대화해야 합니다. 그래야만 초대박 용사들을 많이 만들어 낼 수 있습니다.

급등기에는 월봉을 보아 적어도 석 달간의 보유는 기본입니다. 그 이후에 혹시나 하여 팔지 말지 갈등이 심하면 2번으로 나눠 분할 매도하는 것도 좋은 방법입니다. 넉 달로 접어들면서 반을 매도해 이익을 먼저 실현하고, 나머지는 여섯 달을 버틴 후 일괄 매도하는 방법입니다.

더 효율적으로 진행하려면 넉 달째 3분의 1, 다섯 달째 3분의 1, 여섯 달째 3분의 1을 매도하면 됩니다. 이 경우 안전성도 상당 부분 확보하면서 최대 수익의 가능성에도 근접하게 되는 거지요. 일단 매도한 금액은 그대로 둔 채 있어야만 합니다. 전체 급등기가 지나고 상당한 하락기 후에 적절한 매수 타임이 올 때까지 말이지요. 단, 수익금의 20%는 찾아 중국 주식으로 이동하면 더욱 좋습니다.

급등기가 오면 정신을 바짝 차리십시오. 바로 당신에게 수십 명의 초대박 용사들을, 또 3~4개의 잭팟 용사들을 만들어줄 절호의 기회입니다. 그렇다고 해서 매시간 앱에 매달려 있으라는 얘기가 아닙니다. 오히려 이 기간도 앱을 멀리 하고 하루에 서너 번만 들여다보되, 그래도 모든 마음의 창과 두뇌의 귀를 열어두고 긴장의 끈을 놓지 않은 채 유려하게 대응해나가란 말입니다. 급등기 판단의 최고 기준은 당연히 월봉입니다. 느긋하게 월봉의 상승 과정을 한껏 즐길 수 있는 시기가 온 것입니다!

[비법 노트 20]
잭팟의 또 다른 비결! 회전수의 증가!

* * *

자, 이렇게 해서 당신은 마침내 코인의 순환과정과 코인의 시기별 속성에 대한 수업을 마쳤습니다. 어떻습니까? 아무것도 모르고 매일 유튜브에서 밤을 새우며 막연하게 헛손질만 해대다가 이제 모든 것이 눈에 확 들어오니 감격해 눈물이 나올 지경이라고요? 좋습니다. 일단 그렇게 태세 전환했다면 대성공입니다!

정말 모르고 대응하는 것만큼 위험한 것은 없습니다. 특히 변동률이 너무 심한 코인의 세계에서는요. 그 큰 흐름을 알고 다스려가면서 대응할 줄 알아야 당신이 최후의 승자, 그것도 전 세계에서 맨 꼭대기 위에 우뚝 서 있는 위대한 승리자가 되는 것입니다.

여기서 잠깐 위의 수업 내용 중에 있었던, 수익률 극대화의 과정 하나를 다시 짚어 보겠습니다. 당신의 인식을 환기해 초대박을 향한 행동 특성을 강화하기 위함입니다.

급락기나 조정기에는 적은 수익률에도 순간 펌핑하거나 며칠 새 혹은 1~2달 새에 일정 비율의 수익을 올린 용사를 매도해 이익을 실현한 후 동 종목이 다시 원위치 가까이 오기를 기다려 재매수하거나 다른 좋은 종목으로 갈아타라고 했습니다. 이 경우 해당 용사는 다른 용사들보다 한 번의 순환 횟수를 기록하게 됩니다.

위의 수익모델 계산의 예에서 보았듯이 순환 횟수가 늘어나는 것은 초대박으로의 지름길이 됩니다. 운용하다 보면 어떤 용사들은 평균 횟수×(곱하기)를 능가하는 사이클을 타게 됩니다. 계속 기하급수적으로 늘어나는 액수가 이 코인에서 저 코인으로 금액이 늘어나고 또 합쳐지기도 하고 또 폭증하고 하면서 돌게 되는 거죠. 코인의 이름이 바뀌며 그 용사가 거둔 성과는 이어지는 것입니다.

5년 새에 전체적 급등기는 2번이나 3번을 기록할 가능성이 크다고 했습니다. 다들 크게 3번을 순환했다 가정해 봅시다. 그런데 급락기나 조정기의 과정에 일시적으로 순환에 성공하는 종목들이 심심치 않게 증가하게 됩니다. 어떤 것은 운 좋게도 급락기에 한 번, 횡보기에 한번을 더 거쳤다 합시다. 그 경우 해당 용사는 다른 용사들처럼 3번에다 2번을 더해서 총 다섯 번의 사이클을 타게 됩니다. 5년 뒤의 결과는 놀라울 것입니다.

개중에 어떤 용사는 횡보기에만 운 좋게도 4번이나 성공했다고 가정해 봅시다. 남들에 비해 엉덩이가 들썩거리길 좋아하는 용사였던 거죠.

한 번에 평균 100%였다고 하면 10만 원×2×2×2×2=160만 원의 보너스를 받게 되는 것입니다. 이 용사가 3번의 급등기에 각 10배, 20배, 20배의 실적을 올렸다면 160만 원×10×20×20이 추가되는 것이지요. 계산했더니 무려 64억 원이 나와버렸습니다. 어떤가요? 계산만으로도 행복하지 않은가요? (여기서 2배는 앞에서 언급했듯이 수익률이 100%로 표기되는 경우입니다. 아주 쉽게 실현되는 상황이지요.)

급등기를 각 20배씩 2번만 탄 거로 줄여서 계산해 보겠습니다. 10만 원×2×2×2×2×20×20=6억 4,000만 원이 나오는군요.

자, 앞으로 5년간 2번의 급등기를 만나 한 번의 급등기에 20배가 어려운가요? 저는 이 계산은 최소치로 잡은 듯한데요. 이 경우 4,000만 원이 됩니다. 당연히 하나의 용사가 거둔 빛나는 실적이죠. 모두 30개를 합치면 얼마가 되나. 모두 12억 원이 나옵니다. 엄청나지요.

중간에 급락기나 횡보기 등의 복잡한 경우의 수 하나도 없이 최소로 잡아 여러분이 5년 사이 각 20배씩 2번의 흐름만 타면 한 용사당 4,000만 원 해서 모두 12억 원이라는 어마어마한 결과가 나오는 것입니다. 이것만으로도 당신은 너무나 행복해서 미칠 지경입니다. 몇십 년 로또에 투자하고도 허무하게 다 날리기만 했는데요.

그런데 이 과정에 이렇듯 급락기나 조정기, 횡보기의 순간적이거나 단기간의 순환 사이클을 잘 타면 그 종목은 기하급수적인 수익도 가능하다는 것입니다. 그러고 보니 우리 비법 강의는 경이로운 비기들을 전체 과정 여기저기에 몰래 숨겨두고 있네요. 그걸 그때그때 잘 찾아내어 활용해 나갈 때 당신은 코인왕이 되는 것입니다.

[비법 노트 21]
즐거운 투자 '게임의 규칙'

* * *

　이쯤에서 우리 수업에서의 각 용사의 흐름에 대해 생각해 보겠습니다. 처음에 저는 30개의 용사를 선정해서 각각 번호를 매기라고 말했습니다. 코인왕이 되기 위한 우리의 수업에서 중요한 것은 '해당 번호'입니다. 당신이 그 순간 선택한 코인 이름이 용사의 상징이 되는 것이 아닙니다. 그 용사의 기호가 곧 이름이고 그것은 '1호 용사', '2호 용사' 식으로 바뀌지 않습니다. 다만 그 용사가 뒤집어쓴 코인이 당시의 선택에 따라 바뀔 뿐입니다. 자, 우리 게임의 룰을 아시겠죠?

　부유한 삶을 위해 최선을 다해 투자하는 것을 게임에 비유해 한편 송구하기도 하지만, 이왕 할 거 게임처럼 신나게 놀아봅시다. 오히려 신나게 노는 것이 부담감도 없이 즐겁고, 또 그런 편한 자세일 때 떼돈도 잘 들어오는 법이니까요. 매사 흥에 겨워하는 이를 당해낼 수 없다고 하지 않던가요! 더구나 요즘 젊은 분들은 게임에 너무도 익숙해 있는데요.

　이를테면 이렇게 여러분의 노트에 기록되는 거죠.

　1호 이더리움 7월 20일 1,997,000 0.050개 100,000원
　2호 썸씽 7월 20일 41.50 2,409개 100,000원
　3호 에이다 7월 20일 1,265 79.05개 100,000원

　이런 식으로 말입니다. 1호 용사는 '이더리움'이고 7월 20일에 시가 1,997,000짜리를 0.050개 매입했다는 기록이지요. 현재 평가액은 10만 원이고요.

여기서 절대 변하지 않는 것은 번호입니다. '1호 용사', '2호 용사' 하는 기호들로 된 상징이 우리 수업에서는 살아 움직이는 생명성을 갖는 겁니다. 우리가 부여한 이름이지요. 당시 뒤집어쓴 종목명은 그때그때 바뀌지만, 용사의 기호는 살아 있는 것입니다. 신기하죠?

용사의 종목을 팔고 난 후 다른 종목을 구입하면 종목은 바뀌었지만 용사는 바뀌지 않은 것이죠. 예를 들면 '2호 용사'인 '썸씽'을 팔고 난 수익금 총액을 '비트코인'에 투자하면 그것은 '비트코인'이 아니라 계속 '2호 용사'인 것입니다. '비트코인'이 아무리 슬퍼해도 어쩔 수 없습니다.

그런데 만약 팔고 나서 당장 다른 종목으로 투자하지 않은 경우, 없어진 거 아닌가요? 아닙니다. 팔고 난 금액이 그대로 계좌에 남아 있잖아요. 그 팔고 난 금액만큼의 지분을 갖고 잠시 숨 쉬고 있을 뿐입니다. 잠시 용해 상태로 녹아 있는 '터미네이터'처럼 말이지요. 그러다가 다른 코인을 살 때 그 금액만큼 새로 사면 됩니다. 물론 여러 개를 팔아 수익 금액이 뒤죽박죽일 때는 꼭 용사별로 해당 금액 기준을 지키기는 어렵습니다. 급히 처리할 때는 기준이 엉망이 될 수도 있지요. 그래도 가급적 해당 용사의 금액만큼의 결과에 따라 이동해 보면 재미있지 않을까 합니다.

그러므로 매도했을 때는 반드시 해당 용사의 매도 후 총액을 기록해 둬야 합니다. 여러 종목의 매도금이 섞인 상태에서 한 달 후 재매수하더라도 그 금액만큼 각각 나눠 새로 매입한 것이 해당 용사가 되는 것이니까요.

5호 용사를 판 수익금이 커서 새로 세 개의 종목에 분산 투자한다면, 새로 선정된 세 코인은 각각 '5-1호', '5-2호', '5-3호'라 해도 되고, 새로 생긴 '31호', '32호', '33호'라 해도 되는 것이지요. 이 경우 어디에서 왔는지 이동 경로만 적어 놓으면 됩니다.

이렇듯 기호를 중시해 흐름을 기록해 두는 것은 재미도 있지만, 그보다 우리 수업이 가지는 효율성과 여러 기교를 매번 잊지 않고 잘 기억해 적용하기 위함입니다. 또한 각 투자금의 흐름에 생명성을 불어넣어 당신의 최선의 마음을 실어 줌으로써 '기'를 쏟기 위함입니다.

자, 여기까지 읽고 보니 귀찮다고요? 아니면 무슨 말인지 이해가 안 간다고요? 좋습니다. 투자는 편하게 해야지요. 그런 분은 재매수 시에, 팔 때의 종목 개수만큼 나눠서 분할 매수하면 되겠습니다. 예를 들어 급락기를 예상하고 30개 종목을 팔고 나서 다시 재매수할 때라고 판단되면, 남은 총액으로 균일하게 각 30분의 1씩 매입하면 되는 것이지요. 10개 종목만 매도했다면 매도 총액을 10분의 일로 나눠 다시 10개 종목을 사면 되는 것이고요. 그러면 너무 쉽죠?

어떤 선택이든 당신이 재미있거나 편리한 쪽을 선택하면 됩니다. 다만 어떤 경우든 지금까지 배운 모든 투자 비법은 다 그대로 적용됨을 잊지 마시기 바랍니다.

[비법 노트 22]
징검다리 코인의 선정과 역할

* * *

용사의 기호는 바뀌지 않는 대신 그 용사에 담긴 종목은 얼마든지 교체가 가능합니다. 이때 새로 선정된 종목이 새 '징검다리 코인'이 됩니다. 더 쉽게 말하면, 팔고 '새로 선택한 코인'이 '징검다리 코인'입니다.

그렇다면 징검다리 코인으로 선택하기에 적절한 코인은 어떤 것일까요. 첫째, 아직 선택하지 않은 종목 중에 월봉 차트가 특히 좋아 기대되는 것입니다. 둘째, 신규 상장 종목 중 호재가 있거나, 사업 내용이 유망한 것입니다. 시대가 요구하는 테마나, 미래가치가 높은 것도 좋습니다. 셋째, 이전에 선택했다가 나온 종목 중에 시간이 흘러 다시 차트 모양이 좋아져 재선택한 것입니다. 넷째, 똑같은 종목을 팔고 나서 그 금액을 투자하지 않고 있다가 재매수하는 경우입니다. 결국 팔고 난 종목이 다시 징검다리 코인이 되는 것이지요. 이것은 순간 펌핑하거나 일정 기간에 걸쳐 오른 종목을 팔고 나서, 다시 시가가 원위치 되기를 기다려 재매수하는 경우입니다.

어떤 코인이든 징검다리 코인의 대상인 셈이지요. 교체가 필요할 때, 그때그때의 상황에 따라 가장 효율성이 크다고 판단한 종목으로 바꾸면 되는 것입니다. 임무 수행 후 버려진 코인도 지속적으로 관찰해 이삼 년 후 상승 가능성이 커지면 재선택할 수도 있는 것입니다. 심지어 순간 급등이 자주 일어나는 동일 종목을 여러 번 재선택할 수도 있고요. 이렇듯 가장 효율적으로 징검다리 코인을 선택해 나갈 때 당신의 투자는 더욱 빛나는 결실을 이루게 됩니다.

[비법 노트 23]
'비트코인'을 운용하는 종목에 포함할 것인가의 여부

* * *

여기서 작은 갈등이 하나 생깁니다. 비트코인을 처음 30개 용사 안에 포함할 것인지, 그 후에 징검다리로 활용할 것인가 여부입니다.

결론부터 말씀드리면 모든 것은 여러분의 자유입니다. 당신이 전체 중 비트코인이나, 알트코인 중에서도 대표 격인 이더리움에 더 높은 비율로 투자한 후 나중의 운용에서도 그 비율을 유지해 나갈 수 있는 것입니다. 이를테면 전체를 30등분 해서 비트코인 7, 이더리움 3, 각 20개 종목에 20분의 1씩 투자할 수 있다는 얘기지요.

그렇지만 저의 비법에서는 설령 포함하더라도 똑같이 30분의 1로 투자할 것을 권유합니다. 실제 안전성에서도 향후 5년은 별반 차이 없고, 수익성은 오히려 알트코인들이 훨씬 높을 것이기 때문입니다.

비트코인은 2013년 한 해 동안 55배, 2017년에는 15배나 상승했습니다. 그런데 2020년 10월부터 2021년 4월까지의 상승기에는 7배 상승했습니다. 몸집이 커질수록 절대 상승 폭이 줄어드는 추세입니다.

반면에 상대적으로 비할 수 없이 싼 알트코인들은 급등기에 훨씬 더 많은 수익의 기회를 줄 가능성이 큽니다. 그런 까닭에 굳이 알트코인들을 '잡주'라고 배척할 하등의 이유가 없습니다. 도리어 더 집중할 필요조차 있지요.

고로 이 비법의 원칙은 비트코인이든 알트코인들이든 처음에는 똑같이 30분의 1의 균등한 투자금을 통해 대등한 자격을 갖는 것을 의미합니다. 비트코인이든 알트코인이든 특정 용사에 들어와서는 원래의 고유성을 잃고 그 용사의 상징성에 포함되어 생각해 달라는 얘기입니다. 그 경우 비트코인도 처음이나 중간에 하나의 용사에 소속될 수 있는 거지요. 남들과 똑같이 말입니다. 경우에 따라서는 비트코인이 더 움직임이 클 때도 있는 법이니까요.

다만 여기서 반드시 명심해야 할 것은 설령 비트코인을 포함시키지 않았더라도 항상 그 흐름을 최우선으로 눈여겨봐야 한다는 사실입니다. 포함 여부와 전혀 관계없이 비트코인은 모든 코인의 대장이고, 전체 흐름의 가장 확실한 바로미터입니다. 다시 말해 전체 큰 흐름을 예고해주는 빛나는 지표인 것입니다.

특히 앞의 차트에서 보았듯이 급등기와 급락기 판단의 절대적 키를 쥐고 있는 어마어마한 존재란 말입니다. 또 한 가지 유념할 것은 지금까지는 비트코인의 큰 흐름 직후에 알트코인들이 따라서 급등하거나 급락하기를 따라 해 왔지만, 앞으로는 순서가 반대일 가능성도 있다는 점입니다. 물론 그래도 아직은 비트코인의 선행 가능성이 더 유효해 보이긴 합니다.

결론적으로 말해 당신이 전체 용사 중 하나로 비트코인을 원용할 수도 있습니다. 그렇지만 그 여부와 관계없이 항시 그것의 흐름을 유심히 관찰해 큰 흐름의 변화 가능성을 늘 염두에 둬야만 합니다.

[비법 노트 24]
'몸집 부풀리기'와 '합체'의 효율적 활용

* * *

특정 용사의 몸집을 부풀리며 상승 사이클에 대응하는 것은 해당 용사의 수익률을 극대화하는 좋은 방법입니다. '몸집 부풀리기'의 대표적예는 우리가 급락기나 횡보기에 배웠던 순간 펌핑이나 일시적 상승 시 수익을 실현한 후 다시 매입하는 방법이 있습니다.

그런데 '몸집 부풀리기'의 또 하나의 비법으로 '합체'가 있습니다. 그것은 수익을 올린 용사를 새로운 종목으로 옮기는 것이 아니라 일정 금액을 가진 종목과 합하는 방법입니다.

새로운 종목을 택하는 경우, 새 종목의 보유 금액이 없으므로 기존 종목을 판 금액이 그대로 새 투자 총액이 됩니다. 그런데 일정 금액을 보유한 금액과 합치는 '합체'를 단행할 경우, 그 즉석에서 그 용사는 한 번의 순환 사이클에 성공한 셈이 됩니다. 특히 성공한 종목끼리 합체를 효과적으로 하면, 바로 그 순간 '곱하기 2', '곱하기 3'이 되어버리는 거지요. 또한 두 성공 종목 중에 보다 더 유망한 종목으로 옮기는 것이므로 연이은 성공 확률을 높여줍니다.

예를 들어 한 번의 급등기에 20배 상승한 용사를 일 년 뒤의 다음 급등기에 같은 수익률의 용사와 합체해 다시 20배의 수익을 올렸다고 가정해 봅시다. '10만 원×20×(20+20)'이 되어 총 8억 원이 나오는 것이지요.

'합체'를 하는 경우는 선택당한 기존의 종목이 새로운 상승기에 보다 유망하다고 판단될 때입니다. 혹은 한 용사의 몸집을 비대화해 전략적으로 초대박 용사로 만들어내기 위함입니다.

'합체'는 급등기를 앞두고 커다란 몸집을 가진 것끼리 할 수도 있지만, 급락기나 횡보기에 상당폭 커진 몸집끼리 할 수도 있습니다.

두 종목을 합체하면 종목 수가 줄어듭니다. 그러나 한쪽의 비대해진 몸집으로 인한 위험을 최소화하고, 초대박 용사 출현의 성공 확률을 높이기 위해 3~4개의 종목으로 분산한 후, 그중 하나와 작은 합체를 하면, 전체 종목 수는 증가합니다. 한 종목에 집중 투자해서 승부할 수도 있겠지만, 경우에 따라 유망한 여러 종목에 나눠 줌으로써 보다 확실한 수익을 기대할 수 있기 때문입니다. 이렇게 몸집 부풀리기와 그 한 과정으로 합체를 잘 활용하면 잭팟 종목의 실현 가능성이 매우 커집니다.

[비법 노트 25]
'특공 용사'의 양성과 '일대일 원칙' 준수

* * *

요즘 '강철부대'라는 서바이벌 프로그램이 상당한 인기를 끌고 있습니다. 젊은이들과 특히 여성들에 뜨거운 열풍이라는 뉴스는 새로운 풍경입니다. 군대 얘기만 나오면 귀를 막던 여성들도 막상 그 극한 대결과 게임식 전투 장면에 열광하는 게 아닌가 합니다.

우리의 투자를 마치 게임 하듯 즐겁게 해 보자 하여 그렇듯 극한 상황으로 치달으며 몰아가자는 얘기가 절대 아닙니다. 모든 판단과 진행은 아주 여유 있고 즐거운 마음으로 이어가야 합니다. '코인 선비'는 늘 우아하다가 때가 오면 재빨리 결단을 내릴 뿐이니까요.

다만 여기서 말하는 '특공 용사의 양성'은 급락기나 횡보기에 몸집 부풀리기에 성공하고, 경우에 따라서 합체를 효율적으로 해서 초대박 용사가 될 가능성이 큰 용사들을 여럿 만들라는 얘기입니다. 그러기 위해 특별히 판단이 적중했거나 운이 좋아 다른 것들보다 앞서 나가는 용사들을 집중 관리해 가라는 것이지요.

축구를 보더라도 궁극적 목표인 '골'을 넣은 유형은 크게 세 가지입니다. 수비수 중에 순간 돌파력이나 특히 헤딩을 잘해 코너킥 등에서 항상 대기하는 선수와 미드필더 중에서도 공격형 미드필더, 그중에서도 으뜸은 공격의 최전방에서 맹활약하는 '골게터'입니다.

우리의 '특공 용사'들 중에서도 급락 시에 유독 빛을 발하며 튀어 오르는 것, 횡보 시에 무려 5~6번이나 연속 성공해 엄청난 기쁨을 주는 것, 특히 급등 시에 경이로운 수익률을 주는 것 등 다양하게 존재할 수 있습니다. 그중 어떤 용사를 합체하고, 또 적절히 매도 후 교체해 나가면서 당신의 '메시'나 '손흥민'으로 만들 것인지는 전적으로 당신의 전략과 그때그때의 상황 전개에 달린 것입니다.

그렇다고 특전 용사의 '몸집 부풀리기'를 너무 의식한 나머지, 무리하게 시도해서는 오히려 수익률 하락이라는 역풍을 맞습니다. 순간 펌핑이나 단기간 상승의 경우에라도 잘 판단해 매도한 후, 적당한 기간 기다릴 줄 알아야 합니다. 물론 어떤 경우는 수익률을 짧게 잡고 단기간에 여러 번의 '몸집 부풀리기'를 노리는 것도 좋은 전략일 수 있습니다. 그렇지만 원칙적으로는 절대 무리하지 않고 여유 있는 기간을 두어 재매수하는 것이 좋습니다.

'합체'의 경우는 한 번의 사이클에서 시행하는 용사에 한정해서 각 1회만 행해야 합니다. 한 번의 사이클에서 합체를 진행하는 종목의 수도 5개를 넘지 않는 것이 좋습니다.

그것도 어떤 합체이든지 '하나의 용사와 다른 하나의 용사가 합해지는 일대일 합체'여야만 합니다. 하나의 용사를 여러 개의 분산체로 나누는 것은 가능하지만, 여러 개의 용사를 한꺼번에 하나로 합체해서는 안 된다는 것이지요. 분산체는 몸집을 적당히 나누거나 합하게 해줘 효율성과 성공 확률을 높여주지만, 지나친 개수의 합체는 전체 종목 수도 급격히 줄고, 지나친 비대화로 인해 효율성도 낮아 성공 확률을 낮추기 때문입니다.

아무튼 게임에서처럼 효율적인 '합체'는 막강한 '파워(Power)'를 자랑합니다. 집중적인 관리로 효율적인 몸집 부풀리기와 합체를 통해 몇 개의 특공 용사 양성에 성공하면 그중에 초대박 종목들이 속출할 수 있습니다. 여기에다 예상치 않았던 잭팟 종목까지 가세하면 당신의 계좌는 '히말라야산맥'이 되어 있지요.

[비법 노트 26]
인기 있는 종목에 잠깐 올라타는 기법

* * *

여기서 잠깐, 위에서 언급한 '특공 용사'들만을 위한 기법 하나를 소개합니다. '몸집 부풀리기' 방법 중에 '현재 인기 있는 종목에 잠깐 올라타기' 기법이 있습니다. '업비트'의 '코인정보' 창을 열면 '상승률 상위 코인' 페이지가 열립니다.

여기서 주목할 것은 '월간 상승률'과 특히 '주간 상승률'입니다. 이 기법에서는 월봉도 중요하지만, 예외적으로 주봉과 특히 일봉의 흐름이 더 중시됩니다. 우리 수업에서 그다지 호의적이지 않은 단타 매매가 펌핑의 경우와 함께 허용되는 경우이지요.

월봉을 판단의 뼈대로 하고 주봉과 특히 일봉으로 보아 단기 매매가 허용됩니다. 이때는 예상수익률을 다소 낮춰 잡아도 무방합니다. 또 한 번 이익 실현 후 다시 떨어지기를 기다려 다시 상승이 예상되면 재매수해도 되겠습니다.

현재 인기 있다고 해 계속 보장되지는 않습니다. 호재가 되는 재료의 정도에 비춰 상승 시작 시기, 현재의 일봉 흐름, 앞으로의 예상 등을 종합해 현명하게 판단해야 합니다. 무엇보다 주의할 것은 급등의 막차마저 떠났는데 판단 착오로 뒤차를 타서는 안 된다는 점입니다. 만약 그랬다고 판단되면 바로 손절해야 합니다. 이 기법은 잘못 판단했을 경우 큰 손실을 주기 때문입니다.

또 반드시 유념할 것은 동시에 운용하는 용사의 수가 최대 3개 이내여야만 한다는 것입니다. 가급적 1~2개가 좋습니다. 많으면 집중력이 분산되어 판단을 그르칠 수 있기 때문입니다.

남들과 달리 부분적으로 이 기법을 써도 우리가 편안하게 운용할 수 있는 이유는 역시 묵묵히 버텨주고 있는 나머지 수많은 용사들 덕분입니다. 분산 투자로 인한 든든한 뒷배가 무언의 힘과 안전성을 담보해 주는 것이지요. 그 든든함은 성공 가능성을 물론 높여주는 것이고요.

또한 이 투자법에 너무 몰입해서도 안 됩니다. 그럴 바에야 초심으로 돌아가 단기 상승률 자체를 아예 보지 않는 것이 여러모로 좋습니다.

명심하십시오. '현재 인기 있는 종목에 잠시 올라타기' 기법도 한두 용사나 두세 용사에 한해서 여유 있게 진행해야만 합니다. 그리고 시행 결과가 성공이든 실패이든 연연하지 마십시오. 설령 실패하더라도 바로 잊고 그 과정과 판단을 교훈 삼아 다음에 성공하면 되는 것입니다.

성공했다면 다음에는 더욱 영리하게 판단해 연속 성공을 거둬 수익률을 극대화해 나갑니다. 그럴수록 당신의 코인 운용 실력은 나날이 급성장해 마침내 '코인왕'에 등극하게 되는 것입니다.

[비법 노트 27]
순환매를 예상하고 길목 지키기 기법, 순환매의 적절한 활용

* * *

거대 자본이 들어오면서 알트코인 시장에 두드러지게 나타난 현상이 바로 '순환매'입니다. 순환매가 일어나는 종목에는 두 가지 큰 유형이 있습니다.

하나는 그때그때 시중에 화제가 되는 뉴스나 테마에 부합되는 '빅뉴스형, 테마형'입니다. 이 경우 투자자들의 시선을 모을 '핫'한 테마나 뉴스에 귀 기울이고, 거기에 부합하는 종목을 선정하면 유리합니다.

또 하나는 아무 이유 없이 순환의 차례가 오는 '묻지 마 순환형'입니다. 정말로 최근 들어 이 유형도 급증하는 추세입니다. 그만큼 갈 곳을 찾아 헤매는 투자 자본과 무한한 욕망이 우연히 맞아떨어지는 경우이지요.

그런데 사실 위의 두 가지 경우에 가장 유리한 투자 방식이 바로 우리가 배우는 '30개 종목 분산 투자'인 것입니다. 수많은 종목을 이미 보유하고 있기에 주간 상승률이나 일간 상승률, 나아가 월간 상승률 최상위권에 들어 있는 종목들이 매번 발생합니다. 그처럼 많은 종목 분산 투자 방식은 너무도 훌륭한 최상의 투자 방식임이 확실합니다.

일단 한 번 이상 순환매에 성공한 종목은 '예비 특공 용사'가 되는 셈입니다. 그 예비 용사를 2~3번 성공시키다 보면 정말로 '정예 특공 용사'로 거듭나 막대한 수익률을 올려주는 것이지요.

앞의 '인기 있는 종목에 잠시 올라타는 기법'과의 중요한 차이점은 이미 보유한 종목 중에서, 혹은 아직 급등하지 않았으나 상승이 예상되는 종목을 미리 추가 매수하는 기법이라는 점입니다. 앞의 비법이 상승 중인 것을 추격 매수하는 것이라면, 이것은 기 보유 종목 중에 오르는 것을 적절히 활용하거나 상승을 예상하고 추가 매수한 것이지요.

이 순환매는 시장 전체의 흐름이 횡보기이거나 조정기일 때 여러 종목에서 이익을 내고, 특히 똘똘한 '예비 특공 용사'들이나 '특공 용사'들을 만들어내고 집중적 양성할 수 있는 좋은 비책입니다. 순환매의 흐름만 잘 타도 경이로운 수익률을 낼 수 있는 것이 코인의 세계이며, 우리 '30개 종목 분산 투자'의 빛나는 투자 방식입니다.

[비법 노트 28]
'박스권'을 이용한 초단타 기법

* * *

저의 투자 비법은 원칙적으로는 단타 매매를 선호하지 않습니다. 그런데 사실 코인처럼 단타는 초단타 매매가 손에 익으면 아주 쉽고 간편한 상품도 없는 것이 사실입니다. 가상화폐는 누차 말하지만 가장 정직하게 실력이 액면 그대로 드러나는 명쾌한 금융 상품입니다.

문제는 그 반면에, 너무나도 위험한 '슈퍼 리스크'의 상품이라는데 큰 함정이 있습니다. 자칫 흐름을 잘못 타면 오랜 기간 공들여 쌓은 수익이 하루아침에 날아가는 늘 불안한 화약고인 셈입니다. 특급 비법이라고 자칭 고수들이 제시하는 노하우들도 한순간에 무용지물이 됨은 물론 오히려 자산을 갉아먹는 독약이 되고 마는 것입니다.

그래서 저의 '30개 종목 장기 투자' 원칙을 잘 지켜나갈 때 기대 이상의 최고 수익률이 보장되는 것이지요. 그런데 경우에 따라 단타나 초단타 기법으로 꽤 큰 수익을 거두고, 나아가 특급 용사의 수익률을 점차적으로 증가시켜 나갈 수도 있긴 합니다.

바로 열십자 형(십자가형)으로 박스권에서의 등락이 확실한 날이거나, 패턴 상 일정 범위에서의 등락이 비교적 주기적으로 전개되는 것이 확연한 경우에는 작거나 아주 작은 이익만을 추구하며 하루에도 여러 번의 수익을 연속적으로 성공시킬 수 있습니다.

되도록 단타나 초단타를 권하지 않지만, 당신의 기질이나 자질이 그쪽에 적합하고 또 뛰어나다고 판단되면 그것을 통해 여러 특공 용사들을 더욱 비대하게 할 수도 있지요. 다만 이때도 한 번에 1~2개나 잘해야 3~4개의 용사들만 가지고 임해야 합니다.

그리고 월봉이 중심인 중장기 투자에 비해 단타 매매에서는 일봉과 여러 분봉을 두루 섭렵하며 임해야 합니다. 특히 초단타 매매에서 30분 봉이나 60분 봉보다 훨씬 유효한 것은 5분 봉입니다. 5분 봉을 유심히 보면 십자형 박스권일 때의 상단과 하단이 잘 보입니다.

그렇지만 어떤 경우든 월봉은 가장 중요한 판단의 변함 없는 기준이며 주봉이나 일봉도 단타는 물론 초단타 매매에서 놓치지 않고 검토해 놓아야 합니다. 그리고서 그 주나 그날의, 또 그 순간의 확실한 판단이 설 때 매매해나가야 합니다.

물론 이 경우 역시 참여하지 않고 묵묵히 자리만 지키고 있는 나머지 30개 가까운 용사들이 변함없이 존재하기에 마음 편하게 시도해 나갈 수 있지요. 뒷배가 워낙 튼튼하니 그만큼 실패 확률도 줄어드는 거고요. 단타 매매에는 여러분의 '욕심'이 반영되어 '리스크'가 있지만, 중장기 투자라는 나머지 대부분 종목에 내포된 '평정심'이 그 위험성을 줄여 준다는 얘기입니다.

그래도 항상 이 명제만은 유념하고 있어야 합니다. 코인 시장은 여러분들의 편견과 달리 특히 '단타'보다는 '중타'나 '장타'가 훨씬 큰 수익을 내주는 인내의 장입니다. 또한 두어 개 종목으로 단타를 치다가 실패해도 어느 순간에 소리 없이 올라 있는 나머지 용사들이 단순한 버팀목을 넘어 실질적인 큰 수익을 집단적으로 제공해줄 때가 많은 시장입니다.

이렇듯 박스권에서의 단타나 초단타 매매 기법은 당신이 시간적 여유가 있을 때, 또 자신이 있을 때 시행하면 되는 것으로 우리 비법의 핵심은 물론 아니긴 합니다. 그렇지만 잘 활용하면 초특급 용사나 특급 용사 육성에 큰 도움이 되기도 합니다.

[비법 노트 29]
'자동 매매'의 일시적 활용

* * *

특공 용사를 투입해 인기 종목에 잠시 올라타면서 먼저 정해야 하는 것은 예상수익률입니다. 물론 상승의 강도에 따라 중간에 바뀔 수도 있으나, 가급적 욕심부리지 말고 처음에 설정한 선을 지키는 게 좋습니다. 이때 활용할 수 있는 것이 '자동 매매'입니다. 요동치는 코인의 속성상 정해진 목표선을 한순간에 왔다 갈 수 있기 때문입니다. 거기에다 '코인 선비'인 우리 입장에서는 매시간 지켜보지도 못할 노릇입니다.

이럴 때 미리 팔고 싶은 가격을 입력해 매도 주문을 내놓거나, 자동매매 트레이딩을 이용하면 좋습니다. 매도에 성공하고 나면 재매수하고 싶은 가격에 다시 설정해 놓는 거고요. 보유 종목에서 떠오르는 몇 종목 중 혹시 순간 펌핑 등에 대비하기 위해 재미 삼아 다소 무리하게 설정해 놓는 것도 무료할 때 소일거리가 될 수 있겠지요. 그러다 하나라도 걸리면 좋을 거고요. 그렇지만 '코인 선비' 입장에서 너무 권장할 일은 아닌 듯합니다.

그보다는 예상 수익선을 짧게 잡고 '자동 매매'를 활용하는 것은 적극 권장합니다. 어차피 팔리고 다시 사서 또 수익을 거두는 시나리오니까요. 다만 이런 종목들도 몇 용사에 국한해야 함을 다시 강조합니다.

설령 매매가 이뤄지지 않았다고 아쉬워할 것도 없습니다. 어차피 우리의 진짜 큰 승부는 따로 있기 때문입니다. 또한 이 매매 기법은 급락기나 조정기, 횡보기에만 유효합니다. 급등기에는 진정한 큰 수익률의 승부가 펼쳐지기 때문입니다.

[비법 노트 30]
전사의 유형

* * *

그렇다면 당신이 운용하는 용사들은 어떤 유형으로 나뉠까요. '골게터형'은 말 그대로 초대박을 목표로 부지런히 운용되어 실제 가장 높은 수익을 올리거나 가장 빈번한 회전수를 자랑하며 열심히 돌아다니는 용사입니다. 이 특급 용사들을 몇 개만 거느리면 모든 게임은 끝난 것이나 마찬가지지요.

다만 규모가 눈덩이처럼 불어났을 때 두 개나 세 개의 용사로 수익을 나눠 주는 분체를 하는 것이 더 안전할 수도 있습니다. 분체 후 다시 그중 1~2개씩 그 이상의 초특급 용사로 키워나가고, 또 키워나가는 것이지요.

'미드필더형'은 말 그대로 원활한 연결을 주로 담당하는 용사입니다. '골게터형'이 잘 나가다 뜻하지 않은 손실을 입었을 때, 가서 합체해 주기도 하고 기대하지 않았는데 갑자기 저 혼자만 급등해 새로운 다크호스로 부상하는 것도 있고요. 변화하는 상황에 맞춰 가장 효율적인 운용이 되도록 당신의 특급 전략을 뒷받침해주는 용사들입니다. 전체 종료 후 합산하면 상당히 쏠쏠한 수익을 냈을 것입니다.

'수비형'은 뜻하지 않게 가장 정체해 있는 유형으로 수익률에서도 최하위권에 있는 경우입니다. 그렇지만 때가 되면 '미드필더형'이나 나아가 한순간에 '골게터형'으로 변신할 수도 있으므로 '코인 팔자 시간 문제'일 뿐입니다. 어느 금융 상품보다 속도가 빨라서 기습적 변신이 이뤄지는 것이 코인의 세계이니까요.

실질적으로 가장 많은 수의 비중인 '수비형 용사'들이야말로 사실은 가장 든든한 버팀목들로 매우 중요한 역할을 차지하므로 절대 가벼이 여겨서는 안 됩니다. 그것은 당신의 전체 코인의 균형을 잡아주는 중추라 해도 과언이 아닙니다. 특히 전체 상승기 등을 잘 활용해 각 용사의 수익률 제고에 성공해 나간다면 뜻밖의 초대박도 가능한 것이니까요.

이런 기본 개념을 갖고 용사들을 운용하고 특급 용사들을 길러내며, 가장 효율적인 '몸집 부풀리기'들을 하나씩 실행해 나갈 때 훨씬 역동적이고 생기 있게 당신의 '잭팟의 길'이 열릴 것입니다.

[비법 노트 31]
그래프가 유사한 그룹별 분산 투자 기법

* * *

이 기법은 차트가 유사한 그룹을 별도로 묶어 관리하는 방법입니다. 그런데 실제로는 별 차이가 없는 종목들이 대부분입니다. 특히 안전성이 높은 '업비트'의 종목들이 그러합니다.

그래도 상황에 따라 약간의 차이가 종목에 따라 눈에 보이는 경우가 많습니다. 그 경우 수익률을 높이기 위해 같은 그룹에 속한 종목들을 두 가지나 세 가지 서로 다른 방향으로 전개해 나감으로써 초대박 용사 배양의 가능성을 높이는 기법이지요.

'30개 종목 분산 투자 비법'은 지금까지 살펴본 것처럼 여러 변화나 급등락의 과정이 불가예측적일 때 가장 효율적인 투자 비법이 됩니다. 중요한 하나의 예측이 틀렸을 때를 대비해서 혹은 아예 처음부터 두 가지나 세 가지 정도의 방향성의 시나리오를 짜서 대비할 수 있는 최고의 비법인 것입니다.

그렇듯 예측이 틀렸을 때를 대비해 반대 경우에 일부 무리를 남겨 놓거나, 여러 가능한 방향으로 무리를 나눠 짜놓으면 어떤 경우든 당신의 용사들 중에는 적중한 용사들이 나오는 것이고, 특공 용사들이 계속 탄생하는 것입니다. 그럼으로써 다음 전략을 이어가기가 훨씬 쉬워지고요. '여러 경우의 수'로 용사들을 분산 투자해 위험을 줄이고 수익률을 높이며 대응해 감으로써 초대박 종목들의 가능성을 높이는 것입니다.

이 기법은 횡보기, 조정기는 물론, 특히 급등기에 최대 수익률 종목들의 탄생에 매우 유용해서 이미 앞에서도 매도 비율의 사례를 들어 설명한 바 있습니다.

[비법 노트 32]
이제부터 남은 5년간 몇 번의 순환 사이클이 가능한지
판단 예측해 보기

* * *

막연하게 투자해서는 큰 성공을 거두기 어렵습니다. 당신이 위대한 성공을 이뤄내려면 향후 5년간의 큰 흐름에 대해 예견해 보고, 그때마다 어떻게 대응해나가야 할지 큰 그림을 가지고 있어야 합니다.

지금까지 배워 본 결과 향후 5년 사이 초대박의 열쇠가 되는 대상승기, 즉 급등기는 대략 2번 정도 예상됩니다. 운이 좋으면 한 번 정도 더 올 수도 있겠습니다. 한 번 급등기에서 비트코인이 큰 폭 상승하는 기간은 일단 6~7개월 정도로 보는 것이 무난하다고 예상됩니다. 알트코인들은 그사이에 평균 수십 배씩 오릅니다. 나머지 더 오랜 기간이 급락기와 조정기, 횡보기입니다. 두세 달씩 약간의 상승을 보이는 종목들도 있습니다.

　이것이 지난 차트들에서 유추한 앞으로의 큰 그림입니다. 물론 이대로 전개되지 않을 수 있습니다. 이번에는 덩치가 무거워진 비트코인보다 알트코인들이, 한 번 초대박에 맛을 들인 대중의 집단적 욕망을 등에 업고 먼저 치고 나가 견인할 가능성도 있습니다.

　앞에서 살펴본 대로 비트코인의 조정 기간도 전처럼 무려 33개월이 아니라 훨씬 짧아질 가능성이 큽니다. 어쩌면 긴 조정 뒤 6~7개월의 급등 시나리오를 선택하지 않고, 전고점과 현재의 저점을 기준으로 2~3차례 등락을 거듭하다가 일 년쯤 후부터 급상승을 시작할 수도 있습니다. 그렇게 되면 알트코인들도 덩달아 치고 올라가는 거고요.

　이런 각각의 큰 시나리오를 염두에 두고 그 상황들에 맞춰 어떻게 끌고 가는 게 유리한지 한 번 나름 구상해 보십시오. 무엇보다 한쪽 방향으로 큰 흐름의 가닥이 잡혔을 때, 그 흐름을 절대 놓치지 않아야 합니다. 아니, 이 수업에 충실했던 당신은 이제 그런 역량을 충분히 갖춘, 자격이 넘치는 빛나는 존재입니다.

　다른 건 몰라도, 여기서 반드시 명심해야 할 것은 급등기의 징후를 절대 놓치지 말라는 것입니다. 아니 설령 좀 놓쳤더라도 전체적 급등기가 확실하다는 판단이 섰을 때는 월봉을 보며 'Buy & Hold' 전략으로 일관해야만 합니다. 적어도 3~4달 동안은요. 그 이후 전략은 앞에서 적시해 놓았고요.

　어쩌다가 찾아온 '큰 기회'는 반드시 잡고 버텨야 하는 법입니다. 잘 아시겠지요!

마지막 5년 차 작전 종료 시점에 남은 바람직한 종목의 개수

* * *

최종적으로 남는 코인의 종목 수는 각자의 취향과 판단, 그때그때의 상황에 따른 결과로 다양하게 나타날 것입니다. 바람직한 개수는 20~40개 정도입니다.

정예화 중심으로 합체 등을 통해 큰 몸집으로 조금씩 줄여 갔을 경우 20개에 가까워집니다. 그래도 최소 20개 이상에는 분산 투자하고 있어야 합니다. 안전성과 특히 초대박 종목의 확률을 높이기 위해 다양하게 분산했을 경우 40개 정도도 무난합니다. 결국 자신의 개성과 당시의 판단에 따라 다양한 결과로 나타나게 되는 것입니다.

다만 여기서 반드시 짚고 넘어갈 한 가지는 종료 시점을 반드시 2026년 말로 한정하지 말라는 것입니다. 물론 해를 넘겨 2027년까지 안고 가는 것은 일말의 위험성이라도 있어 절대 안 됩니다.

다만 그 이전에 끝내는 것은 얼마든지 가능하며 경우에 따라 현명한 선택일 수도 있습니다. 심지어 일 년 이전이라도 가능합니다. 급등기의 큰 흐름이 일 년쯤 전에 종료되어 오랜 기간 조정기가 예상되었을 경우라든가 말이지요. 이 경우 미련을 갖고 있는 것이 오히려 애써 벌어놓은 재산을 축내는 결과로 이어질 수도 있기 때문입니다.

만약 일 년쯤 전에 모든 이익을 실현해 놓고 그 후에 상당 기간을 공백기로 보내기가 싫다면 방법이 있긴 합니다. 일단 수익을 거둔 수억 원, 혹은 그 이상의 모든 총액은 안전하게 예금해 두십시오. 얼마 후부터는 비상시기로 들어가니까요. 또 남은 짧은 기간 부동산은 물론이고, 주식마저도 수익을 장담하기 어렵습니다.

그렇다면 어떻게 투자 공백기를 메울까요. 다시 코인을 부분적으로 시작하는 것입니다. 물론 모든 이익금은 저금한 후, 초심으로 돌아가 총 투자액 300만 원 이하로만 시작하는 것이지요. 그렇다면 저금해 놓은 액수가 많아 부담이 아예 없지요. 운용하는 것도 경험이 있어 나름 익숙하고요.

이때는 운용의 주기나 횟수를 아주 짧게 잡고 많지 않은 이익만 생겨도 이익의 일부를 따로 떼 내 저금해야 합니다. 돌다리도 두드리며 건너는 마음으로 말이지요.

다만 그러다가 경기 불황의 조짐이 크게 보이거나 어떤 사태가 발생하거나 특히 전체 코인이 이유 없이 폭락을 시작하면 바로 전량 매도 후 중지해야 합니다. 큰 이익 실현 후에는 안전이 최우선이고, 경제 주기가 휩쓸고 가면 다음 주기가 새로 시작되니까요. 아셨지요!

[비법 노트 34]
매번 큰 수익을 올릴 때마다. 혹은 일 년에 한 번 20%씩 떼어놓기

* * *

향후 5년간 코인 시장은 안전할 것입니다. 그렇긴 해도 이 기법은 확보된 수익을 일부 보전해 두고, 혹시나 모를 예외적 상황에 대비하기 위함입니다. 만약 조금이라도 코인의 장기 보유에 대한 불안감이 있다면, 수익을 올릴 때마다 인출해서 보전하십시오. 그 발생한 금액은 2024년까지는 중국 주식을 사시면 됩니다. 그 이후에도 중국 주식이 오르겠지만, 그때가 되면 장기간의 상승으로 인해 기대수익률이 낮아져 있기 때문입니다. 너무 늦게 들어가는 거지요. 나머지 기간은 아예 예금을 하시면

됩니다.

[비법 노트 35]

종료 당시 전체 경제 흐름과 자신의 투자 패턴에 따른

'전체 용사의 수익 결과' 차트 유형

* * *

대략 5년 후 종료 시에는 그동안의 흐름과 자신의 투자 패턴에 따라
다음 셋 중 하나의 모양으로 나올 가능성이 큽니다.

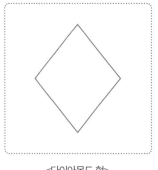

<다이아몬드 형>

1. 다이아몬드형= 한두 용사가 초
대박이 나고 여러 용사들이 상당한 수
익을 거둔다. 반대로 한두 종목은 퇴출
이나 악재로 폭망하고, 여러 용사들이
소강상태다. 그래도 전체 수익을 합치
면 엄청나다.

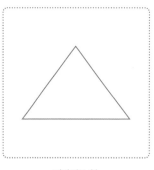

<피라미드 형>

2. 피라미드형= 한두 용사가 초대
박이 나고 여러 용사들이 대박이 나며,
나머지는 적당한 선에 머무른다. 역시
전체 수익률은 막대하다. 아주 이상적
인 수익모델이다.

4. '정사각형'이나 '직사각형'= 많은 용사들이 초대박이 나고, 다른 용사들도 무난한 수익을 올린다. 가장 이상적인 모델이다.

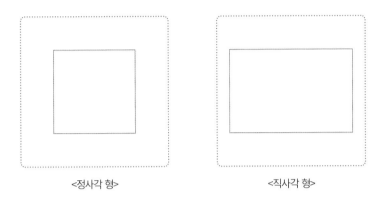

<정사각 형>   <직사각 형>

[비법 노트 36]
마지막 핵심 비법 알기 쉬운 총정리

* * *

나이가 좀 많으셔서, 또 자신의 개성에 의해 지금까지의 강의의 핵심이 잘 와 닿지 않는 분들이 계실 것입니다. 그분들을 위해 가장 중요한 핵심을 아주 알기 쉽고 간단하게 정리해 드리겠습니다.

향후 5년 사이 대부분 기간은 급락 후 조정기, 횡보기, 미미한 폭의 상승기 정도입니다. 총투자액이 300만 원이라면 30개 종목에 10만 원어치씩 균등하게 분할 매수 후 기다리고 또 기다려야 합니다.

그러다가 전체적 급등기가 오면 일부는 서너 달, 나머지는 여섯 달을 버텨야 합니다. 그 경우 종목당 평균 수익을 20배씩 계산하면 '10만 원×20배×30개'가 되어 6,000만 원이 됩니다.

일단 다 팔고 수익 실현 후 급락기 동안 기다리다가 적절한 시기에

다시 종목당 200만 원어치씩 30개를 삽니다. 두 번째 급등기에도 마찬가지입니다.

두 번째로 다 팔고 나면 총 12억 원이 되는 것입니다. 이것이 저의 비법 강의의 간단한 핵심입니다. 참 쉽지요?

그렇지만 사실은 그 기간 오랜 인내와 적절한 예측 등이 따라야만 합니다. 만약에 운 좋게도 저 2번의 사이에 평균 10배 정도 거두는 급등기가 한 번 더 도래한다면 '12억 원×10'이 되어 무려 120억 원이 되는군요. 생각만으로도 너무 행복해 미칠 지경입니다.

그렇지만 너무 섣부른 예측과 상상은 오히려 일을 그르칠 수 있습니다. 여러분 대부분은 지금까지 배운 내용을 잘 숙지하시어 하나씩 그때마다 적용해 나가면 예상외의 대박, 초대박, 잭팟 종목들을 여러 개 만들어내실 수 있습니다.

어떠셨나요? 잘 들으셨다고요? 지금까지 전혀 모르고 막연하게 대응해 왔던 코인의 속성을 이해하게 되어 감격스럽다고요! 무엇보다 확실히 나아갈 길을 명쾌하게 알게 되어 자신감으로 눈물이 흐를 지경이라고요!

다 좋습니다. 저의 '일타강사' 시절 예명은 '무당 선생'입니다. 심지어 수강 신청서에 기재하는 수강 기호도 '무당'이었습니다. 지금도 우연히 만나는 옛 제자들은 '야, 무당이다!', '무당 샘, 안녕하세요!'하는 식으로 반가움과 친근감을 표합니다.

제가 학원가의 '무당 선생'이 된 것은 종교와는 아무 관련이 없습니다. 저는 현재도 아무 종교가 없습니다. 단지 '신들린 강의'를 한다고 해서 붙은 별명입니다. 족집게 선생으로 잘 가르쳐주어 점수를 쑥쑥 올려주고, 어느 학원을 가든 학생들이 구름처럼 몰려다닌다고 동료 강사들이 붙여준 예명일 뿐입니다.

　무당은 전통적으로 신의 뜻을 잘 살펴 인간에게 전달해 주는 예지적 능력자입니다. 하늘과 사람을 연결해 주는 초능력자인 셈이지요. 이제 저는 대한민국 국민들을 위해 '경제와 재테크의 무당'이 되어 보려 합니다. 무엇보다 우선 이 살벌하기만 한, '코인 전쟁'의 세계에서 우리나라 사람들이 가장 막강한 수익률을 자랑하는 국민이 되기를 희망합니다. 개설한 지 얼마 되지 않은 저의 유튜브 방송을 보노라면 흥미 있는 모습을 보실 수 있습니다. 그것은 생방송에 참여하는 분들이 한결같이 '무릎꿇어'라고 외친 후 인사하며 입장하는 장면입니다. 누군가의 제안으로 시작된 그 인삿말은 코인은 물론이고 특히 그 어렵다는 국내 주식에서 최근 3개월 폭락장 속에서도 큰 수익률을 올려준 저에 대한 감사와 경의의 표현입니다. 자발적으로 개설된 '주식 & 코인 무릎꾸러' 밴드는 열리자마자 기준 정원을 초과해버려 바로 비공개로 전환하기까지 했을 정도입니다.

　자고로 무당들은 자기 앞가림은 못 해도 타인의 앞가림은 잘해주는 거로 유명합니다. 저는 별로 벌지 못해도, 이 수업을 충실히 들은 여러분들은 반드시 '떼부자'가 되시길 진심으로 축원합니다. 아니 반드시 그러셔야만 합니다!

　자, 화이팅입니다!

4장

급기야 도래한 폭락기, 악마의 칼날을 부여잡고 역으로 내치다!

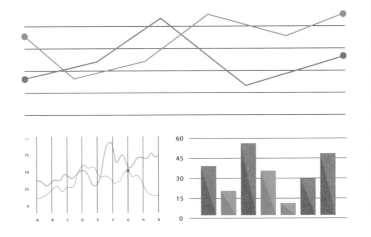

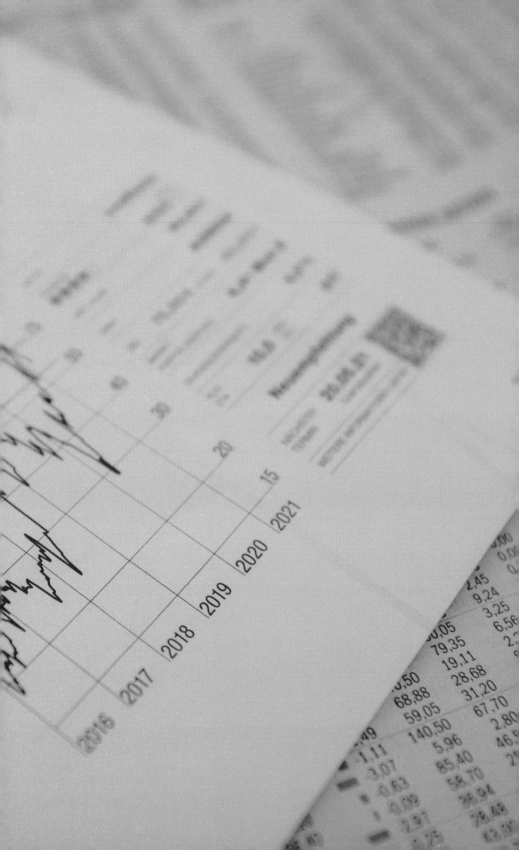

01

'재벌 되기'의 결정적 기회!
공황기 처음 일주일의 기회 포착

이 책의 가장 절대적인 매력은 뭐니뭐니해도 바로 이 4장에 있습니다. 당신은 전혀 새로운 투자 비법에 전율을 느낄 것입니다. 그렇지만 그 방법은 어찌 보면 기쁘지만은 않습니다. 아니 너무나 슬픈 시절의 이야기입니다. 모든 이가 우울과 심지어 공포까지 느끼는 시기의 이야기이기 때문입니다.

공황이 시작되면 단 며칠 새에 세계 시장은 극도의 패닉 상태에 빠져버립니다. 이때쯤 5만 포인트 이상 가 있을 다우지수는 하루에 7,000~8,000포인트, 즉 15% 안팎의 대폭락을 보인 후, 며칠간 미친 듯이 추락을 거듭하기만 합니다. 일주일도 안 되어 반 토막이 나고서는 또다시 장기간에 걸쳐 하염없이 내립니다.

비트코인은 5억 원짜리가 하루 만에 5,000만 원으로 급락해 가상화폐 시장을 아예 쑥대밭으로 만든 후, 일주일간 끝없이 떨어져 결국 500만 원 이하로 주저앉습니다. 공황기에는 언급했듯이 상승 폭이 클수록 지옥행 특급열차를 타게 됩니다. 모두가 타격을 받지만, 그중에서도 가상화폐 시장이 빛의 속도로 몰락해가는 것입니다. 수십만 원 하던 코인들은 단 며칠 새에 일 원짜리, 십 원짜리가 속출합니다.

베스트셀러 〈부자 아빠 가난한 아빠〉로 유명한 경제학자 '기요사키'는 올해 6월에 곧 세계 역사상 최대의 붕괴가 오니, 금·은·비트코인을 사라고 적극 권유하며 다들 몸조심 바란다고 또 트위터를 날린 바 있습니다.

경제가 곧 폭락한다는 그의 예언은 무엇보다 시기를 잘못 맞추고 있다는 데 엄청난 문제가 있습니다. 마치 당장 붕괴가 시작될 듯한 논조는 모두의 판단을 흐리게 하고 오랜 자본 증식의 결정적 기회들을 날려버리는 몹시 무책임한 짓입니다.

그는 언론사나 기자들 사이에서 너무 자주 곧 경제 공황이 도래한다고 말해와 뿌리 깊은 불신을 받고 있을 정도입니다. 무슨 '인디언 기우제'도 아니고 맞출 때까지 기회만 되면 반복해 언급하는 '경제 공황 예고 폭탄선언'은 이미 신뢰성을 상실한 지 오래입니다.

그런데, 대중을 올바르게 이끌어야 할 경제학자요 유명 저자로서 더 큰 문제는 붕괴에 대비해 '비트코인'을 무한정 매입하라고 권유한 사실입니다. 아니 자본주의 시장에 대한 문외한도 아니고, 주식과 마찬가지로 실적장(코인의 경우 전체 실물경기의 호황)이나 금융장을 배경으로 상승하는 가상화폐 시장이 주식과 반대로 움직인다는 발상이 어떻게 가능한지 한심스러울 정도입니다.

지금이 금본위 화폐 시대이지 비트코인 본위 시대는 아닙니다. 공황기가 오면 기존 화폐들의 불안정성으로 인해 가장 근본에 있는 금을 선호해 몰리게 되는 것이지, 비트코인이 가상화폐의 우두머리라 해서 어리석게 비트코인 중심으로 절대 몰리지 않습니다. 폭락기에 삼성전자나 애플로 자금이 몰리지 않고 동반 급락하는 것과 같은 이치입니다. 다만 낙폭 비율이 다소 적고 회복기에 속도가 빠를 뿐이지요. 다시 강조하지만 폭락기에 가장 엄청난 비율로 붕괴하는 것은 비트코인을 필두로 한 코인 시장입니다.

그래도 그의 말 중에 새겨들을만한 말은 저도 강조했듯이 불황기에는 금과 은을 매입하라는 것과 이번 붕괴가 사상 초유의 폭이 될 수도 있지 않을까 하는 정도입니다.

대폭락이 시작됐을 때 당신이 정신을 번쩍 차리고 미리 준비하고 있다가 적절하게 이 비극의 시기를 맞는다면 아이러니컬하게도 당신은 그동안 상상조차 못 했던 엄청난 부를 지니게 됩니다. 혼자만이 이 혼돈의 시대에 정반대로 자본의 중심에 우뚝 서게 되는 것이지요. 정말 그렇게 된다면 주변인들과의 엇갈린 상황에 지독한 미안함마저 들 정도로 말입니다.

그런데 사실 따지고 보면, 아무 잘못이 없는 나도 그들과 마찬가지로 마냥 당하고만 있어야 마땅한 걸까요? 나는 그들에 비해 평생을 자본의 끝자락에서 소외된 채 살아와야만 했는데요. 더구나 이런 파동을 일으킨 부유한 헤지 세력들은 나를 구석에 더 독하게 몰아놓고 한없이 린치를 가하며 깔깔거리고 있는데 말입니다. 이미 내 주변의 경제와 특히 소중한 나의 경제를 이 파탄의 지경으로 만들어 놓았는데요! 연속 얻어맞으며 그들이 원하는 대로 아파하고 피를 흘리며 살아가야 착한 사람으로 대접받을 수 있는 걸까요?

2008년 일주일 동안 풋옵션이 하루 수백 배에서 수십 배씩 계속 누적되는 상황을 며칠간 넋을 잃고 지켜보며 저는 그때 다짐했습니다. 다시 이런 기회가 또 온다면 절대 놓치지 않으리라!

하지만 '코로나 19' 때의 며칠간 이어지던 폭락기도 다 놓치고 말았습니다. 아니 놓쳤다기보다 준비가 되어 있지 않았기 때문입니다. 너무도 위험한 옵션 투자를 그만둔 지 오래였고, 무엇보다 준비가 전혀 안 된 상태에서 팬데믹이 휩쓸고 갔던 것입니다.

그러나 이제 코로나 때와는 비교도 안 될 거대한 쓰나미가 이미 보이지 않는 저곳에서 은밀히 출렁거리고 있습니다. 설령 저는 다시 놓치더라도 부디 당신만은 그 절호의 기회를 꼭 잡으십시오. 당신이 빌딩을 넘어 더 나아가 재벌이 될 수 있다면, 그 비책은 이제부터의 학습과 준비에 전적으로 달린 것입니다.

02

평상시 옵션은 절대 안 된다!

- <잠실 동부 증권> 빌딩 2층 전체를 옵션 시장으로 새로 얻게 하다!

<2010년 11월 11일. 연합뉴스>

[급락장서 풋옵션 최고 499배 '초대박']

1억 투자했다면 불과 10분만에 498억 번 셈

콜옵션 휴지조각 순식간에 '쪽박'

코스피지수가 장 막판 10분간 동시호가 시간대에 급락하면서 지수하락에 '베팅'하는 풋옵션 상품이 최대 500배 가까운 초대형 대박을 냈다. 1억 원을 투자했다면 불과 10분 만에 498억 원 수익을 올릴 수 있다는 것이다.

하지만 콜옵션 투자자들은 반대로 순식간에 콜옵션이 휴지 조각이나 다름없이 되면서 쪽박 신세로 전락했다. 그야말로 순식간에 대박과 쪽박이 교차하는 초대형 희비극이 일어난 것이다.

이것은 금융 위기 직후인 2010년 11월 11일 이른바 하루에만도 천당과 지옥을 오고 간다는 옵션만기일의 기사입니다. 평온한 삶을 살아왔던 당신은 소름 끼치는 전율을 느꼈을 수도 있습니다. 이런 식의 뉴스를 처음 접해 본 순간에는 말이지요.

이와 비슷한 기사는 많습니다. 하루에 300배, 불과 한 시간에 200배 등 다양하지요. 한 번 '만기일 옵션 초대박, 쪽박' 이렇게 검색해 보십시오. 그만큼 파생상품 시장은 위험합니다. 그중에도 '코스피 선물·옵션 시장'의 '옵션 시장'은 절대 해서는 안 되는 개미들의 무덤입니다.

간단히 비유하자면, 주식보다 10배 등락 폭이 큰 것이 선물 시장이고 다시 선물보다 10배 빠르고 급변하는 것이 옵션 시장입니다. 결국 옵션은 주식보다 100배 위험한 첨단 상품인 것이지요. 이런 극도로 위험한 파생상품이 이미 오래전부터 우리 주변에 기생하며 평범한 경제 운용을 매 시각 방해해 왔던 것입니다.

1998년 IMF 직후부터 2000년 초까지 저는 '잠실동부증권'에서 옵션 투자에 몰입해 있었습니다. 당시 운영하던 출판사는 부도가 난 상태였습니다. 모든 아파트 가격이 반 토막 난 상황에서 저의 강변 아파트는 한강 조망이 뛰어나다는 이유로 내놓은 다음 날, 다행히 거의 정상가에 팔려나갔던 터였습니다. 구매한 신혼부부는 부유한 집안의 2세들이라 했습니다.

당시만 해도 어린 나이에 강북의 '일타강사'로 이름을 날리고, 다시 강남에 와서 7~8년째 이어오는 대치동의 전설적 국어 '일타강사'로서의 이름값이 남아 있어, 와서 강의해 달라는 데도 많았는데 왜 그랬는지 모르겠습니다. 아마 이전까지 단 한 번도 어긴 적 없는 출판사 직원들 월급을 비록 IMF라 해서 밀리지 않아야 한다는 강박관념 탓일 수도 있고, 험한 부도의 충격에서 헤맸기 때문일 수도 있습니다.

아니 그보다는 어쩌면 아파트를 팔아 급한 불을 끄고 직원들의 마지막 월급을 준 뒤 남은 500만 원으로 단번에 5억 원을 벌었던 체험에의 달콤함에 중독되었기 때문인지도 모릅니다. 사람은 한 번 잘못된 선택을 하고 나면 관성에 의해 계속 잘못된 선택만 하기 쉽다는 사실도 그때 깨달았다고나 할까요.

당시 큰 빌딩 3층에 있던 '잠실동부증권'에는 수천 명 고객 중 옵션에 도전한 이가 저 혼자였습니다. 주식을 제대로 하려면 객장에 나와야 했던 시절이었기에 항시 넓은 홀이 인파로 북적거렸지요. 옵션으로만 5억 원을 2번 벌고, 수천만 원은 몇십 번 벌었습니다. 강남 30평 아파트가 딱 2억 원이던 시절이었습니다. 당시 5억 원은 지금 50억 가치가 있었던 셈이지요.

첫 번째는 몰려들어 신기한 듯 구경만 하던 이들이 6개월 뒤 다시 며칠 만에 두 번째로 5억 원을 벌자 다들 저의 담당 차장에게 몰려들고야 말았습니다. 지원자가 수십 명으로 늘어나자 회사에서는 교육지책으로 때마침 공실이던 바로 아래 2층 빌딩 전체를 얻어 옵션 전용 공간을 열어줬습니다.

당시 옵션은 수수료 비율이 높아서 담당 차장은 자기 돈으로 주문 전용 아르바이트생의 월급을 지불하고도 성과급으로 떼돈을 챙겨간 사실은 잠실뿐 아니라 전체 동부증권의 유명한 일화입니다. 이 모든 이야기가 조금이라도 거짓이 있다면 금방 드러나는데, 제가 여기에 함부로 적겠습니까. 그때는 지금처럼 최첨단 앱은커녕 차트 하나 볼 수 없어, 당시 제 주변 몇 명이 돈을 모아 '한국증권전산'에 매달 월정액을 지불하고 별도 컴퓨터로 그래프를 보곤 했지요.

지나고 나면 어느 순간 주마등처럼 당시 그 공간과 시간을 공유했던 이들과 풍경들이 스쳐 갈 때가 있습니다. 가장 기억에 먼저 떠오르는 분은 칠순을 넘기신 하얀 눈썹의 노인 분입니다. 제가 나름 '옵션 전문가'였다면, 그분은 '선물 전문가'로 선물 만으로 20억 원을 번 것으로 유명하셨지요. 선물 투자금 외에도 주식을 상당액 보유했던 터였습니다. 하지만 결국 선물에서 크게 실패하자 주식까지 야금야금 빼내다가 그마저 다 날려버리고 말았습니다.

그분이 마지막 남은 1,700만 원을 들고 찾아온 것이 저의 옆자리였습니다. 옵션을 최후의 결전장으로 택했던 거지요. 얼마 지나지 않아 그마저도 날린 후에는 자식들한테서, 또 여기저기서 몇백만 원씩 조달해 오셨습니다. 마지막 그곳을 쓸쓸히 떠나시던 뒷모습이 아직도 생생합니다.

내 맞은편에 있던 대학교수는 정말 심성이 고운 분이었습니다. 그 역시 저를 따라 투자하다가 환멸을 느끼고 장을 떠났지요. 한 번은 만기일 때 저의 잘못된 조언으로 몇 배 났던 수익을 다 날렸다며 원망하던 모습이 떠오릅니다.

많은 이들 중에 성공한 이는 단 한 명이었다고나 할까요. 그는 사채업을 하는 젊은이였습니다. 알고 보면 착하고 정도 있었지요. 언젠가 풋옵션에 '몰빵' 투자를 하고 장을 나서며 던진 말이 생생합니다. "제발 밤사이 한강 다리 다섯 개 홍수에 폭파되고, 남산 타워 무너져라!" 밖에는 장대비가 내리던 날이었답니다. 물론 농담이었겠지요. 그래도 그는 어렵게 손실을 다 복구하고 최종적으로 수억 원이 남자 현명하게 장을 떠나며 다시는 옵션 쪽을 쳐다도 보지 않겠다고 외쳤습니다.

저는 어땠을까요. 당연히 비극적 결말이었습니다. 번 돈으로 IMF 직후 헐값이 된 작은 빌딩을 전세를 껴서 살까 하다가 일단 주식으로 돌렸습니다. 당시 결혼을 앞두고 있어서 늦장가 가는데 적어도 30억 원짜리 '워커힐 아파트' 정도는 사야지 하고 객기 부리며 말입니다. 그때는 정말 옵션으로 갑부가 될 자신감에 충만했습니다.

하지만 연속 돈을 잃어가자 자꾸자꾸 주식을 팔고 말았죠. 당시 저는 신흥 IT 주식들의 급등을 예언하며 '한글과 컴퓨터' 한 종목을 5억 원어치 구매했었습니다. 4,000원 단가로 매입하면서 반드시 앞으로 열 배 이상인 5만 원에 팔겠다고 주변에 선포하고 말이지요.

그러나 정작 5만 원이 왔던 반년쯤 뒤엔 한 주도 남아 있지 않았습니다. 제가 최후의 패자가 되어 잠실동부증권을 떠나오던 날 끔찍이도 아껴 주셨던 옆자리 신사분의 탄식이 아직도 생생합니다. "김선생이 '한컴'만 그대로 갖고 있었어도 50억 빌딩을 사는 건데…."

그 후 한편으로 강의의 맥을 이어가면서도 대여섯 군데 증권사를 전전하며 옵션 투자를 계속했던 것입니다. 빈털터리로 결혼할 때 진 빚은 바로 다 갚긴 했습니다. 그 와중에 앞서 언급한 '9.11 테러'도 겪었고 '2008 금융 위기'도 겪었습니다.

돌이켜 보면 가장 큰 문제는 저의 '돈을 대하는 자세'였던 것 같습니다. 젊은 시절 너무도 돈을 경박하게 대했기에 그 '소중함'과 '진정한 가치'를 모르고 좌충우돌만 해왔던 거지요.

이제 이 장을 열어나감에 있어 가장 우려되는 부분도 그런 것입니다. 위의 사례를 열거한 것도 그래서고요. 여러분께 신신당부합니다. 절대 '파생상품'을 하지 마십시오. 특히 옵션 투자를 해서는 안 됩니다.

그래도 제가 하던 시절은 '주가종합지수'의 변동성이 크던 시절이었기에, 그나마 지금보다 수익을 내기가 수월했습니다. 그렇지만 최근 들어 종합지수의 변동성은 줄어들었습니다. 옵션은 특이상품이라 이런 사실은 일반 투자자들에게는 치명적입니다.

하긴 2000년대 초중반, 대한민국의 옵션 시장 규모는 압도적으로 세계 일등이었습니다. 해외 투자자들이 왜 이렇게 적은 시장 규모의 나라가 옵션은 많이들 하는지 의아해할 정도로요. 지금도 코인 시장에서 우리나라 사람들이 차지하는 비중이 점점 늘어 전체 25%에 육박합니다. 일부 인기 코인은 한때 85%를 차지하기도 했고요. 그 유전자적 기질이 이제는 코인으로 흘러들어 간 걸지도 모르겠습니다.

아무튼, 여러분은 절대 파생상품, 특히 '코스피 파생상품 시장에서의 옵션'을 해서는 안 됩니다. 코인과 달리 '시간가치'라는 개념이 있어 일반 투자자들은 절대 성공할 수 없게 설계되어 있기 때문입니다. 그래도 코인은 정직합니다. 내가 판단한 만큼 바로바로 결과가 나오는 가장 정직한 금융상품이지요.

그러나 옵션은 절대 정직하지 않습니다. 지수 흐름을 정확히 맞추고서도 '시간가치'가 복잡하게 끼어 있어 우리는 성공할 수 없습니다. 오직 대규모 자본을 가진 옵션의 '헤지세력'만이 '코스피 시장 옵션'의 승리자가 됩니다.

그런데 수십 년에 단 한 번 일반 투자자들이 간단하게 며칠 새에 무려 수만 배, 적게는 수천 배를 올릴 수 있는 때가 있습니다. 이제부터 하는 강의는 바로 그 예외적인 절호의 기회에 국한한 것입니다.

그래도 당신이 배짱이 적으면 아예 배우지조차 마십시오. 설령 맛만 보며 결정적인 때에 겨우 쓸 수 있을 정도로만 배웠더라도 2026년 이후 한 달에 단 10만 원만 갖고 석 달 정도만 맛보기로 참여해 보십시오. 비상시에 써먹을 정도로만요.

그리고 막상 대폭락이 시작되었을 때도 전체 규모를 증거금(기본 예탁금) 1,000만 원 중 단 500만 원에 한정해 투자하시기 바랍니다. 아무리 당신이 이 수업 과정을 통해 그때쯤 수억, 수십억 원을 벌었더라도 말입니다.

500만 원으로 당신이 1,000배를 벌면 50억 원이 되고 만 배를 벌면 무려 500억 원이 되는 것입니다. 실제 며칠 동안 대폭락이 오면 그보다 훨씬 더 벌 수도 있는 거고요. 도대체 그게 가능하기나 하답니까? 믿거나 말거나 모든 것은 당신의 복이랍니다.

03

악마의 시기,
가혹한 시련을 이겨내는 비법

폭락기 예비 증후 진단

스완 송(Swan song)! 죽음을 앞둔 백조가 마지막에 부른다는 아름다운 노래입니다. 백 년 묵은 대나무는 마지막에 한창 꽃을 피워냅니다. 평생 한 번 구경하기도 힘들다는 대나무꽃을 본다는 것은 엄청난 행운일 수 있습니다. 그렇지만 그 얼마 후 바로 대나무의 고사를 목격하게 되는 것이지요.

장기간에 걸친 불꽃 경제로 모든 나라는 풍요를 만끽하는 중입니다. 각종 경제지표는 지속적으로 경제 폭발기 신호를 보내고 있습니다. 기껏해야 유동성의 지나친 증가로 인플레이션을 걱정하는 뉴스 정도가 가끔 나올 뿐입니다. 부동산 시장도 진작부터 폭락할 거라는 예측과 달리 꼿꼿하기만 합니다.

이 대목에서 잠깐 짚어야 할 것은 저의 견해로는 최소 2026년 말까지 부동산 시장은 폭락하지 않는다는 것입니다. 작년부터 지금까지 모든 부동산 전문 유튜버들이 폭락장을 예언했던 것을 다들 알고 계실 것입니다. 그들은 왜 폭락하는지 연쇄 작용의 도표를 친절하게 그려가면서 방송마다 공포심을 일으켰습니다.

그들에 의하면 이미 작년 후반기부터 붕괴가 시작됐어야 합니다. 하지만 작년 하반기는 물론, 올해 들어서도 오히려 상당지역이 상승하기까지 했습니다. 당분간은 넘치는 유동성 때문에 부동산 시장도 최소한 폭락하지는 않습니다. 약간의 점진적 하향이라면 혹 모를까요. 하지만 그마저도 쉽지 않습니다. 전체 경제가 끌고 가는 힘이 워낙 세차기 때문입니다.

부동산을 제외한 소비 시장에서 코로나로 잠재해 있던 수요가 폭발함으로써 상당 기간은 그 수요로 인한 생산 시장의 공급 확대가 지속될 전망이니까요. 그것은 풍요 시대의 소비로 이어져 그 기간 실물경기의 호황이 보장된 셈이지요. 결국 부동산 시장에도 영향을 끼쳐 잘 버텨내게 해준다는 말입니다. 우리 수업을 듣고 혹시 집을 팔더라도 2025년까지는 최대한 버티시라 하는 이유입니다. 그러다가 혹시 파시고 싶은 분은 2026년에 파시면 되는 것입니다.

어쨌든 다시 폭락기의 전조 부분으로 돌아가 보겠습니다. 그렇게 잘나가기만 하던 경제에 언제부터인가 버블 징후가 나타나기 시작합니다. 기분 나쁘게도 방송에서 버블 징후를 언급하는 횟수가 늘어나고 간격이 짧아지기 시작합니다. 뭔가 모든 시장 경제의 수직 상승을 버거워하는 듯한 느낌이 들게끔 주변의 징후들이 서서히 눈에 들어오기 시작합니다.

주식 시장은 장기 호황으로 들떠 있습니다. 가상화폐 시장에는 다시 찾아온 급등의 시절에 마냥 축제 분위기입니다. 그랬는데 여기저기서 지나치게 지속되어 온 호황을 경계하는 목소리들이 들려오는 거지요. 인플레이션으로 인한 물가 상승 우려는 점점 커져만 갑니다. 각종 지표들은 이제 높다 못해 거품까지 한참 끼어 한 번 세차게 털고 가야만 할 듯한 버거운 상태가 되고 맙니다.

바로 이때가 되면, 미리 준비하고 있던 당신은 촉각은 물론 오감을 곤두세운 채 언제 대폭락이 올지 간파해 내야 합니다. 그랬는데 이런 사건이나 현상이 일어나고 맙니다. 폭락기 결정적인 '터닝포인트'가 되는 사건이나 현상을 예상해 보면 다음과 같습니다.

\<여러 발생 가능한 전조적 징후의 예>

징후 1. 2007년 '모기지 사태' 같은 결정적인 부동산 시스템 관련 사건이 세계 시장을 강타한다.

징후 2. 다른 충격적인 정치적 혹은 경제적 초대형 사건이 세계 시장을 강타한다.

징후 3. 최근 미국과 중국은 환율 전쟁, 무역 전쟁에 이어 반도체 전쟁까지 벌이고 있다. 올해 7월 1일, 중국 공산당 창당 100주년 경축 대회에서 시진핑 주석은 '이제 중국이 당하는 시대는 끝났다'라며 미국을 겨냥해 '외부 세력이 괴롭히면, 14억 명으로 만든 강철 만리장성에 부딪혀 피가 날 것'을 경고했다. 이런 갈등이 심화하다가 2028년 전후해서 결정적인 사건이 터진다. 그간의 갈등이 첨예화된 사건이거나 새로운 전염병, 인권 문제, 대만이나 홍콩 등의 문제 중 하나로 일촉즉발의 상황까지 간다. 2028년 전후는 미국과 중국의 GDP 순위가 역전되는 시기다. 분명한 것은 중국의 자본 시장에서의 지위가 커질수록 그 대립 가능성이 커진다는 사실이다. 특히 앞에서 기술했던 환율이나 무역 갈등이나 통화 전쟁을 주시한다. '통화기축국' 지위와 관계되어 '디지털 위안화'와 '디지털 달러'의 본격적인 전쟁이 시작될 수도 있다. 이때 역발상으로 중국이 아닌 미국이 경제의 '진주만 공격'을 단행할 수도 있다. 수세에 몰리기 시작하는 쪽이 기존의 지위를 지키기 위해 도발을 감행할 확률이 높기 때문이다. 물론 중국이 '경제 전쟁'을 감행할 가능성도 크다. 중국으로서는 판을 흔들어 같이 잠시 혼란을 겪더라도 새로 재편되는 국제 질서에서 목소리가 커지기 때문이다. 어느 쪽이 먼저든 이 도전과 응전으로 인해 세계 경제가 파탄이라는 진흙 구덩이에 빠져든다. 상대적으로 노후화되어 역동성을 잃어가는 미국과 유럽 중심의 구질서와 젊고 새롭게 떠오르는 아시아 신흥 시장 중심 신질서의 대립으로 확산된다.

징후 4. 달러 가치가 위안화에 지속적으로 밀리는 현상이 벌어지면서 미국과 중국 당국이 문제가 아니라 경제 주체들이 미국 시장을 이탈하기 시작한다. 그로 인해 세계 자본 시장이 요동치기 시작한다.

징후 5. 가상화폐와 기존 화폐 질서와의 위치 설정과 관계되어 한 바탕 회오리가 불기 시작한다. 가상화폐 시장이 폭락하자 주식 시장은 처음에는 반색한다. 그러나 지나친 폭락은 결국 주식 시장에 연쇄적 영향을 끼쳐 도미노 조짐이 보인다.

징후 6. 가상화폐 시장이 별다른 외적 이유 없이 어느 날 갑자기 하루이틀새에 70~80% 폭락한다. 급등에 따른 폭락 정도로 해석된다. 이 외에는 다른 이유 없이 주식 시장도 동요하기 시작한다.

징후 7. '버블' 논쟁이 격화되던 와중에 '코로나 19'와는 또 다른 강력한 신생 전염병이 세계를 휩쓸기 시작한다.

징후 8. 별다른 이유 없이 세계 부동산 시장이 궤멸 조짐을 보인다. 물론 누적되어 온 초고령화와 인구 감소, 탈도시화 등 여러 복합적 요인에다가 그동안 누적된 '버블' 등이 겹친 탓일 수 있다. 그래도 외견상 '모기지 사태'와 같은 특정한 상징적 사건의 선행 없이 거의 자연발생적으로 세계 도처에서 동시다발적으로 나타나는 하락 현상이라는 특징을 보인다. 이런 자연발생적 부동산 붕괴가 시작되자 세계 곳곳에서 '모기지 사태' 같은 부동산 시스템 문제가 확산된다. 경제 주체 간 문제 발생과 확대 '순서'가 뒤바뀐 것이다. 사실 이런 현상이 '징후 1'의 경우보다 더 무서운 '부동산 붕괴'로, 자칫하면 '일본의 잃어버린 20년'에 버금가는 조정기가 들어설 수도 있다. 그 정도는 아닐지라도 경기 회복에 더 오랜 시간이 걸릴 수도 있다. 혹은 경기는 이삼 년 만에 바로 회복되더라도 부동산 시장은 붕괴 상태가 지속 내지 심화할 수도 있다. 마치 이번의 경기 사이클에서, 전반적 호황 속에서 해운지수와 연관된 해운, 조선, 유가 등이 오랜 기간 정체 내지 폭락했던 것처럼 말이다. '부동산 시장의 자생적 하락'이라는 이 가설이 이 중에서도 최악의 시나리오가 되는 셈이다.

징후 9. 갑자기 금값이 급등하기 시작한다.

징후 10. 잘 나가던 유가가 급락을 거듭하고, 해운 운임, 조선업에 어두운 그림자가 짙어져 간다. '벌크 해운 지수가' 급락을 지속한다. 그래도 해운 지수는 거대 경기 흐름에 어느 정도 영향력이 남아 있기 때문이다.

징후 11. 일찍이 인류가 경험해 보지 못한 자연재해나 지각 변동 등의 중대 변화, 우주적 재앙이 찾아오거나 예고된다.

이런 징후들이 나타나면 여러분은 당장 풋옵션에 500만 원을 투입할지 여부로 고민을 시작해야만 합니다. 열거된 외에 뜻하지 않은 징후일 가능성도 물론 있습니다. 혹은 두세 가지 징후가 동시에 겹쳐 나타날 수도 있습니다.

이 징후 중 하나가, 혹은 두세 가지가 복합적으로 겹쳐 발생하면, 그것은 핑곗거리를 필요로 하는 헤지 세력의 가장 훌륭한 구실이 되고 맙니다. 그들은 오랜 세월 감춰두고 있던 '대폭락'이라는 전가의 보도를 주저 없이 꺼내 매몰차게 휘두르고야 마는 것입니다.

마침내 공황기가 찾아왔습니다. 물론 이전에도 일 년에 10% 이상씩 하락을 경험해 왔습니다. 그런데 이번 폭락은 그때와는 사정이 달라도 너무 다릅니다. 그때를 추운 겨울의 한파라 치면, 이것은 아예 빙하기인 셈입니다. 호황 중 잠시 오는 낙하의 그래프가 아니라 아예 모든 걸 다 망가뜨려 버리겠다는 듯이 시퍼런 수직 낙하의 음봉이 차트에 연이어 죽죽 새겨집니다. 몇 년 아니 몇십 년에 걸쳐 정성스럽게 쌓아왔던 금자탑이 한순간에 다 무너져 내리는 차트의 모습은 이루 헤아릴 수 없는 위기감과 공포심을 모두의 뇌리에 각인시켜 놓습니다.

금융장세와 실적장세가 동시에 겹쳐 초호황을 마음껏 누리던 시장에 갑자기 역금융장세와 역실적장세가 동시에 겹쳐 휘몰아친 것입니다.

그렇다면 어떻게 준비하고 있다가 대처해야 할까요. 당신은 불쑥 찾아온 공황기에 잘하면 수만 배 수익까지도 올릴 수 있는 것입니다. 이제부터 아주 간단하고 알기 쉽게 '족집게' 강의를 시작하겠습니다.

'코스피 시장에서의 옵션'은 과연 무엇이며, 평소에 어떻게 익혀야 하는지, 폭락이 시작되었을 때 날자 별로 어떻게 대처해야 하는지를 아주 간단하고 알기 쉽게 설명해 드리겠습니다. 너무 상세하거나 진부한 설명은 오히려 이해를 해치므로, 간단명료하게 실전에 사용할 수 있게끔만 설명해 드리겠습니다!

04

코스피 옵션 시장의
이해와 대비

'옵션 시장'의 기준 지수가 되는 '코스피 200 지수'란?

코스피(KOSPI)는 대한민국의 종합 주가지수를 말합니다. 그중에 대표적인 200개 종목이 '코스피 200'이고, 이 종목들의 현재 지수를 산출한 것이 '코스피 200 지수'입니다. 이 '코스피 200 지수'가 선물 시장과 옵션 시장의 기준 지수가 됩니다. 6월 4일 종가 기준, 현재의 '코스피 200 지수(K200)'는 432.22입니다.

옵션, '콜옵션'과 '풋옵션'

'옵션'의 원래 사전적 의미는 '특정한 자산을 정해진 계약 조건에 의해 사거나 팔 수 있는 권리'입니다. 일반 시장에서 우리가 흔히 쓰는 '옵션'이란, '어떤 상품을 살 때 따라붙은 상품'이란 의미로 이해하는 게 가장 편할 듯합니다. 차를 구매할 때 '내비게이션'이 옵션이라 하면 내비게이션은 사도 되고 안 사도 그만인 딸린 상품입니다. 그런데, 이런 의미는 이 수업에 전혀 도움이 되지 않습니다.

'코스피 시장에서의 옵션'은 아주 쉽게 말해 '코스피 200 지수'를 예측하는 상품입니다. 지수가 올라갈지 내려갈지, 잘 맞추는 투자자일수록 수익이 크게 날 가능성이 큰 상품이지요. 옵션 종목에는 크게 '콜옵션'과 '풋옵션'이 있습니다.

'콜옵션'은 지수가 올라간다고 예측하는 상품들입니다. 상승폭이 클수록 수익률이 클 가능성이 큽니다. '풋옵션'은 지수가 내려간다고 예측하는 상품들입니다. 하락폭이 클수록 유리합니다.

만기일

옵션은 1개월 단위로 많은 상품이 미리 만들어져 있습니다. 미리 생성되어 있던 해당 월의 상품은 그달 두 번째 목요일에 소멸합니다. 이날을 만기일이라 하지요. 만기일이 되면 각 상품이 구현되어 이익이 얼마큼 발생하는지, 아예 '제로'가 되는지 운명이 결정 나는 날이기에 순간 등락폭이 아주 심합니다.

선물은 석 달에 한 번, 3월·6월·9월·12월의 두 번째 목요일이 만기일입니다. 3개월에 한 번씩 찾아오는 두 번째 목요일에는 옵션과 선물이 동시에 결산되는 만기일이지요. 특히 이날은 개인들과 기관들, 외국인 투자자들의 이해관계가 뒤얽혀 주가지수, 선물 시장, 옵션 시장이 순식간에 요동치는 변화무쌍한 날입니다. 모든 시장 참여자들의 손익 여부가 판가름 나는 운명의 날인 셈이지요. 그래서 이날은 '세 마녀가 춤추는 날(Triple Witching Day)'이라 합니다.

매달 두 번째 목요일 '옵션 만기일'만 해도 지수 변동이 너무 심해 옵션 투자자들은 '하루 만에 천당과 지옥을 경험하는 날'이라 할 정도로 위험한 날입니다.

시간가치

옵션에서의 '시간가치'는 쉽게 말해 '만기일까지 남은 시간을 가치로 환산'한 것입니다. 옵션은 변동성이 심해 만기일이 많이 남아 있을수록 수익을 올릴 가능성이 큽니다. 그 가치를 계량화해서 현재의 옵션 상품들의 가격에 각각 더해 놓은 가치입니다. 그러므로 만기일이 많이 남은 상품일수록 고평가되어 있습니다.

여기까지가 원리적 설명입니다. 그렇지만 여러분들은 정반대로 이렇게 이해하시면 됩니다. 시간가치는 옵션의 매도 세력인 큰 손들, 특히 기관투자자들을 위한 '폭리 가치'입니다. 이 가치를 핑계로 지나치게 비싸게 가격이 형성되어 일반인들은 절대 이익을 취하기 어렵게 설계되어 있습니다.

제가 주식이나 코인, 심지어 선물까지 자기가 예측한 대로 수익이 나오는 정직한 상품인데 반해서 옵션은 아무리 잘 예측하고도 만기일이 될 때까지 쪽박으로 나올 확률이 높다고 한 결정적인 이유가 이 시간가치 때문입니다. 옵션은 일반 투자자에게는 정직하지 못한 상품이므로 평상시 여러분은 절대 해서는 안 됩니다. 특히 요즘은 코스피의 변동성이 현저히 줄어서 시간가치라는 거품 때문에 절대 수익을 낼 수 없습니다.

옵션 가격의 변동 과정

옵션에는 '당월물'이 있고 '차월물'이 있습니다. 당월물은 만기일 기준, 그달 둘째 목요일에 종료되는 상품입니다. 종목 맨 앞에 해당월이 표시되어 있지요. '202106' 이렇게 말입니다. 2021년 6월 둘째 목요일에 청산되는 상품이란 뜻입니다.

'차월물'은 다음 달 이후에 청산되는 상품입니다. 7월물(202107), 8월물(202108) 식으로 연이어지지요. 차월물일수록 시간가치가 높아 비싸게 형성되어 있습니다.

'당월물'은 한 달 동안 어떤 흐름을 보일까요. '6월물'이 적용되는 5월 둘째 금요일에는 실제 '코스피 200 지수'보다 아주 비싸게 형성되어 있습니다. 이때는 변동폭도 몹시 미약해서 큰 폭의 주가지수 변동이 있더라도 수익폭은 미미합니다.

만기일이 다가갈수록 변동폭이 커져 주가지수 등락에 영향을 크게 받습니다. 그러나 상승이나 하락을 맞췄다고 해서 반드시 수익률이 높아지는 것만은 아니라는 데 옵션의 어려움이 있습니다. 방향을 맞추고서도 오히려 손해를 보는 경우가 허다합니다. 그 이유는 바로 '시간가치의 하락' 때문입니다.

상품의 종류와 가격 변화 과정, '내가격'과 '외가격'

자. 이 시세판을 보며 설명하겠습니다. 6월 4일 종가 기준, 현재 '코스피 200 지수(K 200)'는 432.22로 전일 대비 1.65 하락 상태입니다. 하락 중이므로 풋옵션들이 유리하겠지요. 상단 오른쪽 네모 칸의 '202106'은 올해 6월물이라는 뜻입니다. 이 당월물(6월물) 중에 많은 콜옵션 상품들과 풋옵션 상품들이 나열해 있지요.

옵션에는 '내가격' 상품과 '외가격' 상품이 있습니다. '내가격' 상품은 '코스피 200 지수' 기준으로 안전한 쪽에 형성되어 있어 가격은 비싼 대신 그만큼 안전한 편입니다. '외가격' 상품은 '코스피 200 지수' 기준으로 벗어난 쪽에 자리하고 있어 싼 대신 더 위험한 편입니다.

복합시세	시세/BS(시간)	시세/BS(일)	K200(일)

K200	432.22	▼	1.65	−0.38%

지수	▼	202106	▼

콜옵션		행사가	풋옵션	
대비	현재가	(지수환산)	현재가	대비
▼ 0.30	0.31	445.00 (3,335.88)	13.20 ▲	1.60
▼ 0.40	0.55	442.50 (3,317.14)	10.85 ▲	1.64
▼ 0.54	0.91	440.00 (3,298.40)	8.52 ▲	0.91
▼ 0.73	1.44	437.50 (3,279.66)	6.55 ▲	0.42
▼ 0.86	2.25	435.00 (3,260.92)	4.86 ▲	0.26
▼ 0.97	3.41	432.50 (3,242.18)	3.50 ▲	0.14
▼ 1.05	4.85	430.00 (3,223.44)	2.46 ▲	0.05
▼ 1.17	6.57	427.50 (3,204.70)	1.69 ▼	0.02

KOSDAQ	987.58	▼	2.61	0.26%

선물종합

사진의 콜옵션 중에서는 현재 'K 200 지수'인 432.22보다 아래에 위치한 '430.00'물과 '427.50'물이 '내가격'이 됩니다. 그 위의 것들이 '외가격'이고요. 풋옵션 중에서는 이와 반대로 '432.50'물 위의 상품들이 '내가격'이 되고 '430.00'물과 '427.50'물이 '외가격'이 되는 것입니다. 오늘은 6월 4일 금요일이고 6일 뒤인 10일이 둘째 목요일로 만기일입니다. 만기일이 가까울수록 변동성이 커져 위험하다고 했지요.

콜옵션을 볼까요. '445.00'물을 보면 전날 0.61이던 것이 0.31로 하루 만에 반 토막이 났습니다. 외가격 상품은 이렇게 더 위험합니다. 내가격 상품인 '430.00'물은 5.90이던 것이 1.05 하락해 4.85입니다. 지수는 소폭 하락했는데 이것도 하루 만에 18% 손해입니다. 그런데 월요일부터는 더욱 위험해집니다.

그렇다면 풋옵션은 이익이 저만큼 클까요? 천만에 말입니다. 외가격인 '435.00'물은 4.60에서 0.26 올라 4.86으로 기껏 5% 남짓 이익에 불과합니다. 그런데 월요일부터는 시간가치가 하락해 거품이 눈 녹듯 빠져버립니다.

풋옵션 외가격 상품은 더 심각합니다. 하락 방향을 맞췄음에도 '427.50'물은 오히려 0.02 빠져 1.69입니다. 월요일부터는 심각한 손해를 입을 수도 있습니다. 이런 까닭에 제가 옵션은 아무리 적중해도 정직하지 않다고 하는 것입니다. 너무나 잘 맞춰 왔는데도 결산하고 나면 손해 정도가 아니라 깡통이 되는 경우가 허다합니다.

지금 이 도표 밖에는 많은 당월물 상품들이 있습니다. 한 장 사진에 담지 못했을 뿐이지요. 그중에도 가격이 더 싼 외가격 상품들은 하락 비율이 갈수록 더 심해집니다. 가히 혹독한 시련의 연속이지요. 5일 뒤 만기일 전날과 특히 6일 뒤 만기일 당일은 이 하락 비율은 별것도 아닙니다. 참고로 옵션 지수의 현금가는 0.01이 1,000원입니다. 0.10은 1만 원, 1.00은 10만 원인 것이지요.

최하 가격인 0.01 중에 0.02라는 매도가가 없이, 매도가 0.01만 표시되어 있어서 팔 수조차 없는 것을 속칭 '죽은 자식'이라 합니다. 아예 팔 수조차 없는 죽은 상품이란 뜻이지요. 만기가 다가올수록 저런 상품들이 즐비합니다. 깡그리 기관의 공매도 세력에 당하고 뼈만 남은 시체들인 셈이지요.

그런데, 폭락기 특히 공황기가 되면 그것들이 살아나 몇 시간 만에 수백 배의 수익을 올리게 해줍니다. 여기서 한 가지 '팁'을 드리면, 어떤 경우든 여러분은 절대 0.01짜리를 싸다고 매입해서는 안 됩니다. 최소 0.10 내외의 것을 매입하면 급변기에도 최고의 수익이 가능합니다.

더 안전한 것은 내가격 상품입니다. 다만 내가격은 급변기에 수익 폭이 작다는 단점이 있지요. 그래도 폭등이나 폭락 시 외가격이 수백 배 오르면 내가격도 수십 배는 오릅니다.

계좌 개설과 자격 획득

먼저 옵션 거래를 하기 위해서는 여러분의 거래 증권사에 '선물·옵션 계좌'를 타야 합니다. 그런데 선물이나 옵션 거래는 위험성이 너무 커서 아무나 참여하지 못하도록 '기본 예탁금(일명 증거금)' 제도가 있습니다. 처음 신청할 때 '매수 거래'만 할 경우에는 1,000만 원, '매도 거래'까지 하려면 2,000만 원입니다. '매도 거래'는 주로 기관, 즉 '매도 세력'이 하는 것이므로 우리와는 무관합니다. 일부 일반인들도 매도 거래를 해 은행 이자보다 낫다고 좋아하긴 하지만, '시드 머니'가 커서 권유할 바는 못 됩니다.

그냥 여기서는 간편하게 옵션을 사고팔려면 항상 옵션 계좌에 1,000만 원 이상 있어야 한다고 생각하시면 간단합니다. 중간에 손실이 생겨 1,000만 원 이하일 때는 보유 종목이 하나라도 있어야 거래가 가능합니다. 그렇지 않을 경우 1,000만 원 이상이어야 거래를 재개할 수 있는 거고요. 일반 투자자 보호 명목으로 내건 증거금(기본 예탁금)이 전에는 3,000만 원이었는데, 요즘 가상계좌에 밀려 거래량이 줄자 1,000만 원으로 내린 듯합니다.

일단 계좌가 만들어지면 다음으로 '교육 이수'와 '모의 거래'에 참여해야만 비로소 최종 자격이 부여됩니다. '교육 이수' 시간은 여러분의 신용도, 투자 경력 등에 따라 1~10시간으로 증권사가 책정해 줍니다. '모의 거래'도 증권사에 따라 3~10시간으로 차이가 있습니다.

2026년 이후에 석 달간, 한 달에 10만 원 안쪽으로 연습해 보기

이제 교육에다 모의 거래까지 마치고 나니 어느 정도 이해는 됐습니다. 그렇지만 모의 거래 몇 시간으로는 무척 부족합니다. 중요한 것은 막상 공황기가 닥쳤을 때 본격적으로 활용할 수 있는가입니다. 그러므로 딱 3개월을 실제 투자해 어느 정도 익혀 놓는 것이 좋습니다. 평상시에는 절대 해서는 안 되므로 2026년 이후 석 달만 투자하면 됩니다. 그것도 한 달에 10만 원 안쪽으로 말입니다.

당신이 온전하게 옵션 투자법을 익히려면 총 4개월 정도는 시간을 투자해야 합니다. 그렇다면 그 4개월 동안 어떻게 하는 것이 가장 효과적일까요. 모의 거래 이수 후, 처음 1개월은 아무 투자도 하지 말고 그냥 한 달간 쭉 지켜보기만 하십시오. 여기서 한 달의 기준은 옵션 만기일이 끝난 다음 날인 둘째 금요일부터 다음 달 옵션만기일인 둘째 목요일까지입니다. 그러면 교육에서 배웠던 당월물 한 달의 흐름이 더욱 생생하게 가닥이 잡힐 것입니다.

당월물 처음 한 주간은 모든 종목에 거품이 잔뜩 끼고 움직임도 무뎌 설령 지수의 등락이 심해도 수익 폭이 의외로 적음을 깨닫게 됩니다. 둘째 주에는 외가격 종목들이 급격히 싸지고, 내가격 종목들도 거품이 많이 빠져나감을 알게 됩니다.

셋째 주에는 비로소 지수 상승폭이 제대로 반영되는 편이긴 하지만, 특히 외가격 중심으로 회복불능에 가까운 종목들이 속출함을 목격하게 됩니다. 내가격들도 지수 흐름과 반대쪽은 급속도로 하락합니다. 마지막 한 주는 모든 옵션 종목들이 무서운 속도로 몰락해감에 놀라게 됩니다. 특히 지수 흐름과 반대쪽의 종목들은 아비규환 상태입니다. 설령 지수 흐름을 적중한 쪽도 큰 폭의 종합지수 변동이 아닌 한 하락 내지는 급락해 당황하게 됩니다.

이렇게 첫 달을 보낸 뒤, 둘째 달에는 처음으로 콜옵션과 풋옵션을 각 1개씩 구매해 흐름을 관찰합니다. 새 당월물의 첫째 주(그달 둘째 금요일부터 셋째 목요일 사이)는 그냥 지켜만 보고, 둘째 주(그달 셋째 금요일부터 넷째 목요일 사이) 중에 각각 0.10에 가까운 콜옵션 1개와 풋옵션 1개를 구매합니다. 각각 만 원씩 총 2만 원을 투자하는 것이지요. 그런데 둘 중에 0.10 가까운 것이 없으면 가장 싼 것을 구매하면 됩니다.

그렇게 해서 그 종목들이 남은 3주가량 어떻게 변화해 가는지 관찰하는 것입니다. 매매는 하지 말고 그냥 지켜보기만 하는 거죠. 이전 달과 차이점은 실제 투자해 놓음으로써 더욱 생생하게 느낌이 오고 많은 생각을 하게 된다는 것입니다. 만에 하나 둘 중 한 종목이 만기일에 실현되어 성공을 거둘 수도 있겠지만, 십중팔구 그런 일은 아예 없다고 보시면 됩니다. 그냥 사그라져 가는 과정, 또 지수 변화에 따라 다른 수많은 종목과의 관계에서 더 직접적으로 옵션의 생리를 체득한다는 의미일 뿐입니다.

드디어 기다리던 셋째 달과 넷째 달이 왔습니다. 이 두 달은 당신의 판단에 따라 종합지수를 예측하고 그 예측한 바대로 각각 한 달 동안 모의투자가 아닌 실제 투자를 감행하는 기간입니다.

그런데 여기서 반드시 지켜야 할 전제 조건이 있습니다. 이 두 달간의 투자는 교육 목적이요, 체험 목적입니다. 당신이 사용할 수 있는 최대 금액은 한 달에 10만 원입니다. 그 10만 원으로 새 당월물의 첫째 주부터 시작하든, 셋째 주부터 시작하든 알아서 판단하십시오. 이 두 달간 수업의 목적은 절대 수익을 내는 법을 배우기 위함이 아닙니다. 공황기가 왔을 때 당신에게 필요한 것은 오직 풋옵션을 적절한 시기에 사고, 그 보유한 풋옵션을 실수 없이 잘 파는 법을 익히기 위함일 뿐입니다.

그럼에도 콜옵션까지 포함해 사고팔게 훈련시키는 이유는 폭락기 모든 옵션 종목의 변화하는 생리를 터득해 놓아야 풋옵션의 변화 과정과 실현 가능한 수익 폭에 대해 더 효율적으로 판단할 수 있기 때문입니다. 나아가 필요한 경우 더 큰 수익을 올리기 위해 즉석에서 내가격의 풋옵션을 외가격으로 교체하는 '타이밍' 등을 간파해 내기 위함입니다.

물론 그 이해 정도가 미약해도 상관없긴 합니다. 다음 장에서 대폭락기가 왔을 때, 날짜별 행동의 구체적 시나리오를 알려드릴 테니까요.

그래도 이런 과정의 훈련을 당부하는 것은 첫째는 막상 닥쳤을 때, 실수 없이 풋옵션을 사고팔기 위함이요, 둘째는 며칠 사이 풋옵션의 수익률을 극대화하는 법을 이해해 행동하는 데 더욱 도움이 되기 위함입니다. 유비무환이라 했습니다. 이왕에 완벽하게 대비해야겠지요. 더구나 도래할 공황기는 당신이 평생 몇 번 만나지 못할 절체절명의 기회니까요!

05

'공백기'를 위한
적절한 대체 투자법 모색

　이렇게 완벽하게 대비하고 있는데, 문제는 실제 대폭락기가 오기까지 적지 않은 기간 '투자 공백기'가 이어진다는 사실입니다.

　물론 그사이 당신은 중국 주식으로 대박이 나고 코인으로 잭팟까지 터뜨려 배가 포화 상태로 한껏 들떠 있긴 합니다. 남들에 비해 여유를 즐기면 투자해 왔지만, 그래도 이제는 진짜 넘치는 여유를 만끽하고 싶긴 합니다. 그런데 왠지 공황기를 기다리는 동안 혹시 다른 마땅한 투자가 없을까 시선이 돌려짐은 어쩔 수 없습니다.

　자칫하면 그 기다림의 시간이 일이 년을 넘을 수도 있으니까요. 더구나 이 책에서 우리의 10년 동안의 목표는 '재벌 되기'인데요! 자, 그렇다면 그런 당신을 위해 몇 가지 훌륭한 아이디어를 내 보겠습니다. 어떤 길이든 선택은 물론 당신의 자유입니다. 가장 안전한 것은 수익금 전액을 은행에 예금하는 것입니다. 국공채나 공신력 있는 최고 기업의 사채를 매입할 수도 있겠으나 다가올 시국이 시국인지라 괜히 찜찜하니까요.

　그런데 여기서 적극 권장하는 투자가 하나 있긴 합니다. 그것은 공황기 투자의 정석으로 일컬어지는 '금 투자'입니다. 그동안 특히 불황기에 주가가 떨어지면 금가격은 상승하기를 반복해 왔습니다. 특히 공황기에는 이 현상이 더욱 두드러지지요. 1929~1932년 대공황 당시 '다우지수'는 90% 이상 폭락했지만, 금광회사인 '홈스테이크'의 주식은 무려 300배나 급등했습니다. 그 바람에 1939년까지 10년간 투자자들에게 1,000%의 배당금을 지급했을 정도지요. 하긴 그때는 금광의 중요도가 지금보다 훨씬 더 막강하던 시절이긴 했지요.

9.11 테러 직후 '다우지수'가 대폭락할 때도 금 사재기 열풍이 불어 금 가격은 폭등했습니다. 1997년 '블랙 먼데이' 때도 최고의 폭등을 기록했습니다. 다만 작년 코로나 팬데믹 때는 초기에 잠깐 오르는 척하다가 이내 답보 상태로 잠잠해졌습니다. 이 사실은 '코로나 19'가 새로운 경제 주기의 계기가 되지 못하고 기존 20년 주기론에 포함되어 있기 때문이라는 '경제 주기 첫 번째 시나리오'의 방증이 아닌가 합니다.

'금 투자법'으로는 다음의 두 가지를 권합니다. 첫째, 금은방이나 은행에 직접 가서 '금 현물'이나 '골드바'를 구입해 은행에 예치하는 것입니다. 둘째, 국내외 증시에 상장된 '금 관련 기업에 직접 투자'하는 것입니다. 우리나라의 경우 '고려아연'이 대표적입니다. 그 외에 주식 시장의 '금 펀드에 가입'하거나, 시중은행 '금 통장 가입하기' 등이 있긴 하지만 수익률 면에서 앞의 두 가지가 더 확실한 거지요. 당신의 자본금의 절반은 은행에 예금하고 나머지 반은 '금 투자'하기를 적극 추천합니다. 어차피 있는 부동산도 미리 팔아야 할 시국이니까요.

또 한 가지 '공백기'를 메우는 투자법은 앞서 언급한 적이 있습니다. 바로 '300만 원 이하로 코인 투자를 새로 시작하기'입니다.

이때는 직전에 당신이 거뒀던 빛나는 결과를 다 잊고 새로 시작하시라 했습니다. 투자 수익금 수억 원이나 수십억은 다 예금을 하고 금을 사고 말이지요. 단 300만 이하로 초심으로 돌아가 30개 종목에 투자하는 겁니다.

　이것의 일차적 목적은 물론 수익을 거두기 위함입니다. 다음 목적은 투자 공백기를 너무 무료하지 않게 보내기 위함이고요. 더구나 지난 5년처럼 안전한 시기가 보장된 것도 아닙니다. 그러므로 투자 시간의 간격을 짧게 가져가는 것이 좋습니다. 수익률도 적게 가져가고요. 대신 저번보다 자주 교체매매하는 것도 허용됩니다. 이미 제대로 배우고 익혔기에 당신은 훨씬 세련되게 상황에 맞춰가며 임하실 겁니다.

　그러다가 만약 코인을 보유한 상태에서 밤사이 폭락이 시작되면, 뉴스를 접한 순간 바로 전량 매도해 버려야 합니다. 그리고는 풋옵션에 열중하는 거지요. 낮에 뉴스가 뜨면 최우선으로 풋옵션에 매달려야 합니다. 그 순간 그것보다 중요한 일은 없으니까요. 그런 후 전량 매도하면 됩니다. 그런 정도 외에는 아주 평온하게 일상을 즐겨 나가면 되는 것입니다. 얼마 후 순식간에 들이닥칠 '태풍의 눈' 속에 정신을 바짝 차리고 들어갈 마음의 준비는 항상 열어두고요.

06

'2008년 세계 금융 위기' 때의 코스피 사례와 '2020년 코로나 19 사태' 때의 코스피 사례

이제 2028년쯤 새로 들이닥칠 '세계 대공황' 때 대한민국의 종합 주가지수가 과연 어떻게 전개될지 가상 시나리오를 설정하고, 과연 그때 당신은 어떻게 준비해야 좋은지 알아보는 시간이 왔습니다.

다음에 제시하는 시나리오는 일종의 극화된 가상 시나리오입니다. 이 시나리오가 어느 정도 타당성을 가지려면 과거의 실제 사례들에서 합리적으로 유추해 설정해야 합니다.

먼저 2008년의 실제 사례입니다. 이 한 해는 정말 굴곡이 많았던 복잡한 시기였습니다. 2007년 11월 1일 종합지수는 2,063포인트로 새로운 고점을 찍고 들떠 있었습니다. 2008년 들어 새해 첫날인 1월 2일에도 1,853으로 출발했던 터였습니다. 다만 2007년 4월 '모기지 사태'가 처음 일어난 이후 세계 경제에 좀처럼 암운이 걷히지 않는 어두운 분위기가 서서히 종합지수를 끌어내렸던 거지요. 1월 10일 1,824에서 5일 동안 연일 서서히 미끄러져 1월 16일에 1,704까지 떨어져 버렸습니다.

이후로 이삼일이나 며칠 간격으로 급등과 급락을 오고 가는 좀체 보기 힘든 장면을 한 달에 대여섯 차례 연출했습니다. 오죽하면 옵션을 하던 우리가 도저히 주가 방향성을 종잡을 수가 없어 콜옵션과 풋옵션 양쪽에 걸어두는 양 매수 전략을 하는 것이 수익을 극대화하는 방법이라고 자조했을 정도니까요.

그러다가 6월 18일 1,774를 기점으로 본격적으로 하락하기 시작합니다. 이때부터의 특징은 일주일 정도 꾸준히 완만하게 하락하고 이틀 정도 소폭 반등하기의 연속이었습니다. 그러던 것이 9월 1일 60포인트(약 4%) 급락해 1,414포인트까지 주저앉더니, 60포인트, 70포인트, 90포인트 등 급등과 급락하는 날이 많아집니다. 그만큼 경제가 불안했던 것이지요.

마침내 옵션 시장의 하이라이트는 10월 13일과 14일, 이틀에 걸쳐 무려 130포인트(약 10%) 폭등한 다음 날인 15일부터 일어났습니다.

14일 1,367이던 지수는 15일은 1,340으로 27포인트, 약 2% 정도 빠지는 데 그쳤습니다. 옵션은 변화폭의 퍼센트 비율에 따라 정직하게 변화하는 상품이 아닙니다. 만약 4% 빠지면 2%의 2배가 아니라 네 배도 되고 만기일 가까이 가서는 열 배, 아니 백 배도 되는 희한한 상품입니다. 하루에 8%나 10% 이상 변화하면 그 상승 폭은 어마어마하지요. 고로 15일 2% 하락 때는 그다지 표가 나지 않았던 거죠.

본격적인 풋옵션의 전성시대가 열린 것은 다음날인 16일이었습니다. 전날 다우와 나스닥이 폭락했다는 뉴스가 전해져 몹시 암울하게 장이 열린 거였습니다. '모기지 사태' 이후 일 년 넘게 점진적으로 하락해 오던 증시가 마침내 붕괴하고야 마는 시간이 온 것입니다. 실질적 폭락 첫날인 16일 무려 127포인트가 빠져 1,213을 기록했습니다. 10% 폭락으로 지금 지수로 환산하면 350포인트가량 빠진 셈입니다. 그리고 3일 동안 33포인트 하락과 26포인트 상승과 11포인트 하락을 왔다 갔다 했습니다. 사흘 동안은 총 18포인트 빠져 다소 소강상태였던 겁니다.

닷새째인 22일은 5.1%인 61포인트 빠져 1134, 엿새째인 23일은 7.5%인 85포인트 빠져 1,049, 마침내 하이라이트였던 24일은 10.6%인 111포인트가 빠져 938로 종합지수 1,000이 무너져내리고 말았습니다.

7일 중에 소강상태였던 사흘을 빼면 나흘 동안 주변 경제의 아수라장과는 반대로 풋옵션은 말 그대로 '불꽃 잔치'를 넘어 '천국의 파티'를 즐긴 셈입니다. 애초에 풋을 보유하고 있던 이들 중에 파티의 마지막 순간에 판 사람은 수천 배를 넘어 수만 배짜리도 속출했으니까요. 그러나 실질적으로는 그렇게 되리라고 미리 예단하고 끝까지 남아 있던 이는 아예 없었다고 사료됩니다. 누구든 준비되어 있지 않았을 것이기 때문입니다.

그렇다면 가장 최근인 작년 '2020 코로나 사태' 때는 어떤 양상을 보였을까요. 이때의 전체적 양상도 앞의 사례와 유사한 면도 있습니다. 연초부터 코로나의 암운이 세계 경제와 우리 경제를 뒤덮고 있었습니다. 먼저 중국 경제가 급락하면서 코스피는 2008년처럼 평소보다 이삼일이나 며칠 단위로 급락과 급등, 점진적 하락과 점진적 상승을 반복하며 전체적으로는 하향해 갑니다.

그러다가 유럽과 특히 미국이 급격히 코로나의 태풍에 휩쓸리면서 다우와 나스닥이 폭락을 시작하던 3월에 코스피도 덩달아 블랙홀 속에 휩쓸리고 맙니다. 3월 5일 2085였던 코스피 지수는 6일 금요일, 2040으로 2.2%인 45포인트가 빠져 옵션 만기일을 4일 남기고 풋옵션 투자자들에게 기대를 줍니다. 마침내 만기일 주간의 첫날인 9일 월요일, 1,954로 4.2%인 86포인트가 빠져 엄청난 이익을 줍니다.

문제는 다음날인 10일 화요일로 이날은 오히려 0.4%인 8포인트가 상승해 버립니다. 만기일을 이틀 앞두고 이 정도 소폭 상승만으로도 풋옵션에는 치명적입니다. 아마 이날 풋을 보유했던 대부분이 견디지 못하고 처분했을 듯합니다.

반전은 바로 다음 날부터 대대적으로 일어납니다. 미국 시장이 더 악화일로의 길을 걷자, 만기일 직전 날인 11일 수요일, 1,908로 2.8%인 55포인트가 내립니다. 급기야 도래한 만기일인 12일 목요일은 1,834로 3.9%인 74포인트가 내립니다. 이렇게 당월물이었던 '202003'물들이 모두 청산되고, 13일 금요일부터 차월물이었던 '202004'물들이 새 당월물의 주인공들이 됩니다. 이후로도 다시 장장 5일 동안 '풋옵션의 초 전성시대' 가 연이어집니다.

13일 금요일 3.4%인 63포인트 내린 1,771, 16일 월요일 3.2%인 57포 인트 내린 1,714, 17일 화요일 2.5%인 42포인트 내린 1,672, 18일 수요일 4.9%인 81포인트 내린 1,591, 급기야 19일 목요일은 8.4%인 134포인트 내린 1,457.

총 10일 중 하루만 빼고 무려 9일간 수직으로 내리꽂은 것입니다. 이 기간에만 2,085이던 코스피 지수는 1,457로 30% 이상 폭락했습니다.

잠깐 여기서 9일 월요일로 되돌아가 하나의 팁을 드리겠습니다. 6 일 금요일과 9일 월요일 이틀 동안 보유한 풋으로 엄청난 수익을 올린 후, 계속되는 만기일 태풍권이 걱정되면, 9일 장이 끝나기 직전에 보유한 '202003'물들을 다 팔아 이익을 실현한 후, 곧바로 당월물이 아니라 차 월물인 '202004'물의 풋옵션 중에 가장 값이 싼 종목을 몽땅 구입하면 됩니다.

그러면 화·수·목 3일간의 만기일 태풍을 피해서 보다 안전하게 연 속적인 하락을 꾀할 수 있습니다. 다만 차월물의 옵션들은 너무 비싸게 형성되어 있어서 막상 사고자 하면 놀라실 겁니다. 그래도 훨씬 안정적으 로 연속성을 도모할 수 있는 좋은 방법입니다. 물론 연속 폭락이라는 방향성이 맞지 않으면 그 정도에 따라서 손해를 보게 되는 것이고요. 위험을 무릅쓰고라도 '건곤일척'의 큰 승부를 하려면, 만기일까지 보유해 잭팟을 도모한 후, 만기일 마지막 순간에 차월물을 사면 되는 것입니다. 참고로 옵션은 주식과 달리 3시 35분까지 정상 매매 후, 10분간 정지 상태에서 취합 후 45분에 단일가 매매로 종료합니다. 다만 만기일은 3시 20분에 그대로 종료합니다.

자, 두 금융 위기 때 폭락기 사례를 돌이켜 보니 그 당시 암울한 분위기가 전 세계를 덮고 있었고, 상당 기간에 걸쳐 금융 시장이 불안정했으며, 서서히 하향하다가 결정적인 시기가 되어 대폭락을 시작해 며칠 이상 이어졌다는 공통점이 있습니다. 그중에서도 가장 강력한 전조 현상은 뉴욕거래소의 연이은 몰락으로 이것이 시작되면 아예 즉각적으로 동반 반영되는 특징을 보였습니다.

일단 언제 그 현상이 본격화할지 시작 일자를 특정하기 어려워 아쉬움은 있지만, 그래도 엄청난 정보를 여러분은 획득했습니다. 그 지식들을 가지고 이제 구체적인 우리의 시나리오를 만들어가 보십시다!

07

'태풍의 눈' 속에서
제왕이 되다!

    마침내 사모아 섬 한가운데 서 있는 당신에게 태풍이 몰아닥쳤습니다. 당신은 어떻게 대처해야 이 절체절명의 위기에서 벗어나 제국의 왕이 될 수 있을까요. 그래서 당신을 위해 준비한 '극비 가상 시나리오'입니다. 2027년으로 들어서면서부터 이 매뉴얼을 달달 외우고 있어야만 합니다.

    한 가지 더, 이 시나리오는 최대한으로 극화된 시나리오입니다. 과거 사례들에서 대폭락기 중간에 하루나 이틀 정도 있는 미세한 소강상태의 시기를 편의상 아예 빼고 알기 쉽게 구성해 보았습니다. 그 소강상태의 짧은 시기에 대해서는 맨 뒤에 따로 제시해 드리겠습니다.

    또한 설명을 위해 2008년의 경우처럼 나흘간으로 설정해 놓았습니다. 나흘간의 하락 폭은 그때보다 다소 크긴 하지만, 실제 다가올 금융 위기는 어쩌면 금융 위기라는 표현을 넘어 공황기나 심지어 대공황기라는 표현이 어울릴, 이 시나리오보다도 훨씬 더 심각할 수 있기 때문입니다.

    자, 심호흡을 크게 하고, 이제부터 '태풍의 눈' 속으로 들어가 보겠습니다.

첫째 날의 구체적 시나리오와 날자 순서별
구체적 시나리오 및 상황별 시나리오

첫째 날의 시나리오는 보유 여부에 따라 둘로 나뉩니다. 첫째는 미처 풋옵션을 보유하지 못하고 있을 때입니다. 돌아가는 징후가 이상하긴 했으나 설마 하다가 아무런 대처 없이 그날이 시작되고야 만 것입니다.

그렇다면 당신은 오전 9시 장이 열리기 30분 전부터 앱을 열고 전체 장의 흐름을 파악해내야 합니다. 8시 40분쯤부터 나오는 예상 종합지수며 삼성전자를 위시한 업종 대표 주들의 호가 주문의 변화, 무엇보다 전체 콜옵션과 풋옵션의 호가 변화….

삼성전자의 호가도 속속 무너져 내립니다. 전체 주가는 공포를 넘어 경악스러울 정도입니다. 콜옵션들은 시가부터 전날의 이십 분의 일, 삼십 분의 일로 속절없이 무너져 내립니다. 풋옵션들은 '예상 시가'가 종목마다 수십 배를 넘고 외가격들은 백 배짜리도 눈에 들어옵니다.

그 시작되는 날이 옵션 만기일 기준 첫째 주라면 상승 폭은 제한적이긴 합니다. 그래도 그 무겁게 움직이던 첫째 주 종목들이 열 배 스무 배가 속출하는 기현상을 연출합니다. 어차피 '왕거품'이 끼어 있는 데에다 다시 '대왕거품'이 얹혀지니까요. 하방으로 엄청나게 방향성이 정해지면, 옵션의 속성상 풋옵션에는 그쪽으로 더 심화할 것을 예상하고 무지막지한 거품이 추가됩니다. 결국 움직임이 둔한 첫째 주라도 이때만큼은 상상 초월의 수익이 예상되는 거지요.

둘째 주라면 첫째 주보다 3~4배는 움직임이 빠릅니다. 수익률도 그만큼 확대되고요. 셋째 주라면 가히 환상적입니다. 첫째 주 수익의 10배 정도로 보시면 됩니다.

그런데 옵션 만기일을 앞둔 넷째 주라면! 이때는 종가 기준으로, 하루 만에 내가격들도 수백 배는 기본이고, 외가격들은 수천 배짜리들도 여럿 나오는 믿기지 않는 모습을 연출해낼 것입니다. 다우지수와 코스피가 하루에 무려 15%를 폭락해버린 날이니까요. 그것도 첫날은 옵션의 등락 비율이 가장 극심하게 반영되는 날입니다.

더 중요한 것은 이 첫날의 퍼센트는 단지 시작점에 불과하다는 사실입니다. 수백 배, 수천 배가 단지 시작점에 불과하다니! 계산해 보십시오. 그걸 기점으로 앞으로 3번이나 4번 더 하루에 곱하기를 해나가면!

1000×6×2.5×1.4=21000 이것은 당신이 첫날 외가격으로 풋옵션을 보유하고 있다가 1,000배의 수익을 올린 상태에서 아무런 거래도 하지 않고, 동일 종목을 계속 보유한 채 넷째 날까지 맞이했을 경우입니다. 둘째 날부터는 몸집이 비대해져 비슷한 폭으로 폭락을 해나가더라도 점차 기대수익률이 현저하게 떨어지는 것입니다. 그랬는데도 결산하고 나니 무려 2만 1,000배가 나왔습니다. 저기에 투자금 500만을 곱하면! 세상에 1,050억 원이 나오는군요! 만약 그런다면 당신은 이미 재벌의 자식 정도는 되어 있는 것이지요!

그런데 이것은 최소치로 잡은 것입니다. 만약에 둘째 날부터 계속 새로 생긴 외가격의 끝자리로 갈아타서 성공을 거둬 나간다면 매번 곱하기해야 합니다. 다음날 일어나보면 새로 열 종목 가까이 생겨나 있을 거고, 매일 그 새 종목 끝의 걸로 갈아탔을 경우입니다.

1000×10×7×4. 이렇게 계산한 이유는 첫날 갈아타기를 하면 당일 하루는 20배가량 예상되지만, 둘째 날부터는 거품이 더 끼어 똑같은 하루라도 10배로, 셋째 날은 7배로, 넷째 날은 4배로, 갈수록 수익률이 떨어지기 때문이지요.

그랬더니 무려 28만 배가 나오고 1조 4,000억 원으로 끝나는 것입니다! 만약 그런다면 당신은 이미 재벌 따위 정도가 아니라 '세계 자본의 대황제'가 된 셈이지요. 불과 500만 원으로 말입니다! 상상만 해도! 말문이 막혀 버립니다! 아니 상상조차 되지 않습니다!

다만 이 액수는 이론상, 계산상의 액수일 뿐이고 실제 거래에서는 시장 규모에 비해 너무 과다한 금액이므로, 운용에 어려움이 있어 대폭 삭감해야 하긴 합니다. 물론 그럴 때가 되면 인기 옵션일수록 투자자들의 관심이 집중해 상상을 초월하는 총거래대금을 자랑하긴 하지만요.

그런데 몹시 아쉽게도 당신은 하나도 보유하지 못한 채 첫째 날을 맞이했습니다. 그 상황이 첫째 날의 첫 번째 시나리오입니다. 그렇다면 이제부터 당신은 어떻게 이 절호의 기회를 살려 나가야 할까요.

여러분 중에 많은 이들은 도대체 어떻게 정확하게 폭락 첫날을 예견하고, 미리 외가격은 고사하고 내가격이라도 사 놓을 수 있었겠느냐고 반문하며 심하게 항의할 것입니다. 물론 당신이 그 기미를 알아차리고 미리 사 놓았으면 더할 나위 없이 좋습니다. 이제 수만 배는 기본이고 수십만 배도 보장되는 것입니다. 그런데 절망스럽게도 그러지 못했습니다.

하지만 절망하지 말고 정신을 똑바로 차리십시오. 이제부터 진짜 시작입니다. 이 길고 길었던 '장편 대 서사 자본 드라마'의 하이라이트는 바로 여기서부터가 진짜 시작입니다.

첫째 날 9시 장 시작 직전에 당신은 풋옵션의 가장 싼 것, 외가격의 맨 끝, 아니 그냥 쉽게 말해 가장 싼 종목을 동시호가로 반드시 매입해야 합니다. 이것에 실패하면 절대 안 됩니다. 가장 싼 풋이 전날 0.05였는데 '예상 시가'가 2.00으로 40배 상승 출발 예상이면 아예 2분쯤 전에 3.00으로 넉넉하게 주문을 내야 합니다. 주문 폭증으로 마지막 1~2분 사이 과부하가 걸려 급상승한 시가로 출발할 수 있기 때문입니다.

만약 500만 원어치를 사고 싶은데 예상 시가보다 비싸게 내야 할 상황이라면 800만 원어치를 주문하면 됩니다. 그러면 그 한참 아래에서 500만 원어치 정도가 들어오겠지요. 일단 어찌 됐든 이날만큼은 완전한 체결이 급선무입니다. 아니 좀 '오버'해서 1,000만 원어치를 다 내도 좋습니다. 그리고 장 시작하자마자 잉여 주문금으로 남은 것은 당시 시가로 더 사도 됩니다. 이날만큼은요. 그러면 당신은 처음 계획을 벗어나 1,000만 원어치를 사버린 것입니다. 그래도 이날만큼은 다 용서가 됩니다. 그렇더라도 절대 그 이상을 사서는 안 됩니다. 그것만은 명심하셔야 합니다.

일단 처음의 '룰'대로 500만 원으로 계산하겠습니다. 2.00으로 전날보다 40배 올라 시작하더니, 막상 9시가 넘어 정규장이 열리자마자, 바로 고공행진을 거듭해 버립니다. 이제 시장 참가자들의 기대치가 폭발해 잔뜩 거품이 시시각각 쌓이기 시작합니다. 종합지수도 더 낙하합니다.

기이한 현상은 장 후반 특히 마지막 한 시간, 삼십 분, 십 분을 남기고 시시각각 일어납니다. 바로 이 풋옵션이 장 마감이 다가올수록 지수 하락 폭보다 급속히 빠른 비율로 솟구쳐 가기만 하는 것입니다. 옵션 경력자들은 급변기 장 마지막 시간에 얼마나 터무니없이 급등해 가는지 잘 압니다.

전날 0.05짜리가 시가 2.00이더니 종가는 40.00으로 끝나버렸습니다. 전날 가지고 있던 사람은 800배 수익을 올린 것입니다! 그러면 당신은? 그래도 당신도 아침에 사서 20배의 수익을 올린 것입니다.

여기서 잠깐, 뒤의 진도를 나가기 전에 실망해 있던 당신에게 최상의 시나리오를 먼저 공개해 보겠습니다. 둘째 날, 셋째 날, 넷째 날도 모두 15%씩 하락한다고 가정해 본 경우입니다. 언뜻 보면 60% 하락 같지만, 사실은 규모가 점점 축소되면서 15%이기에 첫날 종합지수 기준으로는 48.8%의 하락입니다. 공황기 나흘 동안 이 정도 이상의 규모는 충분히 예견 가능합니다. 대공황 때는 살인적으로 90%나 폭락했던 적도 있습니다.

둘째 날부터 넷째 날까지 당신이 그대로 한 번도 거래 없이 동일 종목을 보유만 하고 있었더라도 경이로운 수익이 보장된 것입니다. 아까의 계산에서 첫날만 20으로 시작하면 됩니다. 20×6×2.5×1.4=420

아까 처음에 보유하고 있을 때의 2만 1,000배보다는 못하지만 그래도 무려 420배가 나왔습니다. 아무것도 보유하지 못하고 있다가 맞이했는데도 21억 원이라는 믿을 수 없는 숫자가 나온 것입니다! 그것도 나흘간 아무런 거래도 하지 않고 안전하게 지켜보고만 있었을 뿐인데요!

어때요! 이제 당신은 전혀 실망스럽지 않으시죠? 좋습니다. 저 종합지수 하락 비율을 좀 낮추고 당신이 매일 얻는 폭의 비율을 좀 낮추어 잡더라도 저 총액의 반, 그러니까 10억 5,000만 원 정도는 충분히 획득할 수 있는 것입니다. 정신 차리십시오. 게임 머니나, 고스톱 게임 머니가 아닙니다! 바로 당신의 호주머니 안의 실제 금액이란 말입니다!

이제야 비로소 제가 2008년 연속 하락기를 매일 겪으며, 왜 절망했고, 다시 이런 기회가 온다면 놓치지 않으리 다짐했는지 짐작이 가십니까! 우리의 자본 시장에는 이런 비밀의 황금열쇠가 곳곳에 숨겨 있는 것입니다! 우리의 이 수업은 바로 그걸 찾는 특별한 수업인 거고요!

자, 여기서 한 걸음 더 나아가 보겠습니다. 앞의 경우는 미처 보유하지 못한 상태서 밤새 뉴욕 증시가 엄청나게 폭락했다는 뉴스 하나만으로 가장 싼 풋옵션을 나흘 동안 매매 없이 그냥 보유만 했다는 가장 보수적이면서 안전한 선택이었습니다. 물론 나흘 동안 뉴욕 시장은 계속 초유의 폭락을 했다는 필요조건이 있는 거지요. 이번의 경우는 아무 보유 없이 맞닥뜨려 첫날 시작 가로 매입한 것은 똑같지만, 둘째 날부터 당신이 위험을 무릅쓰고 적극 대응했다는 차이가 있습니다.

둘째 날부터 당신은 9시 장이 열리자마자 행동 개시합니다. 9시 시가에 팔아야 합니다. 동시호가로 예상가보다 싸게 내놓으면 바로 팔리겠죠. 그리고 최대한 민첩하게 팔리자마자 새로 나와 있는 풋옵션의 가장 끝자리에 있는 싼 가격의 것을 전액 매입하는 것입니다.

아까부터 자꾸 무슨 얘기냐고요? 옵션은 폭등이나 폭락으로 외가격이었던 종목들이 다 내가격으로 바뀌거나, 내가격에 근접해 오면 나름의 시스템에 의해 신규 종목들이 생겨납니다. 그 상승 폭 정도에 따라 한두 종목이 생기기도 하고 상승 폭이 크면, 다음날 여러 종목이 생기기도 합니다. 그렇다면 이런 대폭락 상황에서는 열 개 가까이나 새로 생겨날 수도 있습니다. 그 새로 생긴 것들 중 맨 끝에 있는 가장 싼 것을 즉시 사면 된다는 얘기지요.

이때 예상보다 종합지수의 하락 폭이 작거나, 오히려 지수가 상승해 버리면 크게 손해를 보게 됩니다. 그러나 예상대로 하락 폭이 확대되면 그 정도에 따라 옵션 가격이 상승하게 되는 거지요. 특히 마지막 한 시간은 지수 폭이 조금만 커져도 무서운 속도로 확대됩니다. 그래서 둘째 날 갈아타기에 성공하면 10배, 셋째 날은 7배, 넷째 날은 4배로 잡아 본 것입니다.

날이 갈수록 같은 하락 폭이라도 거품이 선반영 되어 있어 시가 대비 종가 수익률을 좀 줄여나간 것입니다. 첫째 날은 20배를 잡았었지요. 아까 첫날 미리 보유한 상태에서 갈아타기에 성공해 나갔을 경우 무려 1조 4,000억 원이 나와 충격을 줬죠! 이번에는 첫날 보유하지 못한 상태에서 계산해 보는 겁니다. 20×10×7×4=5,600. 그래도 5,600배가 나와 무려 280억 원이 되고 맙니다! 세상에나! 아무런 보유 없이 폭락기를 맞았는데도 280억 원이라니요!

이제 아시겠습니까! 왜 바로 이 장면이 이 수업의 하이라이트라 했는지를! 2028년 전후해서, 아니 나중에 그 한참 후에라도 당신이 공황기를 맞닥뜨린다면, 연속 세계 주가가 유럽 시장과 특히 미국 시장을 돌며 폭락해 나갈 때, 당신의 선택에 따라 이렇게 당신의 인생이 달라질 수도 있는 것입니다! 그것을 성공시키느냐 못 하느냐는 전적으로 당신의 몫인 거고요! 이 노하우를, 자본 시장에 숨어 있는 이 엄청난 비기를 가르쳐 드린 것만으로 저의 임무는 다했다고 봅니다.

사실 따지고 보면 어렵지도 않습니다. 2008년이든, 코로나 때든, 우리의 IMF 때든, 세계 경제는 암울했고, 주변에도 늘 먹구름이 낀 듯, 잿빛 안개라도 낀 듯 스산했으며, 그러다가 유럽시장에 이어 미국 시장이 열리는데 연일 대폭락을 계속하고 있는데요! 따지고 보면, 지나고 보면 얼마나 쉽습니까! 믿거나 말거나 모든 것은 당신의 복이니까요.

여기까지가 첫째 날 첫 번째 시나리오였습니다. 당신이 이처럼 아무것도 보유하지 못한 채 대폭락을 맞이했더라도 절대 실망하지 말고 침착하게 대응해나가야 합니다.

첫날 사고 나서 아무 거래 없이 차분하게 소유만 하는 방법이 있었습니다. 또 하나는 매일매일 장 시작에 적극적으로 대응해서 위험을 무릅쓰고 이익을 최대화해 나가는 비법이 있었습니다.

여기서 절충안으로 한 가지 방법을 더 제시하겠습니다. 둘째 날이나 셋째 날까지 장 시작에 새로 생긴 끝물로 교체하고, 셋째 날이나 넷째 날은 그냥 보유한 채 그대로 있는 것입니다. 이미 중간에 위험을 감수하고 이익을 극대화해 놓았으니 후반부에는 혹시 몰라 안전을 선택하는 것이지요. 그렇게 한다면 그냥 보유했을 때의 21억 원과 나흘간 갈아타기에 성공했을 때의 280억 원 사이에서 수익이 결정되겠지요. 어떤 선택이든 여러분에게 말할 수 없는 희망을 주지 않았나 합니다. 그거면 저도 만족합니다.

첫째 날 두 번째 시나리오는 너무나 행복하게도 이미 풋옵션을 보유하고 있을 때입니다. 당신은 정말 최고의 행운아인 셈이지요. 이 경우도 내가격을 보유하고 있을 때와 외가격을 보유하고 있을 때의 두 경우로 나뉩니다. 만약 당신이 내가격을 보유하고 있다면 중대한 기로에서 갈등하게 됩니다. 과연 이 폭락 장이 앞으로 연속 벌어질 대 드라마의 진짜 상황이라면, 자신이 쥐고 있는 패가 '진카' 중에 '진카'가 되는 것이지요!

이때 한 가지 심각한 갈등이 생깁니다. 이렇게 좋은 패를, 욕심을 더 부려 풋옵션 가장 끝자리의 종목으로 갈아탈 것인지의 여부입니다! 그 상황에서 위험부담을 떠안을 것인지 진짜 숙고하고 또 숙고해야만 합니다.

만약 기다리던 연속 폭락이 이어진다면 계속 동일 종목을 보유하고 있을 때와 그러지 않고 끝자리 물로 교체해 나갔을 때의 수익 차이는 이미 앞에서 충분히 제시해 놓았습니다. 모든 선택과 그로 인해 거둬지는 엄청난 수익의 차이는 모두 당신의 선택이고 복입니다.

첫날만 끝자리로 교체하고 나머지 날들은 안전하게 그대로 보유할 수도 있습니다. 아니면 둘째 날이나 셋째 날까지 베팅을 하고 마지막 날은 편하게 가져갈 수도 있습니다. 어쨌든 당신은 선택에 따라서 1,000억 원 내외에서 무려 1조 4,000억 원 내외의 사이에서 수익을 기대할 수 있는 것입니다.

그런데 여기서 함정이 있습니다. 어떤 함정이냐고요? 당일 거래로 맨 끝자리 물로 교체해 나갈 때 1,000억 원까지는 상관없습니다. 그때가 되면 거래량이 전체적으로 엄청 늘어납니다. 다들 관심 집중에 막대한 화력이 폭발하니까요. 특히 그때는 새로 생긴 끝물이 거래량이 폭증합니다. 문제는 당신의 동시 운용 규모가 눈덩이처럼 불어나 1,000억 원 규모 이상으로 커지면 동시 집행에 차질이 생겨난다는 데 있습니다. 거기에다 사실 옵션 거래는 매우 큰 위험성을 안고 있습니다. 코인보다 가변성이 몇 배, 혹은 몇십 배라고 보시면 됩니다. 물론 한쪽으로 방향성이 크게 정해지면 눈덩이처럼 불어나긴 하지만 그래도 항시 조심해야 합니다.

그래서 권유합니다. 매일매일 이익이 크게 났을 때마다 수익의 20%를 떼어내어 저금하십시오. 이번의 기회가 당신 인생의 전부는 아닌 겁니다. 설령 이틀 동안 끝물 옮겨타기가 연속 성공했더라도 사흘째와 나흘째는 차라리 수익금의 50%를 떼어놓고 거십시오. 또 마지막 끝물에 집중하지 말고, 그것 바로 앞에 있는 3~4개에 분산 투자하십시오. 그래야 그나마 합리적으로 운용할 수 있습니다. 무엇보다 이미 실현한 막대한 수익을 안전하게 확보할 수 있고요.

여기서 또 하나의 팁을 드리겠습니다. 팁이기도 하면서 가상 시나리오에서 중간에 삽입하기가 번거로워져 일부러 빠뜨린 부분이기도 합니다. 앞에서 살펴본 대로 2008년엔 폭락기 중간에 3일, 2020년엔 중간에 1일간 소강상태가 있었습니다. 이 경우는 어떻게 전개되고, 우리는 어떻게 대응해야 하나요? 하루나 사흘간의 횡보기가 없다면 차라리 속이 편한데 이 소강상태가 정말 피를 말리게 합니다. 전일 종가 기준으로 일정 폭을 오르락내리락하면서, 그때마다 콜과 풋들이 춤추듯 널뛰기를 거듭해 애간장을 태우는 거지요.

더구나 이전에도 몇 차례나 뉴욕 증시가 단발적으로 폭락해 첫날 대성공을 거두었다가, 연속성이 없어 나중에 거의 도로 토해내다시피 했었는데요! 물론 큰 폭의 하락 때만 움직였을 뿐이라, 설령 이틀이나 사흘 뒤까지 더 이상의 폭락이 일어나지 않았더라도, 그래도 이익을 보고 팔아 손해 보진 않았지만요. 개중에 한 번은 오히려 급등해 손해를 본 적도 있고요.

그렇다면 이번에는 어떻게 대응해야 할까요. 일단 하루나 이삼일 소강상태를 보이더라도 곧바로 대폭락이 연쇄적으로 일어날 가능성을 염두에 두고 차분하게 기다려야 합니다. 어쩌면 이번이 당신 인생의 절호의 기회일 수 있기 때문입니다. 더구나 당신은 이미 중국 주식과 특히 코인으로 경이로운 예금과 골드바를 보유하고 있고, 그중에 전혀 부담도 되지 않는 500만 원을 이 건곤일척의 승부에 투자했을 뿐입니다. 설령 다 털고 일어난들 전혀 상관없습니다.

그래도, 그런 여유 있는 뒷배는 가지더라도, 이번의 또 다른, 아니 더 커다란 가능성에 최선을 다하고 집중해야만 하는 것입니다. 소강상태가 이삼일 이어지더라도 최소한 이미 이 싸움에서도 아직은 이익이 크게 나 있는 상태입니다!

까짓거 이삼일 기다려보는 겁니다! 여기서 또 하나의 팁은, 혹시 하루나 이틀로 폭락이 멈추고 이 소강상태 후에 정반대로 급등할 가능성을 염두에 두어 대비하는 것입니다. 바로 1,000만 원 증거금 중에 남은 500만 원이나, 첫날 혹은 둘째 날까지, 풋에서 거둔 초대박 수익금의 일부 중 예금하고 남은 얼마를 콜의 적절한 외가격에 거는 것입니다.

양쪽 중 어느 한 곳으로 크게 움직이면 그쪽에서 큰 수익이 나는 이른바 '양 매수 전략'이지요. 설령 폭등하더라도 콜옵션이 큰 이익을 주어 이번 게임에선 전체적으로 상당한 수익이 나는 겁니다. 이미 팔아 저금해 둔 이익금이 있고, 콜에서 난 큰 수익도 있고, 풋을 정리한 금액도 만만 치 않고요.

그렇다면 이번 전쟁이 국지전이었던 셈인 겁니다. 다시 또 때를 기다 리다 대폭락이 시작될 조짐을 보이거나, 실제 뉴욕 증시가 폭락하거나 하면 새로 전투를 시작하면 되는 거고요. 그런데 하루나 이삼일의 소강 상태 후에 대폭락이 재개되면 그때는 그토록 염원하던 절호의 기회가 찾 아온 거지요. 이제 다시 이 수업에서 배운 바대로 해나가면 됩니다.

이 과정에서 여러분 중에 누군가는 '앞의 계산 과정에서 소강상태는 배제되어 있었는데, 소강상태 기간 옵션은 시간가치 때문에 자연 하락하 므로 수익이 저절로 줄어들 테니, 저 계산에 오류가 있는 것 아닙니까?' 하고 이의제기를 할 것입니다.

맞습니다. 참 예리하고 똑똑한 지적입니다. 그런데 만약 다음날 다시 대폭락이 이어지면 시간가치로 인해 줄어들었던 것까지 얹혀 아까 계산 한 배율보다 더 폭등하므로 그게 그겁니다. 결국 아까 계산에서 큰 오류 는 없는 셈이 되는 거지요.

여기서 잠깐, 대폭등이나 대폭락기에만 볼 수 있는 옵션의 희한한 속성 하나를 소개해 드리겠습니다. 직접 여러 번 체험한 이가 아니면 알 수 없는 진귀한 현상이지요. 콜옵션이나 풋옵션 중 한쪽으로 너무 심할 정도의 큰 폭 상승이 일어나면 그쪽 종목들은 물론, 반대쪽 종목들도 평 상시보다는 훨씬 비싸게 가격이 형성되는 현상이 장 막판에 일어나기도 합니다. 예를 들어 대폭락의 날 장 후반으로 갈수록 풋옵션이 계속 고점 을 경신하다가 특히 마지막 한 시간, 마지막 십 분에 초급등함은 알려드 린 바 있습니다.

그런데 희한하게도 계속 사정없이 미끄러지기만 하던 콜옵션들이 장막판에 지수는 더 떨어지는데도 오히려 급락을 멈추고, 그 마지막 급락 상태 기준으로 50% 내외로 상승한 채 끝나는 경우가 자주 생깁니다. 그 결정적 이유는 너무 지나친 급락에의 반동으로 다음 날은 급등해 콜옵션 쪽에 초대박이 날 거라는 집단 기대 심리가 반영된 때문입니다.

이렇게 해서 여러분께 무척 충격적이었을 4장 강의를 마치려 합니다. 사실 파생상품 시장은 '코스피 시장의 선물·옵션' 외에도 아주 많습니다. '선물·옵션'과 마찬가지로 기본예탁금과 교육 시간이 적용되는 '인버스 시장'이 있습니다. 인버스 중에는 2배로 빠르다는 '곱버스' 종목들도 있고요. 또 가장 큰 거래소라는 '바이낸스'에서 코인으로 행하는 거래가 있습니다.

그 외에도 금, 은 등 귀금속, 비철금속, 각종 농산물, 에너지, 통화, 채권 등등에 심지어 날씨 같은 비 구체적 사건이나 추상적 개념마저도 파생상품 거래의 대상으로 이용될 정도로 즐비합니다. 이미 2010년에 지구 전체의 GDP인 60조 달러를 넘어서 무려 150조 달러 규모일 정도로 방대한 시장입니다. 전체 현물거래의 무려 40배가 넘는 전체 거래량을 자랑하기도 했지요.

바로 이 방대한 파생상품 시장이 경제 위기나 공황기에는 치명적인 비수가 되어 세계 경제의 등에 사정없이 내리꽂히는 것입니다. 건강하게 호황을 구가하다가도 지나칠 정도로 여기저기 거품이 쌓이고 쌓이면, 파생상품 세력, 특히 '매도 세력'인 '헤지 세력'은 그 틈을 절대 용서하지 않습니다.

일반인 투자자 여러분은 지금까지 강의한 옵션을 포함해 위에 열거한 어떤 파생상품도 절대 해서는 안 됩니다. 조금 배웠다고 자신감이 생겨 활용하려 한다면 망하는 지름길입니다. 설령 처음 1~2번 성공했다면 그것이 오히려 큰 독이 되니 절대 시도조차 해서도 안 됩니다.

다만 경제 위기나 공황기에 한정해서 당신이 그동안 자본주의 경제에서 당한 차별에의 항거로, 또다시 강요당하는 불합리한 상황에의 저항으로 딱 이 시절만 옵션의 함정을 이용해 스스로 자본의 대 흐름 위에 올라서라는 의미입니다.

이제 모든 것은 지혜로운 당신의 대응에 달려 있습니다. 경제 위기나 공황기의 전조가 보이면, 당신은 숙고해야만 합니다. 그리고 뉴욕 지수의 대폭락이 있기 전에, 그 징조를 미리 알아차리고 내가격이라도 풋옵션을 보유하고 있었다면 진정 행운입니다. 아니 다음 날 아침에라도 맨끝자리 풋을 사서 연속 들고 가기 시작했다면 더없이 좋은 일입니다.

그런데 그것이 '진카'가 아니고 '가짜'일 수도 있습니다. '진카'는 바로 나타날 수도 있고, 여러 번의 '가짜'를 보낸 후, 뒤늦게 터질 수도 있습니다. 이런 중대한 판단이 요청되는 시기가 오면 저도 그때쯤 유튜브 방송 등으로 독자 여러분의 예측과 실행에 도움이 되는 길을 지속적으로 모색해 보겠습니다.

과연 이번 경제 주기에서 당신은 그 '비장의 카드'를 손에 쥐게 될까요? 이 책을 읽고 미리 준비하신 당신이 꼭 최후의 승리자가 되시길 진심으로 정성을 다해 기원합니다!

굿 럭(Good Luck)!

5장

다시 피어나는
경제와 자본의 꽃!
회복기의 투자 방법과
2031년 전후
반드시 해야 할 것들!

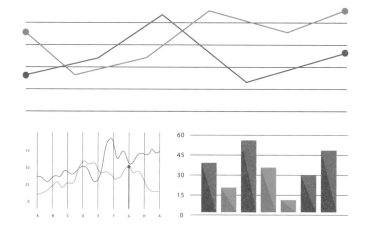

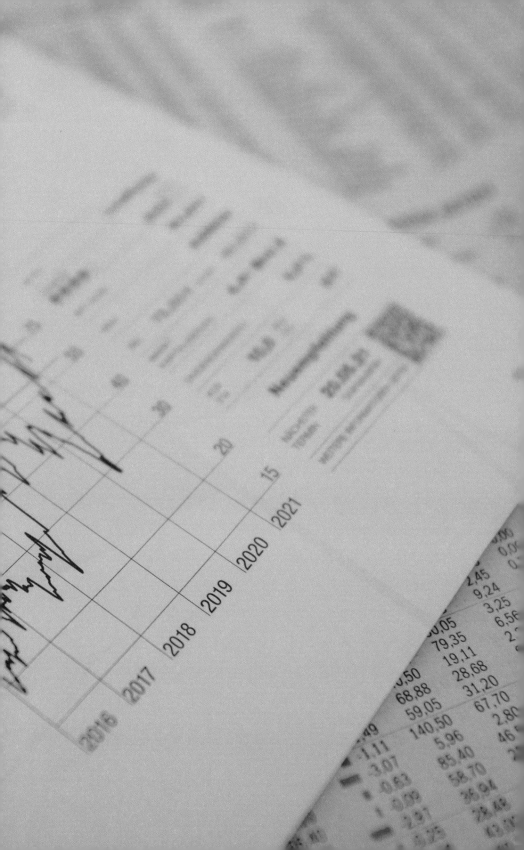

01

다시 솟아오르는 경제
그리고 당신의 새로운 도전!

어느덧 무럭무럭 희망의 싹이 자라기 시작합니다. 먹구름이 걷히자, 언제 그랬냐는 듯 태양은 온 세상을 밝게 비춰주기만 합니다. 태풍이 사정없이 휩쓸고 간 자리에도 아기 새들은 아장아장 어미 뒤를 따라가며 노래합니다. 암담하기만 하던 각종 지표는 대부분 회복 신호를 보내옵니다. 이제 정말로 '경제 회복기'가 시작된 것입니다.

대부분 경제 회복기에는 해운과 철강·조선이 꿈틀거리고 유가가 상승합니다. '벌크 해운지수'가 늘 바로미터였지요. 다만 앞에서 살펴봤듯 이번 주기에서 '해운지수'가 경기나 코로나와 관계없이 코로나 직전인 2019년 후반기에 급격한 회복세를 보였듯이 새로운 '전체 경제 주기'의 이정표 역할을 하지는 못할 듯합니다.

또한 부동산, 특히 주택 문제도 폭락기에는 밀접한 관계가 있었지만, 다음 경제 주기에 어떤 모습을 보일지는 불가 예측입니다. 초고령화, 탈도시화, 1인 가구화 등이 주택 가격 문제와 결부되어 복잡하게 얽혀 있어 새로운 주기에서는 경기 흐름과 동반할지, 엇갈릴지 예측이 힘든 거지요. 소가구, 특히 1인 가구의 급증이 만만치 않아서 다시 상승을 시작할 수도 있습니다. 다만 오르더라도 이전 같은 급락 후 급등이 아닌, 급락

후 점진적 소폭의 상승이 아닐까 합니다. 폭락 후 쉽게 오르지 못할 수도 있고요.

그런데 제가 생각하는 새 시대 부동산 가격의 문제는 특히 젊은 층을 중심으로 한 '인식'과 '가치관'의 변화 문제에 맞닥뜨릴 수도 있다는 데 있습니다. 만약 집단적으로 집을 소유와 축재의 대상으로 여기기를 거부한다면, 실로 가장 심각한 가격 저항을 맞는 셈입니다. 그것은 코로나 이후 소위 '비대면'의 전성시대와 결부될 수도 있습니다. 잘 생각해 보면 비대면은 고립만 준 게 아니라 주거와 공간의 자유까지 선물해 줄 수도 있기 때문입니다. 심지어 이동의 자유까지도 보장해 준 것이지요. 거기에다 코로나로 막혀있던 해외 진출까지 순식간에 풀리고 나면, 굳이 답답하고 비싸기만 한 고정된 공간이나 도심만을 고집할 필요도 없어지는 것이고요.

여기에 맞물려 미래 산업과 미래 직업들은 굳이 도심을 고집하지 않습니다. 노인을 중심으로 여유 있는 계층도 한껏 늘어나 더 이상 도시를 고수할 이유가 점점 사라지지요. 거기에다 점차 환경이나 기후 문제 등과 복잡하게 얽히면서 부동산의 전성시대는 가고, 우리는 이후로는 재산 증식의 부분에서 부동산을 크게 의식하지 않게 될 수도 있다는 얘기입니다. '내 집 마련의 꿈'이라는 거창한 구호가 크게 다가오지 않는 시대로의 전환인 셈이지요.

자, 이제 다시 당신의 전성기가 왔습니다. 아니 우리 수업을 듣고 그대로 행한 직후부터 이미 당신의 전성기는 시작되었던 셈입니다. 이제 당신은 이 수업 이전의 존재와 달리 '경제 사이클'을 충분히 전제해 그 시기에 가장 최고의 대응을 하는 '환상적인 경제인'으로 거듭난 셈이니까요.

더욱이 요즘 젊은 분들은 특히 지성적이고 감각적이어서 배우고 익힌 내용을 실용적으로 활용하는 데 아주 민첩하고 영리한 최고의 실력자들입니다. 제가 가르쳐드릴 수 있는 모든 것은 여기까지입니다. 오히려 젊은 분들을 중심으로 훨씬 지혜로우신 독자 여러분들이 배워 익힌 것들을 다가오는 다음 경제 주기에 더 효율적으로 활용해서 많은 이들이 끝끝내 재벌에 버금가는 경제적 지위를 누리시리라 믿습니다.

새 주기의 시작을 맞아 당신은 현금을 찾고 골드바를 팔아서 토막난 주식을 사들입니다. 특히 업종 대표주와 유망한 주식들의 포트폴리오를 짜서 말이지요. 저축형 연금보험 같은 것도 바람직할 수 있습니다. 만약 유사시 대비해 집을 팔고 없는 상태라면 훨씬 저렴해져 있는 집을 가장 적절하다고 판단되는 시점에 구입하면 됩니다.

코인은 주식보다 몇 발 앞서서 대폭락기 직후 말도 안 되는 가격에 미리 구입해 놓는 것이 좋습니다. 가장 빨리 폭락한 만큼 이제는 그 반대로 가장 빨리 오르기 시작할 테니까요. 그것이 금융 시장의 생리입니다.

경기 회복의 냄새를 가장 빨리 맡는 것도 코인이고, 그다음이 주식입니다. 이번에는 자본도 엄청 많겠다 거리낄 게 전혀 없습니다. 그래서 300만 원 한도를 무시하고 무려 3배나 넘게 1,000만 원을 코인에 투입합니다. 물론 당신의 넉넉한 주머니에서 티도 안 나는 푼돈이지만요. 이제 출발점이고, 앞으로 무려 이십 년이나 남아 있는 겁니다. 이번 새 주기에서는 반드시 재벌이 되고 말 것이니까요.

만약 가상화폐 시장의 충격이 너무 커서 쉽게 다시 살아나지 못한 채 주저앉는다면, 새로 블록체인을 응용한 다른 상품이나, 아니면 또 다른 전혀 새로운 기술로 만들어낸 가상화폐의 대체재 역할을 하는 금융 시장에 진입하면 됩니다. 그것도 미리 눈치를 채고 좋은 자리를 선점해야 훨씬 유리한 것이지요.

그런데 제 견해로는 설령 코인에서 미처 빠져나오지 못한 사람들이 이루 말할 수 없는 막대한 피해를 보았을지라도, 다음 주기에 가상화폐 시장이 전멸하지는 않으리라고 생각됩니다. 설령 다소 위축될 수는 있겠지만, 그래도 이왕에 생성된 거대 금융 시장인 만큼 상당 기간 살아남아 막강한 영향력을 행사할 것입니다. 그러다가 시장의 유행이 서서히 바뀌어 갈 수는 있겠지만요.

어쨌든 우리가 이 수업에서 배운 기법들은 '다음 경제 주기'에서 주식이든, 코인이든, 다른 새로운 금융상품이든 아주 유용하게 응용될 것입니다. 또 먼 훗날 닥칠 대폭락기에의 대비까지 포함해서 주요 흐름의 순간과 고비마다 당신에게 가장 소중한 자본의 피가 되고 살이 되어 뇌리 깊숙이, 또 가장 소중하게 자리할 것이라 믿습니다.

사실 눈치가 빠르신 분은 처음부터 직감하고 있으셨겠지만, 이 책의 가장 중요한 일차적 목표는 돈을 얼마큼 벌고 여부를 떠나, 자본주의 경제 사이클에 대한 지식의 습득과 소중한 경제 주체로서 당신의 적절한 대비입니다. 소홀히 여겼던 중차대한 문제에 대해 다시 생각하는 충분한 시간이 되었다면 그것만으로 당신은 축복받은 셈이고, 저도 물론 만족합니다.

그러나 그렇게 말하고 말기엔 왠지 부족하긴 하군요. 그렇다면 이 말을 추가하겠습니다. 이 수업을 듣고 당신의 계좌가 헤아릴 수 없을 만큼 불어나기를 진심으로 축원합니다. 그랬다면 저는 한 사람의 미미한 작가로서 덩달아 너무나 행복해지니까요. 명심하십시오. 이번 주기는 물론이요, 다가올 '새로운 경제 주기'는 이제 온전히 '당신을 위한', 바로 '당신의 것'입니다!

02

다음 경제 주기에서 비트코인과
가상화폐의 미래 예측과 적절한 대비

저의 예측대로 2027~2029년 사이에 대폭락이 도래한다면, 2008년의 사례로 보아 정상 회복에는 2년 반 정도가 걸립니다. 고로 지난한 불황기 터널을 거쳐 지금부터 약 10년 후인 2030년대 초에야 새로운 20년 주기가 시작되는 셈입니다. 그렇다면 지금 여러분이 가장 관심을 가진 가상화폐 시장은 새 경제 주기에는 어떻게 전개될까요. 당신은 과연 어떻게 대비해야 할까요.

다음 주기 코인 시장은 기대 반 우려 반입니다. 일단 직전 주기에서의 경이로운 급등락으로 초고속의 재산 형성에 대한 놀라운 관여가 확인되었기에 그 지독한 관심과 기대 심리를 쉽게 떨치지 못할 것입니다. 새 경제 주기 초기에는 계속 살아남아 여전히 맹위를 떨칠 가능성이 큽니다.

그러므로 여러분은 새 주기가 시작되기 훨씬 이전부터, 즉 대폭락이 시작된 지 얼마 후부터 비트코인을 필두로 코인 시장 전체를 유심히 지켜보며 지속적 매입해 나가는 것이 좋습니다. 전술했듯이 폭락기가 오면 급등했던 상품 순서로 급락을 경험하게 됩니다. 고로 비트코인을 위시해 특히 알트코인들의 무차별적인 멸망으로 인해 세계 코인 시장은 가히 공황 상태에 빠지게 됩니다.

이때 당신은 역으로 아예 '폐지 수준으로 전락한 코인'들을 조금씩 사 모으면 되는 것입니다. 다만 이때 주의할 점이 있습니다. 첫째, 앞의 과정에서 강조했듯이 이번에도 투자 총액이 300만 원을 넘지 말아야 하며, 여러 종목에 분할 매수가 원칙입니다. 다만 이번에는 전과 다른 것이 그 절반, 즉 150만 원가량을 비트코인 한 종목에 집중하고, 나머지 150만 원 중 50만 원은 이더리움을 산 후, 100만 원으로 알트코인 30개 종목을 사는 것이 좋습니다. 그 이유는 엄청난 폭락을 경험한 후에는 다시 처음처럼 대장 종목인 비트코인이 그나마 가장 믿음직해 보여, 대장의 눈치를 보아가며 서서히 안정을 찾아갈 가능성이 크기 때문입니다.

둘째, 매수 시기를 몇 달 간격으로 여러 차례 나눠서 분할 매입하는 것이 더 안전할 수도 있습니다. 대폭락의 경험 후에는 다들 예민해져서 치열한 눈치 싸움이 전개될 수 있기 때문입니다.

셋째, 급락 지점에서 어느 정도 상승이 실현되면 일부 종목을 매도해 이익 실현 후, 재매수하는 과정을 여러 번 거치거나 특히 순환매 사이클을 염두에 둔 매매도 병행하는 것이 좋습니다. 물론 전체의 절반 종목들은 그냥 팔지 않고 안고 가는 거고요. 지난 주기에서 배운 비법을 잘 활용하며 그때그때 대처해 나가면 오히려 이 시기가 다시금 최상의 재산 증식기가 될 수 있는 셈입니다. 그렇게 폭락기에 오히려 코인으로 다시금 떼돈을 벌고, 2030년대 초에 정상적으로 회복된 새 경제 주기를 맞이하면 됩니다. 새 주기에서는 이 책에서 배운 토대로 진행해 나가면 되는 것이지요.

그런데 여기서 몹시 신경 쓰이는 지점이 있습니다. 그것은 새 주기가 진행될수록 과연 가상화폐 시장이 이전처럼 맹위를 떨치겠느냐 하는 의

구심입니다. 어쩌면 대폭락의 과정에서 치명상을 입은 시장 참여 대중의 트라우마가 너무 커서 어느 정도는 성행하더라도 과거의 뜨거웠던 관심과 영광까지 재현하지 못할 수도 있습니다. 아니면 가상화폐 시장을 대신할 정도의 새로운 미래 첨단 거래 시장이 생겨서 점차 위용을 잃어갈지도 모릅니다.

그런데 그중에서도 가상화폐 시장의 가장 확실한 적은 각국 정부로 대표되는 각국 거래소의 일괄적인 통제와 제한, 특히 전면 폐쇄가 될 수도 있습니다. 과연 저는 왜 이런 가능성을 예측할까요.

이번 공황기에 가상화폐 시장의 대폭락으로 인한 혼돈을 경험하고 나면 세계 도처에서 그 위험성에의 극도의 경계 목소리는 물론, 나아가 규제나 퇴출의 흐름이 생겨날 수도 있습니다. 바로 이 지점에서 선진국 중심으로 국가가 주도하는 자국의 디지털화폐에 힘을 실어 주고자 하는 은밀한 욕망과 맞닥뜨리는 지점이 발생합니다. 결국 이런 국가적 욕망은 지금의 중국 정부가 보이는 것처럼 가상화폐 시장을 제한하려는 행태로 이어질 가능성이 있는 것입니다.

결국 각국 정부는 자국민을 보호한다는 구호 외에 어떤 대승적인 명분을 내세워 코인 시장을 통제 내지 퇴출하려 들 수도 있습니다. 이때 가장 좋은 핑곗거리는 바로 일론 머스크가 내세웠던 명분에서 찾을 수도 있습니다.

그렇다면 여기서 머스크의 말을 소환해 보겠습니다. 그는 테슬라의 비트코인 결재를 철회하는 이유로 비트코인 채굴에 소모되는 전기 에너지가 친환경적이지 않기 때문임을 들었습니다. 그 후 너무나 심각한 소비자들의 집단 저항과 야유에 직면하자, 곧 자신의 중대한 실수를 깨닫고 논리와 입장의 전환을 시도했습니다.

그는 화석 원료 사용을 유발하는 코인 채굴이 환경에 좋지 않다는 기본 입장은 고수하면서도, 비트코인의 신재생 에너지 사용 비중이 50% 이상으로 높아지는 추세가 확인된다면 테슬라의 비트코인 결재를 재개할 수도 있다며 태세 전환을 했습니다.

실제 코인 채굴에서 쓰이는 탄소 에너지 문제에 대해서는 상반된 주장이 병존합니다. 하나는 코인 채굴장을 끼고 있는 넓은 호수에서 뜨거워진 물로 인해 물고기들이 집단 폐사할 정도로 심각하다는 주장입니다. 다른 하나는 실제 전력 소비량이 네덜란드 일 년 치 정도일 뿐이고, 미국의 경우 전체 산업 중에서 기껏 0.23% 정도로 다른 산업 분야에 비해 몹시 적은 비중으로 문제 될 것 없다는 입장입니다.

그렇지만 이 정도 사용량만으로도 환경 문제와 특히 저탄소 에너지가 절대시 되는 다음 경제 주기에서는 중대한 시비의 대상이 됨은 분명합니다. 결국 머스크의 야비한 핑곗거리는 그래도 나름 막중한 시대 인식을 담고 있음을 인정하지 않을 수 없는 셈입니다. 하긴 미래 '친환경차'로 'S&P'의 저탄소 평가 부문에서 100점 만점에 99점을 받고, '화성과 우주의 여행과 개발'의 신기원을 열고 있는 머스크는 확실히 천재적이며 인류에 기여하려 노력하고 있음은 부정할 수 없습니다.

결국 각 주요국의 정부는 머스크가 지적한 환경적 측면을 들어 가상화폐 시장을 옥죄려 들지 모르며, 새 경제 주기에서 그런 가능성이 최고의 리스크가 될 수 있는 것입니다. 다행히 2040년이 되면 비트코인의 반감기가 만료되어 더 이상 비트코인을 채굴할 수 없게 되지만, 만약 그때 이후라도 코인 시장이 성행한다면 이더리움 등의 다른 코인들의 계속되는 채굴로 인해 이 문제는 '뜨거운 감자'가 될 전망입니다.

결론적으로 말해 새 경제 주기 초기까지는 코인 시장이 제법 활기 있게 이어지겠지만, 점차 다른 시장에 대체되거나 위축되어갈 공산이 큽니다. 그러므로 여러분은 다음 주기에서는 가상화폐 시장을 시간이 흐를수록 신중한 입장에서 접근하는 것이 좋을 듯합니다.

03

'새 경제 주기'에 '초장수의 문제'와
그에 대한 대비 그리고 제언!

　이 책을 마침에 있어, 이 기회에 반드시 미래 우리의 삶과 관계되어 너무도 중요한 문제 하나를 제고해 드릴까 합니다. 그것은 다름 아닌 장수의 문제입니다. 우리 사회나 정부는 물론, 개인 각자도 본인들과 너무도 직결되는 이 문제에 대해 대비는 고사하고 제대로 인식조차 하지 못하고 있기 때문입니다.

　저는 일관되게 지금의 40대·50대는 120세 시대를 살고, 지금의 10대·20대는 140~150세 시대를 산다고 주장해 왔습니다. 그러면 다들 터무니없다는 시선으로 흘겨봅니다. 과연 그럴까요?

　2014년 국내 최고의 성인 성교육 베스트셀러 〈멀티를 선물하는 남자〉의 '100세 시대의 섹스' 파트 제목은 원래 '120~150세 시대의 섹스'였습니다. 그렇지만 그럴 경우 사람들이 저를 미친 사람 취급한다며 출판사의 만류가 심해 그렇게 된 것이었지요. 출판사와 끝까지 대립하다가 결국 소제목으로 '120세에 섹스를 하는 그날까지'를 달게 하고서야 타협을 마쳤습니다.

　몇 달 뒤 〈월간조선〉에 섹스 칼럼을 연재하던 첫 달에도 마찬가지 상황에 직면했습니다. 원고를 의뢰했던 데스크 최고 책임자에게서 이대로는 못 낸다고 거부 의견이 전달되었던 것입니다. 당시 2015년 1월호가 첫 연재였습니다. 항상 1월호는 월간지의 가장 중요한 축제 달로 특집과 부록이 집중되는 중요한 시기인데 이렇게 낼 수 없다는 거였지요. 저는 원고 내용을 검토한 후 재판단하기를 강력히 요청했고, 원고 검토 후 나온 반응은 '따봉'이었습니다.

결국 월간지의 얼굴이라는 1월호 표지에 가장 큰 활자로 '왜 120세 시대의 섹스인가'라는 제목이 장식해 버렸지요. 반응도 좋아서 6개월 계약을 넘겨 8개월간 연재했고요.

그 후로도 팟캐스트 방송이나 인터넷 방송, 언론 인터뷰나 강연, 대학로 극장에서 6개월간 했던 '1인 섹스 강연극', 이후 펴낸 저서들 등등 기회 있을 때마다 '120~150세 시대'를 선구자적으로 외쳐 대중들을 즐겁게 해주곤 했습니다.

그러던 것이 놀랍게도 4~5년 후인 2018~2019년에 변화의 조짐이 일어났습니다. 2018년 〈나는 120살까지 살기로 했다〉는 제목의 책이 나와 건강 서적 분야에서 장기간 베스트셀러를 기록하는 것을 보고 내심 반가웠습니다. 그리고 2019년 KBS의 교양 강연프로인 '명견만리'에서 어느 연사분이 '120세 시대'를 테마로 강연하는 걸 보고 감회가 새로웠던 것이지요.

로마 시대 평균 수명은 22세 정도, 중세 유럽도 32세에 불과합니다. 물론 굶거나 병들어 죽고, 전쟁으로 죽고, 원인도 모르게 시름시름 죽어간 사람이 많던 시절의 이야기입니다. 1933년에 인도의 평균 수명은 남자가 40세, 여자가 40.4세였습니다.

우리나라의 경우는 어땠을까요? 2001년 인하대 수학통계학부의 구자홍 교수가 일제 강점기 생명표를 분석한 자료에 따르면 1926~1930년 남자 32.4세, 여자 35.1세로 평균 33.7세였습니다. 구 교수는 1999년에 71.1세, 79.2세로 평균 75.6세였으니 70년 만에 무려 42세 증가했다고 결론 내렸습니다. 페니실린 발명 등의 의학 발달과 주거 환경 개선, 상하수도 정비와 영양식품 증가 등의 20세기 과학 문명이 이뤄낸 성과입니다.

2000년에 76세, 2013년에 81세이던 것이 작년 통계청 발표에 따르면 2019년에 남자 80.3세, 여자 86.3세로 평균 83.3세입니다. 1999년 75.6세에 비해서 10년 만에 무려 7.7세 늘어난 것입니다. 2013년에 비해서도 2.3세 늘어 매년 0.4세 늘어난 셈이지요.

저는 매년 제가 주장해 왔던 대로 수명이 연장되는 것을 목격하면서 매해 발표되는 통계청의 기대수명에 치밀어 오르는 분노를 금할 수가 없었습니다. 차라리 발표를 말든지 말이지요. 왜냐하면 모든 미래 예상 수치는 기대수명을 근거로 발표되거든요.

예를 들어 통계청이 2016년 12월에 내놓은 2015년 출생아의 기대수명은 82.1세였습니다. 제가 보기에는 2016년생이라면 최하가 150세인데요. 이미 1935년에 태어나신 분들도 평균 83세를 실제 사셨는데 말입니다! 저의 예상과 무려 2배 가까이나 차이가 나는 셈이지요.

설령 지금 상태로 과학이 동결된다 하더라도 앞으로 50년 후가 되면 약 20세가 늘어 평균 수명 105세 시대가 되는 것입니다. 그래 봤자 남자는 101세가량, 여자는 109세가량 사는 것이지요.

그런데 여기서 제가 특별히 주목하는 것은 줄기세포 등을 이용한 바이오산업의 빛나는 성과와 특히 먹는 장수 약품들이 앞으로 일이십 년 후부터는 다양하게 쏟아져 나올 것이라는 사실입니다. 이미 지금도 아침저녁으로 공중파, 종편 할 것 없이 토해내는 건강과 장수 프로를 통해 대중들도 유익균이니 유해균이니 따지면서 매일 프로바이오틱스를 비롯해 건강 약품 3~4개와 각종 건강식품을 먹는 시대입니다.

앞으로는, 보다 직접적이고 총체적인 '먹는 장수 약품'이 어느 순간인가부터 다양하게 쏟아져 나올 것입니다. 주사제나 기타 방법으로 신체에 주입되기도 할 것이고요.

장수를 향한 인류의 총체적 욕망이 점차 빠른 속도로 수명 연장의 경이로운 결과물들을 쏟아낼 것이고, 그것은 젊을수록, 특히 어릴수록 몹시 유리하다는 것입니다. 기술 개발이 특정 시점부터 가속화 할 것이니까요. 바로 그것이 21세기가 장수를 향해 끊임없이 치밀고 올라가는 강한 욕망의 기운이란 말입니다. 그냥 내버려 둬도 105세 시대가, 그로 인해 120세 시대가 되고, 당장 신생아의 기대수명은 150세 이상이 될 수 있다는 것이지요. 바로 인류의, 우리 자신의 총체적 역량을 믿는 것입니다.

제가 이 문제에 열변을 토하는 것은 인류와 우리 국민 모두와 여러분 각 개인의 미래 설계 및 적절한 대비와 너무나 밀접한 중요한 문제이기 때문입니다. 대표적인 예로 '대한민국의 심각한 인구 감소' 문제에 대한 보도를 볼 때마다 심한 분노를 느낍니다. 2019년 통계청은 '장래 인구 특별 추계'에서 2067년에는 총인구를 3,365만 명으로 예상했습니다. 물론 저출산은 심각한 사회문제이고 그로 인한 대학 등 교육 시스템의 대폭 축소, 노동 인구 감소, 각 지방의 위축 나아가 붕괴 문제 등에 대한 대비를 강구한다는 차원에서 이해는 됩니다.

문제는 실제 나타날 현상에 대한 예측을 아예 딴판으로 해버림으로써 막상 실제 예상되는 사회문제에 대해 필요한 대비책을 마련하지 못하는 중대한 과오를 범하게 되는 것입니다. 이런 오류가 발생한 가장 근본적인 이유는 평균 수명에 대한 잘못된 예측과 그에 근거한 대비라는 공허한 주장 때문입니다. 지금 모든 미래 문제 진단과 예측에는 통계청의,

아니 우리뿐 아니라 모든 국가 기관들의 잘못된 평균 수명, 기대수명을 토대로 했기 때문입니다. 이 얼마나 큰 문제입니까.

물론 요 몇 년 정체 상태에 있던 인구가 작년을 기점으로 2만 명 감소 후 올해는 조금 더 감소가 예상되기는 합니다. 그렇다고 해서 통계청의 예측은 전혀 잘못된 것이지요. 결정적 잘못은 아까 지적했던 터무니없는 기대수명을 토대로 한 것이기 때문입니다. 절대로 우리나라를 포함해 세계인구가 그처럼 급속히 붕괴되지는 않습니다. 결정적인 이유는 바로 평균 수명의 급속한 연장 때문입니다. 급속도로 늘어나는 평균 수명은 비록 노령화의 심각한 문제를 야기할지라도 어느 정도 인구 평형을 유지하게 해줍니다. 그 외에도 해외이민 정책의 확대가 크게 기여할 것입니다.

심지어 미래 가상 소설의 설정처럼 출산 위기가 가속화되면 국가가 주관하는 인공 수정 및 공공 육아가 현실화할 수도 있는 것입니다. 잘 아시다시피 지구 환경과 생물을 하나의 유기체로 보는 〈가이아 이론〉이 있습니다. 그 입장으로 보면, 인간도 하나의 생물이요 유기체로서 주어진 환경 질서 안에서 생존을 유지해가는 쪽으로 작용하게 되는 것입니다.

물론 인류 종말이 가까워지는 때가 되면 인류보다 기존 자연에 유리해지는 쪽으로 가이아의 평형 상태가 변화해 작용하겠지만, 당분간은 기존의 평형 상태대로 인류에게 유리하게 작용할 것입니다. 이미 우리가 알게 모르게 자연의 섭리는 작용하는 것이지요. 인류의 모든 문제는 특히 개체 보존과 이왕에 주어진 지구 안에서의 역할과 위치는 스스로에게 적합하게 유지되는 쪽으로 당분간 작용할 것이 분명합니다.

그런 측면에서 이 글을 계기로 정부와 우리 사회가, 또 각 개인이 평균 수명에 대해 재고하고 사회적 대책을 수립하며, 자신의 남은 인생을 새롭게 설계해 보는 소중한 계기가 되기를 바라는 마음입니다. 하물며 보험회사들도 기존의 80세 상품 위주의 설계나 잘해야 100세 상품 몇 개 정도에서 벗어나 앞으로는 더 원대한 미래를 보장하는 상품들이 각광받는 시대가 곧 도래할 것임을 유념해야 합니다.

생각해 보십시오. 지금 당신이, 매일매일 약주를 즐기시면서도 95세의 건강한 노구를 이끌고 유쾌하게 방송을 이끄시는 송해 선생님보다 더 오래 살 자신이 없습니까? 환갑잔치는 옛말이 되었고, 이제는 칠순 잔치 열기도 부끄러운 시대입니다. 팔순 잔치나 되어야 좀 떳떳하지요. 65세로 당시 평균 나이에 타계하신 저의 아버지는 60세 때 죽음 가까이에 계셨습니다. 이제 예순이 된 저는 활기차게 새로운 인생을 설계하고 있습니다. 바로 지금 당신의 어린 아들이 당신 나이가 되면 전혀 새로운 삶을 살게 되는 것입니다.

그만큼 시대는, 미래는 변화해 나갑니다. 평균 수명 문제와 인구 문제 등을 포함해 정부와 사회가, 보다 합리적이고 적절한 대책을 마련해 주실 것을 감히 촉구합니다. 이 책을 읽으신 독자 여러분께도 밝은 미래를 위해 마찬가지 대비를 말씀드립니다.

그리고 쓸데없는 사족의 말 하나만 더 덧붙이겠습니다. 요즘 '백신의 시대'라 문득 떠오른 생각입니다. 한센병 치료제인 '뎁슨'을 장기복용한 환자들이 평균 7~8세 더 장수했다는 통계가 발표되어 세계 의약계가 들썩이고 있습니다. 최근까지 가장 강력한 장수 약물로 기대를 모았던 포도주 성분 '레스베라트롤'이 과학계에서 인정받지 못해 실망을 준 이후 나온 '빅뉴스'라 더욱 그랬던 거지요.

특히 이 중에서도 이미 완치가 되었음에도 재발에 대한 공포로 꾸준히 복용한 집단일수록 더 장수했습니다. 마침내 이 현상을 토대로 서울대 의대 생화학 교실 연구팀이 '뎁슨' 연구에 착수했고 놀라운 결과가 나왔던 겁니다. 선충을 대상으로 한 실험에서도 평균 수명이 30% 이상 연장된 것입니다. 약물이 노화를 일으키는 체내 활성산소 발생을 억제했던 거지요. 세계가 공동 연구의 손길을 뻗치면서 '뎁슨'을 '현대판 불로초'의 발견이라고까지 표현하는 이들도 있을 정도입니다. 오래 복용한 이들의 공통점은 장수와 무병이었습니다. 장수는 물론이고 다른 집단에 비해 병이 압도적으로 적었던 거지요. 다만 공통되는 단점으로 자주 '빈혈'이 일어나는 증상을 보였습니다.

그 정보를 접하며 떠올린 것은 저의 경험 사례입니다. 저는 폐결핵으로 고교 2년 때 1년 휴학을 했었습니다. 2년 만인 대학 1년에 완치 판정을 받고도 대학 4년 내내 혹시나 해서 '파스' 등 결핵약 2~3종을 하루에 20~30알씩 복용했었지요. 당시는 약의 개수도 많이 먹어야 해서 지금 생각하면 제가 미련할 정도였습니다. 그 덕인지 지금까지 잔병치레 없이 건강하게 잘 지내왔는데 가끔 어지럼증이 있긴 합니다. 어쩌면 결핵약 중에도 비슷한 원리가 적용되지 않는지 연구가 필요할 듯합니다.

이 외에도 다양한 바이러스 예방 백신을 맞고, 다양한 암에서 회복된 많은 사례가 있습니다. 예를 들어 디프테리아·파상풍·백일해 예방 접종을 하고 피부암이 사라졌다거나, 천연두 예방 접종을 한 후 백혈병이 사라진 사례 같은 것들입니다.

그런데 느닷없이 이 얘기를 꺼내는 것은 어쩌면 지금 다 같이 맞는 '백신'이 코로나 같은 병원균을 막아주면서 순간 약간의 부작용도 있지만, 체질을 개선해주고 궁극적으로 다소라도 장수에 기여하는지에 대한 연구도 필요하지 않을까 해서입니다. 너무도 안타깝게 돌아가신 분들께는 무척 송구스럽지만요.

저의 경우 놀라웠던 것은 백신을 맞은 이후 최근 2년 정도 고질이었던 무릎의 관절염 증상이 없어졌다는 사실입니다. 더욱 놀랐던 것은 그 얘기를 당구장에서 하자 옆의 친구가 자기 지인도 유사한 증언을 하더라고 말했던 거였습니다. 그 사람도 양팔에 고질적인 관절염으로 몇 년이나 치료하면서 힘들어했는데 백신 접종 이후 완전히 없어졌다면서요. 둘 다 불과 1차 접종만으로 말입니다.

그랬는데 저의 이 사례가 극히 부분적인 일부 현상이려니 하던 찰나 반가운 뉴스들을 접했습니다. 먼저 코로나에 걸렸거나 백신을 맞은 후에 혈액암이 완치되었다는 사례가 속속 나오고 있다는 놀라운 사실입니다. 또 백신 접종 후에 폐경 상태이던 여성이 다시 월경이 시작됐다고 미국과 유럽에서 속속 보고되고 있습니다.

실제 미국 세인트루이스 대학병원 카멜 박사가 백신을 맞지 않고 코로나 확진된 환자와 맞은 후 돌파 감염된 환자의 폐를 비교한 엑스레이 사진은 충격적입니다. 전자가 코로나 박테리아와 점액, 분비물 등으로 온통 뿌옇게 뒤덮인 데 반해서 후자는 똑같이 감염되었는데도 백신 덕분에 산소가 원활하게 공급되어 바이러스가 없는 깨끗한 모습을 보였습니다.

곰곰이 생각해 보면, 고도 문명의 인류를 한순간에 나락으로 빠뜨린 '코로나 19'야말로 '대단한 위력의 생물체'임에 분명합니다. 그렇지만 그것을 막아주는 백신이야말로 또한 인류의 빛나는 업적인 셈입니다. 몇 단계 진화한 초현대 바이오산업의 위대한 결과물이고요. 결국 코로나가 인간의 미미함을 각인시켜 줬다면, 백신은 인류의 또 다른 가능성을 확인시켜 준 셈입니다.

물론 '델타 변이', '델타 플러스 변이', '람다 변이' 같은 코로나의 변이가 이어지겠지만, 궁극에 가서 인류는 코로나를 제어하거나 최소한 통제해 나갈 것입니다. 그 과정에 백신도 연속 개량해갈 것이고, 그것은 알게 모르게 인류의 진보가 주는 빛나는 선물인 것이지요. 백신의 시절을 맞아, 최소한 그것을 우리 몸에 들어온 좋은 항체요, 유쾌한 보약이라 여긴다면 이 우울한 시절을 이겨 나가는 데 도움이 되지 않을까 합니다. 지금도 세계 곳곳에서 '댑슨' 같은 장수 물질에 대한 여러 연구와 보고가 이어지고 있습니다. 인류는 '댑슨' 정도를 훨씬 뛰어넘는 장수 약제를 머지않아 연속적으로 개발해낼 것입니다.

　사실 지금 우리에게 가장 부족한 대비는 초고령화 사회에 대한 문제입니다. '초장수 시대'는 '새로 오는 경제 주기'에서는 최고의 화두가 될 것이며, 이 양상을 바탕으로 지금까지와는 다른 경제와 소비의 새로운 '패러다임'이 형성될 것입니다.

04

새 시대의 주인공인
당신을 위해!

세계에는 다시 평화가 찾아왔습니다. 미국과 중국도 언제 그랬냐는 듯이 서로 화합하고 인류의 미래를 위해 머리를 맞대고 있습니다. 양국 정상끼리도 유화적인 언사로 상호 칭찬 일색입니다. 미국인들과 중국인들은 이제 서로를 경원시하지 않습니다.

동양 중심의 신질서도 서양 중심의 구질서와 적절히 타협하고 서로 화합해 전진해 나갑니다. 다만 새로운 자본 시장의 재편 과정에서 그동안 위축되었던, 소외당해왔던 아시아 중심 신질서의 목소리가 더 커지고 상대적으로 위상이 높아졌을 뿐입니다. 서양인들도 그런 측면을 확실히 인정해줍니다. 미국도 중국의 높아진 위상을 현실로 받아들이며 융화를 모색해 나갑니다. 물론 그동안 세계 질서를 주도해 왔던 미국의 지위도 상당 부분 보장받고 있긴 합니다.

대한민국은 이제 세계 경제와 사회, 특히 문화에서 독보적인 지위를 획득했습니다. 중국은 대한민국의 지위를 존중하며, 항상 그 입장과 의견을 경청하려 합니다. 미국은 대한민국의 세계 경제와 문화 선도국으로서의 영향력을 자신들에게 유용한 쪽으로 끌어내기 위해 진지하게 노력합니다.

2031년쯤 시작될 새로운 경제 주기에는 어떤 산업들이 유망할까요. 아마도 그 문제라면 현명한 젊은 분들이 더 잘 알고 이끌어나가실 것입니다. 초장수 시대를 맞아 바이오산업은 역시 최고의 위상을 차지합니다. 건강 사업이나 보험사업도 더 융성해집니다. 소가구, 특히 '1인 가구'를 위한 다양한 사업이 호황을 누립니다. 인공지능과 함께 기거하고 사랑을 나누는 시대가 될 수도 있습니다. 온실가스 배출 등의 문제를 안고 있는 가축 산업과 달리 고기를 대체하는 배양육의 전성시대가 열릴 수도 있습니다. 유전자 조작이 마침내 허용되어 그를 통해 임신부터 성장과 교육까지 관여하는 사업이 등장할 수도 있습니다. 전기차 정도를 넘어 하늘을 나는 자동차가 온통 뒤덮는 시대가 될 수도 있습니다. 환자에 맞게 특수 배양된 장기 이식으로 악성 질병에서 해방될 수도 있습니다.

자, 어떤 모습으로 '새 경제 주기'가 도래하더라도 이제 새 주기의 주인공은 바로 당신입니다. 당신은 이전과는 달리 모든 경제적 행위에서 주도권을 전적으로 쥐고 행사하며 살아갈 수 있는 자본을 축적했습니다. 새 주기에는 더욱 강해진 자신감으로 경제를 운용해가며 자산을 불려 나갈 것입니다. 그런 당신의 모습을 진정 미리 축하드립니다.

그렇지만 여기서 한 번 반드시 짚고 넘어가야 하는 문제가 있습니다. 그것은 바로 상당한 부를 축적했을 때, 당신이 '가져야 하는 자세'입니다. 저는 본질적으로 허무주의자입니다. 얼마 전 작고하신 스티븐 호킹 박사는 인류의 궁극적 종말을 예고하며, 설령 사라질 지구 밖으로 날아가서 우주 식민지를 개척하더라도 그것은 결국 미봉책에 불과하다고 말했습니다. 그것은 어찌 그리도 제가 오랫동안 생각해 왔던 인류의 종말과 일치하는지 말입니다!

그러나 설령 그렇더라도 인류는 이 너무나 아름다운 지구 위에서 생존해나가야 합니다. 또한 저는 한편으로 생존해 가는 동안, 아니 최소한 단 500년 만이라도 '인류의 진화와 문명의 진보를 믿는 한시적 낙관주의 자'입니다. 이후에는 온난화 문제부터 외계 생명체의 문제에 이르기까지 어떤 고난과 가혹한 시련에 봉착해갈지 모르겠지만요.

결국 인류는 이번에 닥칠 경제 위기쯤이야 무난히 극복하고 더더욱 향상된 찬란한 문명을 다음 주기에 선보일 것입니다. 그런 믿음의 한복 판에 서서 이제는 호령할 당신에 대한, 우리 모두에 대한, 변화해야만 할 자세의 문제를 말하려 하는 것입니다.

이제 당신은 막대한 부를 형성했습니다. 새 주기에는 더 막강한 자 본의 꽃을 피울 것입니다. 그럴 때, 당신은, 또 우리는 잊지 말아야 합니 다. 이 험난하고 살벌하기 그지없는 자본주의 사회에서 운 좋게 거대 자 본을 형성한 이들이 가져야 하는 지구 환경 보존과 자본에 대한 최소한 의 예의 말입니다.

노블리스 오블리제!

새로 올 경제 사이클에서 주요 산업의 양상이나 구성원의 양상은 이 전과는 분명 다릅니다. 기후 문제와 환경 문제는 이제 제대로 돌보지 않 으면 인류의 치명적인 아킬레스건이 되어 종말을 가속화할 수도 있는 것 입니다.

그렇다면 엄청난 부를 형성한 당신들부터 달라져야 합니다. 자본으 로부터 소외된 계층에 최선의 의무를 다하고 겸손해져야 하며, 인류의 미 래를 위해 헌신하는 자세를 가져야 합니다. 그렇게 해나갈 때, 당신은 비 로소 자본을 마음껏 향유할 진정한 자격을 갖는 것이니까요!

당신의 진정한 행복을 기원합니다!

작가의 말
가정과 확정의
사이에서

"아니, 빌 게이츠가 하늘이 노랗다고 하면 믿겠지만, 작가님이 하늘이 노랗다면 누가 믿겠어요!"

같이 당구를 치던 모자 쓴 젊은 친구는 대뜸 씁쓸한 미소를 지으며 그렇게 반문했습니다. 제가 단골 당구장 주변 이들에게 새로 책을 쓰고 있다며 제목을 밝히자 모두 어처구니없다는 반응이었습니다. 그들에게는 단돈 '백만 원'으로 '재벌 되기'라는 것은 어이가 없어도 너무 없는 것이며, 더구나 '십 년 사이'라는 것은 황당하다 못해 막 나가는 수준으로 당연히 여겨졌을 터입니다.

"재벌은 필요 없고 김 작가나 벌어서 빌딩 하나 사소!"

당구장 사장은 그렇게 응원인 듯 비꼬는 듯 말하며 정작 자신은 그다지 구미가 당기지 않는다는 표정이었습니다.

사실 제목처럼 되기가 쉽지는 않습니다. 그렇지만 저는 확신합니다. 이 책을 읽은 많은 독자 중, 앞으로 십 년 후에 거의 재벌 수준에 근접한 이가 여러 명 나올 것이라고 말입니다. 주로 감각이 빠르고 이해도와 적응력과 순발력이 탁월한 젊은 독자층에서 나올 것이지만, 응용력과 자신의 창의력까지 잘 접목한 중장년층에서도 가능하리라 생각합니다.

아니 빌딩이나 최소한 아파트 정도를 사는 이는 수천에서 수만 명정도는 가능하지 않을까 생각합니다. 이 책은 그 발상의 위대함으로 인해 적어도 50만 부 이상 팔릴 테니까요. 이 비법 노트를 접한 당신은 일단 믿고 무조건 따라 해야 합니다. 다만 거기에 근거하되 어느 정도는 자신의 개성과 창의성, 취향 등을 접목해 변형시킬 수 있겠지요.

나아가 이번 경제 주기에 대한 학습을 마치고 나면 다음의 20년 주기가 완료되는, 지금으로부터 30년 후쯤에는 적어도 수백 명의 재벌이이 책을 통해 양산되리라 확신합니다. 그때쯤이면 이 책으로 '떼부자'가된 이들은 헤아릴 수 없이 많을 것이고요.

사실 이 책의 기본 취지는 일반 대중들, 특히 '경제 사이클'에 대한 이해도가 거의 없다시피 한 젊은 층에 '세계 경제 주기'에 대한 기본 지식을주입해주자는 것이었습니다. 그 정도의 취지와 기본 상식만으로도 '경제텍스트'로서의 저술의 의의는 지대한 것이라고 감히 자부합니다.

여러분은 남녀노소 없이 이 한 권을 읽음으로써 자칫 잊고 지냈던 가장 중요한 문제를 항상 염두에 두고 경제 활동을 하게 되기 때문입니다. 언제나 최선의 투자를 하고, 시간이 흘러 예상되는 위기 상황에 대처하려는 마음가짐을 지니게 됨으로써 가장 뛰어난 경제 운용을 하는 주인공으로 변신하는 것이지요.

예를 들어 이 책 출간 직후인 이번 겨울 장에서부터 예견되는 중국주식의 집단적 폭등에 대비해 중국의 대표 주들을 사서 안정적으로 큰수익을 올리는 것만으로도 커다란 행운을 잡는 셈입니다. 그러다가 더

때가 되면 무지막지하게 광폭하는 중국 주식들에 놀라워할 것이고요.

시간이 흘러 급기야 '세계 경제 대공황기'가 도래한 순간에는, 배운 대로 '금'과 '고려아연' 주식을 사 놓으면 됩니다. 그러면 현재 한 돈에 28만 원가량인 금값은 점점 올라가 마침내 100만 원대로 급등할 것입니다. 지금 48만 원 정도인 '고려아연'은 200~300만 원까지 폭등할 수도 있습니다. 물론 지금 사라는 것이 아니고 폭락기의 얘기입니다.

이런 단편적 지식만으로도 여러분은 이 선택에 무한한 행복을 느낄 것입니다. 그렇지만 이 책의 하이라이트는 뭐니뭐니해도 '가상화폐'에 대한 것입니다. 가장 방대한 분량인 코인 파트를 다 읽고 나면, 그동안 아무도 해결해주지 못해 막연히 안갯속에서 헤매듯 투자해 왔던 상태에서 벗어나, 전혀 새로운 확실한 안목과 비법들로 중무장한 자신을 발견하고는 너무 흡족해 감격의 눈물을 흘릴 수도 있습니다.

이 책에는 그동안 어느 경제학자나 자칭 코인 전문가들에게서 전해 듣지 못한 놀라운 비밀과 법칙들이 집대성되어 있습니다. 다른 천편일률적인 코인 책들에서 보지 못했던 비법과 솔루션들로 가득 차 있습니다.

만약 이 내용 중에 있는 가능성대로 코인 시장이 '반감기 파동 주기'를 거스르는 새로운 흐름을 형성하거나, 잡코인들이 비트코인을 제치고 새롭게 '알트코인이 시장을 주도하는 시대'를 계속 유지해간다면, 그것은 가상화폐 시장의 '코페르니쿠스적 대혁명'이 일어나는 셈입니다.

그렇다면 저는 왜 그런 급격한 변화가 가능하다고 보는 걸까요. 그것은 최근 들어 코인 인구가 폭증하고 넘치는 유동성 자금이 본격적으로 유입되면서, 그동안 두어 차례 보여줬던 식의 '너무 오랜 조정과 잠깐의 급등'이라는 공식이 먹혀들지 않는 시대로 접어들 가능성 때문입니다. 두어 차례 맛보기 시작한 '경이로운 젖과 꿀이 흐르는 시장'은 그 지독한 중독성으로 인해 일정한 규칙과 흐름 아래서 길들여지기를 거부하고, 시장 참여자들이 자신들이 선호하는 새로운 흐름을 규칙적, 반복적, 순환적으로 형성해가는 길을 선택한 것입니다.

그 대표적인 것이 최근 들어 두드러지게 나타나는 '알트코인들의 순환매 현상'입니다. 그 현상에 대비한 하이라이트 비법은 단연 '순환매 대비 길목 지키기와 급등 종목의 순간 교체매매 비법'이고요. 그렇게 소위 잡코인들이 돌아가면서, 또 집단적으로 상승을 주도하는 몹시 역동적인 새로운 흐름은 잠들려 하는 거인, 바로 비트코인을 자꾸만 흔들어 깨워 시장의 큰 흐름을 만들어가는 것이지요. 대중은 본능적으로 거인이 이 모든 욕망을 담아내기에 무리가 있음을 이미 체득하고는 그 엄청난 욕망의 양을 각각의 알트코인에 분산해 놓았습니다.

모든 코인에는 거기에 합당한 욕망이 담겨 있습니다. 비트코인에 담긴 욕망 들이 달성하기 벅찬 수익목표치를, 각각의 알트코인에 나눠 담긴 다양한 욕망 들이 끝끝내 하나씩 차례로 완성해가는 시대가 만들어지는 중입니다. 이렇듯 이 책에서 특히 주목하는 알트코인의 수익 극대화 실현 과정에는, 어렵지 않게 초대박을 터뜨리고 싶어 하는 변화된 시장 참여자들의 욕망이 농축된 것입니다. 다만 여기서 반드시 유념할 것은 책에서도 강조했지만, 안정적인 거래소의 선택입니다. 이 비법들을 잘 활용한다면 당신은 '코인왕'이 되어 경이로운 부를 축적할 수 있음은 물론입니다.

또, 후반부에 실린 '세계 경제 공황기' 파생상품으로 거대한 부를 단번에 축적하는 비법은 이 책에서도 가히 '백미 중에 백미'가 되는 위대한 파트임이 분명합니다. 공황기가 다가오면 미리 준비하고 있다가 그 비법들을 하나씩 외고 또 외어 만반의 대비를 한다면 당신은 순식간에 거부가 될 수 있는 것입니다.

다만 그래도 유의할 점은 각각의 단계별 투자 원금을 가급적 정해준 액수 내에서만 운용하라는 것입니다. 그렇듯 이 책은 경제적 과용이 전혀 없이 안정적인 소액의 자금원만으로 갑부가 되는 비법서라는 점에서 그 의미가 막대하다 하겠습니다. 부디 여러분 모두의 큰 성공을 기원합니다.

저는 사실 경제학을 전공한 경제전문가는 아닙니다. 가난 때문에 '강경상업고등학교'를 수석으로 입학한 것이 제 이력에서 그나마 경영 쪽으로 향했던 것의 전부일 뿐입니다. 대학입시에서 당시 '선시험 후지원 제'라 '서울대 경영학과'를 '동일계'로 무조건 합격할 수 있는 점수였지만, 문학이 좋아 포기하고 충남대 국문과를 수석으로 들어갔기에 '경제경영'과는 멀어지고 말았습니다. 그랬던 제가 이렇게 경제경영 재테크 책을 내니 감회가 새롭습니다.

어느덧 예순 나이가 되어, 돌이켜 보니 여러 분야에서 나름 선전하긴 했나 봅니다. 새파란 나이에 강북 최고의 '국어 일타강사'가 되고, 뒤이어 강남 대치동에서 전무후무한 '현장 강의 수강생 수'의 기록을 장기간 보유했습니다. 일찍이 온라인 강의가 없던 시절이었지요. 1995년 장편소설 〈유라의 하루〉가 그해 연간으로 국내 소설 2~3위에 오르기도 했었네요. 2014년 성인을 위한 성교육서 〈멀티를 선물하는 남자〉로 국내 압도적인 분야 베스트셀러 작가가 되기도 했습니다. 제법 명망 있는 출판사를 상당 기간 운영하기도 했었고요.

하지만 그로부터 점점 이 사회의 주변으로 밀려 나와 이제는 초라하기만 한 지금, 저는 또다시 '유쾌한 반란'을 꿈꿉니다. 그것은 바로 '이 책을 통한 사회 중심부를 향한 비상'과 '유튜브를 통한 거대 대중들과의 소통'입니다. 그 소망은 여러분 각자에게 크게 반향을 일으켜 반드시 성공할 것입니다.

그리고 나면 애초 평생의 길이었던 '지명도 있는 소설가'라는 원래의 자리로 되돌아가 장편소설들을 하나씩 자리매김해나가고 싶습니다. 먼저 문학성과 미학성, 지성미가 탁월한 〈유라의 하루〉를 재평가받고 싶습니다. 시대를 앞서간 언어의 미학과 감각적 문체는 세계 최고의 여성 작가들보다도 뛰어나다고 감히 자부합니다.

또 다른 장편소설 〈청춘교〉는 출간 당시 국내에 휘몰아친 '미투' 열풍에 광고조차 변변히 하지 못하고 사장되다시피 한, 저로서는 몹시 가슴 아픈 작품입니다. 미국, 유럽이나 일본 대만 등에서 나왔다면 그 탁월한 미학적 구조와 서정성, 숨 막히는 관능미 등으로 각광받았을 것입니다.

유튜브 구독자를 몇십만 명 만든 후 발표 예정인 장편소설 〈호반 그 밀랍의 사랑〉은 이미 탈고를 마치고 대기 중입니다. '22살 연상의 여인을 향한 한 남자의 숙명적 사랑'이라는 테마로, 몹시 순수하고 문학성과 서정성의 극치를 보여줍니다. '어른을 위한 동화 같은 사랑' 컨셉입니다.

이후로도 4~5년에 한 편꼴로 장편소설들을 발표해 나갈 예정입니다. 이미 구상해 놓은 것 중에는 아직은 한국 사회에서 수용하지 못할 주제를 다룬 것들도 있어 당시 사회적 분위기를 저울질하면서 말이지요.

그러면서 사이사이 이 고독한 인생길에, 유튜브 활동으로 대중과 만나는 삶을 이어가고 싶습니다. 저는 몰락한 후 주변 지인들이나 사회로부터 격리되다시피 한 삶을 오랫동안 살아왔습니다. 그런 저에게 SNS와 '개인 방송' 활동은 세상과 소통하며 소외감을 달래는 유일한 통로이자 탈출구였습니다.

또한 유튜브 경제 재테크 방송과 별도로, 유튜브 성인 성교육 방송을 통해 제가 대한민국은 물론 세계 성의학에서 독보적 위치에 있는 '멀티 오르가즘 교육'을 진행해 나가려 합니다. '홍익여성'이라는 캐치프레이즈로 세계에서 가장 불행한 이 땅의 여성들을 가장 행복하고 건강하게 만들어주고, 남성들도 자신의 성 능력과 아무 관계 없이 자유자재로 여성들을 행복하게 만들어주는 멋진 존재로 거듭나게 해드릴 것입니다. 나이 여부에 상관없이 말이지요.

특히 이번에는 앞으로 경제의 흐름과 특히 코인의 그때그때 대처는 물론, 무엇보다 6~7년 후 예상되는 공황기에 '경이로운 파생상품 투자'를 위해 당분간은 지속적으로 유튜브를 통해 '독자 서비스'를 해야 할 당위성도 있는 것이니까요. 아무쪼록 여러분의 응원과 지속적인 관심을 부탁드립니다.

끝으로 항상 응원해주고 후원해주신 염예진 님께 감사드립니다. 9년 친구이자 독자인 이아름 님과 8년째 독자이신 영국의 라다솜 님, 5년째 열혈 독자이신 거창의 성호준 사장님께도 감사 인사드립니다. 페이스북 후원회의 고현희 회장님과 이재신 위원장님, 고재출 고문님께도 감사드립니다. 특히 이 책 출간을 후원 및 응원해주시는 저의 유튜브 방송 서종숙 회장님과 이래원 반장님을 위시한 우리 방송 구독자들 및 폭락장에서도 최고수익률을 자랑하는 '무릎꾸러' 밴드의 남기호 밴드장님과 회원들께도 감사드립니다.

그리고 모든 독자분께도 감사와 응원의 인사를 올립니다.

다들 떼부자 되십시다!

2021년 10월
김진국 작가 올림

백만 원으로 재벌 되기 십년 사이

제1판 1쇄 2021년 11월 15일

지은이 김진국
펴낸이 김진국

펴낸곳 지영북스
등록 2019년 4월 1일 제453-2019-000003호
이메일 mudang7777@nate.com

ISBN 979-11-966746-3-2 (03320)